CAHIERS

▶ n° 164 / 1er trimestre 2021

PHILOSOPHIQUES

CAHIERS PHILOSOPHIQUES
est une publication de la Librairie Philosophique J. Vrin
6, place de la Sorbonne
75005 Paris
www.vrin.fr
contact@vrin.fr

Directeur de la publication
DENIS ARNAUD

Rédactrice en chef
NATHALIE CHOUCHAN

Comité scientifique
BARBARA CASSIN
ANNE FAGOT-LARGEAULT
FRANCINE MARKOVITS
PIERRE-FRANÇOIS MOREAU
JEAN-LOUIS POIRIER

Comité de rédaction
ALIÈNOR BERTRAND
LAURE BORDONABA
MICHEL BOURDEAU
JEAN-MARIE CHEVALIER
MICHÈLE COHEN-HALIMI
JACQUES-LOUIS LANTOINE
BARBARA DE NEGRONI
STÉPHANE MARCHAND
SÉBASTIEN ROMAN

Sites internet
www.vrin.fr/cahiersphilosophiques.htm
http://cahiersphilosophiques.hypotheses.org
www.cairn.info/revue-cahiers-philosophiques.htm

Suivi éditorial
ÉMILIE BRUSSON
LEAH WAJSGRUS

Abonnements
FRÉDÉRIC MENDES
Tél. : 01 43 54 03 47 – Fax : 01 43 54 48 18
abonnements@vrin.fr

Vente aux libraires
Tél. : 01 43 54 03 10
comptoir@vrin.fr

La revue reçoit et examine tous les articles, y compris ceux qui sont sans lien avec les thèmes retenus pour les dossiers. Ils peuvent être adressés à : cahiersphilosophiques@vrin.fr. Le calibrage d'un article est de 45 000 caractères, précédé d'un résumé de 700 caractères, espaces comprises.

ISSN 0241-2799
ISSN numérique : 2264-2641
ISBN 978-2-7116-6016-2
Dépôt légal : novembre 2021
© Librairie Philosophique J. Vrin, 2021

SOMMAIRE

ÉDITORIAL

D'apparition récente, l'expression « post-vérité » fait l'objet d'un usage surabondant autant que controversé, dans des contextes discursifs très hétérogènes les uns aux autres qui incluent aussi bien une utilisation débridée de la propagande politique que la recherche d'une élaboration philosophique véritable. De quoi s'interroger sur la consistance de la « post-vérité ». Plusieurs voies sont ici envisagées dont l'une consiste à examiner si l'on a vraiment affaire à un concept, à s'efforcer d'en délimiter les contours éventuels en même temps que les conditions d'une utilisation pertinente. Une autre suggère de partir de l'ensemble des discours, plus ou moins ordonnés et argumentés, qui font mention de la post-vérité, afin d'examiner les circonstances d'apparition de ce vocable et les effets escomptés et produits par son usage.

La composition même de cette locution prête à confusion : dès lors que la vérité y est mentionnée, faut-il installer l'interprétation dans l'ordre de la connaissance, en allant jusqu'à conférer à la post-vérité une signification proprement épistémologique ? On risque alors de découvrir que la « post-vérité » n'a que peu d'intérêt car le « dépassement » de la vérité conçue comme adéquation à la réalité n'a rien d'une nouveauté et les implications philosophiques de ce changement sont étudiées de longue date. Mais si, tenant compte des usages de l'expression « post-vérité » on s'y rapporte plutôt sous l'angle d'une réflexion sociale et politique, à quel « après » est-il fait référence ? Et qu'est-ce qui a précédé la « post-vérité » ? Au cours du XXe siècle, des philosophes n'ont pas manqué de souligner le fort discrédit de la parole publique tel Castoriadis qui jugeait en 1998 que « tout conspire à étendre l'insignifiance »[1]. Quelque chose a-t-il récemment changé qui justifie que l'on parle désormais d'« ère de la post-vérité » ?

On observe[2] que les énoncés qui font état de la post-vérité partagent une inquiétude, et ce vis-à-vis d'un danger dont la détermination est malaisée, suggérant tout au plus que quelque chose se serait perdu ou brouillé avec l'avènement d'une ère nouvelle. Il convient de chercher à préciser le sens de cette inquiétude d'autant qu'y interfèrent sans cesse éléments descriptifs et normatifs. Une certaine indifférence à la réalité des choses, une absence de souci pour la vérité – voire une véritable disposition au *bullshit*[3] –, une crise de l'attention, puissamment accaparée par les réseaux sociaux, sont manifestes et font l'objet de descriptions poussées, la plupart du temps corrélées à une désapprobation morale. Comme si l'intention même de vérité, et le socle qu'elle constitue pour un ensemble des dispositions intellectuelles, morales et sociales, était endommagé, voire détruit. La responsabilité de la post-vérité est alors très largement imputée à des agents individuels dont on juge qu'ils pourraient et devraient penser et agir autrement : en tant qu'ils

1. Cité par Mathias Girel dans « La post-vérité comme inquiétude », p. 14.
2. *Ibid.* p. 13.
3. *Ibid.* p. 20.

disposent de la capacité de raisonner, ils pourraient résister, ne pas croire aux « sornettes », ne pas se laisser entraîner par les flux d'informations peu fiables, etc. Or, même si cette analyse fait prévaloir des dispositions et des enjeux moraux, elle a malgré tout des implications politiques car c'est la possibilité même d'une démocratie, étayée sur des délibérations rationnelles et sur un authentique partage des raisons, qui se trouve mise en question. Dans l'enquête sur la post-vérité, deux difficultés supplémentaires viennent compliquer la donne. L'une tient à l'instrumentation dont la post-vérité fait l'objet à des fins de propagande, plus ou moins dissimulée, et qui vise une disqualification de toute parole politique et avec elle, des principes comme des institutions de la démocratie. Ainsi, l'examen des discours et justifications de certains idéologues russes dévoués au pouvoir autoritaire montre que la référence assumée à la « post-modernité » est utilisée de façon cynique pour saper les arguments des opposants au régime au motif que « la vérité est inconnaissable »[4]. Juger cette argumentation fallacieuse, estimer que le post-modernisme ne peut être tenu pour responsable de cette mise en équivalence de tous les points de vue sur la réalité[5], ne suffit pas à battre en brèche cette propagande. L'affirmation d'une « ère de la post-vérité », lorsqu'elle est portée par des instances qui entendent exercer sans partage leur domination, est bien *de fait* partie prenante d'une stratégie de refus, voire d'empêchement, de toute altérité ou adversité politique.

L'autre difficulté, plus complexe à analyser, concerne l'exercice même de la démocratie et l'écart sans cesse accru, entre le poids de la parole des experts dans la justification des décisions politiques et celui du discours profane réputé ignorant qui, de fait, ne dispose pas du même savoir que les experts. Cette disproportion dont le sens est politique se justifie pour les tenants d'une « épistocratie » qui estiment que le pouvoir doit revenir aux seuls experts des domaines concernés par les politiques publiques[6]. Elle suscite néanmoins de fortes réactions de rejet face à ce qui est perçu comme une « humiliation épistémique »[7] par ceux qui sont rejetés hors du champ du savoir et de l'expertise. Ce n'est pas le contenu de la vérité en tant que tel qui se trouve rejeté mais ce qui est vécu – dans le registre de l'affectivité – comme une déconsidération, corrélée à une obligation de croire la parole des experts et à une absence d'alternative politique.

Chercher à cerner la « post-vérité » implique par conséquent de comprendre comment la « vérité » a pris une telle importance dans le champ de la politique contemporaine, dont on ne parvient plus à rendre compte par la seule opposition d'opinions, d'intérêts ou même de passions divergents. Il faut aussi comprendre comment se reconfigurent les difficultés inhérentes à la démocratie et au débat public, au point qu'on puisse parler de « post-démocratie »[8].

■ 4. *Cf.* Mathias Girel, « La post-vérité comme inquiétude » p. 26-27 et R. Künstler, « La piste des *stances* dans l'enquête sur la post-vérité », p. 68.
■ 5. *Cf.* Entretien avec G. Origgi, p. 126.
■ 6. *Cf.* Mathias Girel, « La post-vérité … », art. cit., p. 16.
■ 7. *Cf.* Entretien avec G. Origgi, p. 131.
■ 8. *Ibid.* p. 128.

Il faut pour cela en passer par un examen critique des accusations formulées contre certains courants de la philosophie tenus pour responsables de la situation actuelle en conséquence d'un supposé discrédit jeté sur la vérité. Plusieurs ouvrages de Lyotard, assimilés à un « post-modernisme » aux contours mal définis, concentrent ainsi les critiques[9]. Certes, l'auteur de *La condition post-moderne* affirme-t-il qu'il n'est pas possible de dériver le prescriptif du descriptif, qu'aucun « métalangage » n'existe pour fonder en vérité les décisions politiques ou éthiques[10]. La politique est le lieu d'une dialectique des opinions mais, à défaut du vrai, elle se soucie du vraisemblable et ce souci est incompatible avec une indifférence à ce qui peut être dit et fait. Qu'on ne dispose pas de critères universels de vérité permettant de hiérarchiser les choix politiques n'équivaut pas à la relativisation de tous les jugements et prises de position en la matière.

Nietzsche est aussi concerné par l'accusation de diffusion d'un « relativisme » propice à toutes les sophistiques, accusation qui ne résiste pas davantage à la lecture attentive des textes[11]. Le « perspectivisme » revendiqué dans *Le Gai savoir* ne consiste pas dans une égalisation de tous les points de vue, au contraire. Une « perspective » n'est pas théorique, elle est une affirmation quant à la conduite de l'existence. Ce qui les distingue les unes des autres, c'est notamment le courage de faire face à la vérité, de supporter l'absence de fondement de la réalité dans l'idéalité. Il faut de la force pour y parvenir et « c'est exactement à proportion de sa force que l'on approche de la vérité »[12]. Nietzsche entreprend la généalogie de la « volonté de vérité », en dévoile les soubassements métaphysiques, démarche qui ne peut être assimilée à un refus de la vérité elle-même.

Ainsi, rejeter une certaine caractérisation métaphysique de la vérité et une certaine idée de la véri-diction, ne conduit pas à renoncer à toute exigence de vérité, même si celle-ci doit emprunter d'autres formes, en particulier non démonstratives. La fiction littéraire peut alors se voir créditer d'une capacité à atteindre le vrai, inaccessible à la philosophie[13]. Dans *La philosophie de Virginia Woolf*, le philosophe Maxime Chastaing, refusant les « faux problèmes » qui occupent la phénoménologie – à propos de la conscience de soi et de la relation à autrui – montre que le romancier – singulièrement la romancière Virginia Woolf –, est le seul à même d'être un empiriste conséquent, celui qui donne accès aux consciences plurielles de ses personnages et à la manière dont elles communiquent entre elles sans rechercher une synthèse factice. Ce qui suppose qu'il ne joue pas au métaphysicien prétendant connaître l'essence des choses et n'endosse pas le point de vue d'un narrateur omniscient.

Les multiples déplacements de la compréhension de la vérité doivent-ils conduire à admettre, comme le fait Rorty que, « le problème de la "Vérité", au sens d'une fondation philosophique de la diversité des usages du mot

---

▓ 9. *Cf.* C. Pagès, « Lyotard et la petite vérité », p. 31-49.
▓ 10. *Ibid.* p. 41.
▓ 11. *Cf.* B. Benoit, « Vérité et perspectivisme selon Nietzsche », p. 51-65.
▓ 12. Nietzsche, *Ecce homo*, III, « NT », § 2, cité par B. Benoit, p. 63.
▓ 13. *Cf.* M. Chastaing, *La philosophie de Virginia Woolf,* chap. VIII, « La vérité », p. 113-121.

"vrai", appartient à un passé révolu »[14]? Il faudrait alors considérer, non pas que nous serions entrés dans une « ère de la post-vérité » mais dans celle de la « post-épistémologie », si l'on entend par là un abandon de la recherche « d'une essence et d'une norme absolue de la "Vérité" ».

Ces propositions ont leur cohérence du point de vue d'un certain pragmatisme, et elles permettent aussi de situer le contexte discursif dans lequel surgit le renvoi d'une théorie au relativisme, contexte d'une nécessaire « violence descriptive » exercée vis-à-vis de prises de position différentes et qui se trouvent par-là même invalidées. Ce point de vue, interne à la philosophie, ne suffit toutefois pas à comprendre le caractère insistant de la référence à la post-vérité dans la description des situations actuelles et les inquiétudes qu'elles suscitent. Les élections de D. Trump ou de J. Bolsonaro tout comme le vote sur le Brexit en sont des symptômes, celui d'une incapacité des citoyens à se mettre d'accord sur des faits pourtant immédiatement vérifiables dans des sociétés démocratiques. Comment des individus, qui ont la possibilité de vérifier un fait peuvent-ils former à son sujet des croyances différentes, au point que ces croyances soient logiquement incompatibles[15]? La notion de *stance* utilisée pour penser en philosophie la persistance des certains désaccords théoriques malgré les échanges argumentatifs permet de formuler une hypothèse explicative quant à cette incompatibilité des croyances, croyances non pas individuelles mais étroitement articulées à des positions et des pratiques sociales différenciées.

Si l'on se propose toutefois de réfléchir aux moyens de contrer les nombreux effets délétères décrits et rassemblés sous le nom de « post-vérité », il est indispensable d'élargir encore le champ de la réflexion et de préciser à quel horizon normatif on fait alors appel. La transformation des moyens et plus encore des sources d'information doit alors être prise en compte, de même que l'analyse des modes de circulation des énoncés vrais ou réputés tels. Par quelles voies des propositions deviennent-elles aujourd'hui crédibles ou sont-elles discréditées et pour quels publics? Est-ce toujours sur la base d'arguments ou a-t-on affaire à des « justifications » d'un autre ordre? Peirce met en avant la « communauté des enquêteurs »[16], véritable agent de la recherche, composée de tous ceux qui travaillent à la connaissance et s'y rapportent comme à un bien commun. C'est sans doute la possibilité même de cette communauté qui se trouve aujourd'hui sinon empêchée du moins fragilisée, pour de multiples raisons, aussi bien dans l'enquête scientifique *stricto sensu* que dans le débat public qui ne peut plus exister en tant que tel.

Quelles qu'aient pu être les attentes et espérances initiales, l'internet n'a en effet rien d'une agora virtuelle. Il est le vecteur majeur d'un nouveau capitalisme numérique – qui n'exclut pas le maintien d'autres formes du capitalisme – qui prospère sur l'organisation sournoise d'une captation de l'attention des internautes. L'emprise des réseaux sociaux tient notamment à leur abolition de la distinction du public et du privé, qui contribue à séduire les utilisateurs en même temps qu'à refermer l'espace d'une raison publique.

---

14. *Cf.* O. Tinland, « Le relativisme en contexte : le cas Rorty », p. 87-88.
15. *Cf.* R. Künstler, « La piste des *stances* dans l'enquête sur la post-vérité », p. 67-83.
16. *Cf.* M. Girel, « La post-vérité … », art. cit., p. 21.

On publie sans hiérarchie et sans distance ses opinions politiques en même temps que ses émotions personnelles[17]. Dans le même temps, les espaces de négociation sociale que sont les syndicats et partis politiques ont eux aussi perdu de leur influence. Au point que toutes les médiations nécessaires à la « publication » d'une idée, d'une proposition, d'un discours ont quasiment disparu. La constitution et la mise en place d'une régulation *publique* de la circulation des contenus semblent bien être une tâche et un enjeu politiques majeurs en ces temps d'inquiétude renouvelée quant à la vérité.[18]

Nathalie Chouchan

■ 17. *Cf.* Entretien avec G. Origgi, p. 127.
■ 18. Le comité de rédaction des *Cahiers philosophiques* remercie vivement Frédéric Fruteau de Laclos pour sa contribution à la conception et à la mise en œuvre de ce numéro.

DOSSIER

Après la vérité ?

LA POST-VÉRITÉ COMME INQUIÉTUDE[1]

Mathias Girel

La post-vérité apparaît en général dans des énoncés exprimant une inquiétude, et c'est sur cette dernière que portera cet article, en s'interrogeant sur son sens. L'inquiétude en question pourrait tout d'abord n'être que l'envers d'un trouble sémantique, en ce que l'expression semble désigner un danger sans que celui-ci soit clairement identifié. On évoquera d'abord cette indétermination, qui pourrait conduire à récuser ce terme (Première section), avant d'examiner trois manières d'en préciser le sens, en envisageant successivement que la post-vérité soit une excroissance du post-modernisme (Deuxième section), l'expression de dispositions à la « foutaise » (Troisième section), ou enfin l'envers d'une « crise de l'attention » (Quatrième section), avant de revenir sur le lien entre post-vérité et confusion (Cinquième section).

Introduction

La « post-vérité » s'est enracinée, dans les articles de presse et dans les conversations ordinaires. Est-il pour autant possible d'en faire un terme technique en philosophie ? Les ambiguïtés de cette notion sont apparues très tôt dans le débat : à quoi ce « post » succède-t-il ? S'applique-t-il au monde entier, aux opinions occidentales vivant dans des démocraties libérales ou encore seulement à la partie de ces dernières qui sont connectées en permanence aux réseaux sociaux ? Y a-t-il un sens à dire que, collectivement, nous tiendrions moins compte de la vérité que lors de la montée des totalitarismes, ou encore lors des moments les plus tendus de la Guerre froide ? Le mot peut désigner un diagnostic sur notre époque historique, sur nos capacités à appréhender le vrai, ou encore sur notre attitude à l'égard de ce dernier, mais il peut

1. Je remercie chaleureusement Sebastian Dieguez pour des suggestions bibliographiques et pour ses remarques tout à fait éclairantes sur un premier état de ce texte.

aussi recouvrir plus nettement un problème éthico-politique, la post-vérité contrariant la formation des publics et de leurs mobilisations.

Les trois expressions de « post-vérité », d'« ère de post-vérité », et enfin d'infox (*fake news*) – que nous comprendrons ici comme la figure de la notion classique d'information dans un contexte supposé de post-vérité – représentent une pierre de touche intéressante pour une pensée pragmatiste, inspirée de Peirce et ses successeurs et attachée à l'éclaircissement des significations comme à la prise en compte de l'environnement dans lequel nous pensons, argumentons et enquêtons. C'est cette voie que nous privilégierons, même s'il en existe une autre, peut-être plus fréquente, qui consisterait à partir de William James et du chapitre sur la vérité du *Pragmatisme*, en aboutissant ensuite à Richard Rorty, pour demander en quoi l'idée de post-vérité s'inscrit, ou non, dans un tel héritage[2]. Notre recours à cette tradition sera, ici, plus fondamental et il engage deux points.

Tout d'abord, l'inspiration du pragmatisme de Peirce est, entre autres, d'éclairer les notions abstraites et (encore) obscures par la considération des « effets pratiques conçus »[3]. L'idée est de faire apparaître des synonymies cachées entre des termes qui renvoient finalement aux mêmes effets pratiques, ou au contraire de dissoudre des homonymies spécieuses, c'est-à-dire de montrer que le même terme renvoie en fait à plusieurs contextes pratiques, ou enfin, dans un certain nombre de cas, de montrer que la notion ne relève que du « charabia de la métaphysique ontologique »[4] si bien qu'il vaut mieux s'en dispenser[5]. Peirce recommandait pour cette raison une éthique terminologique, qui précise notamment qu'« avant de proposer un terme, une notation ou un autre symbole », il faut « considérer mûrement s'il convient parfaitement à la conception et s'adaptera à toutes les occasions, s'il ne s'oppose pas à un autre terme existant et s'il ne peut pas créer une difficulté en empêchant d'exprimer une conception qui pourrait par la suite être introduite en philosophie »[6]. Peut-on préciser les effets pratiques qui éclairent cette notion ? Son introduction dans le langage philosophique obéit-elle aux canons de l'éthique terminologique ?

Le deuxième point sur lequel nous mobiliserons une approche pragmatiste tient à l'approche « externaliste » de l'esprit qui est communément associée au mouvement : pour Peirce et Dewey au moins, l'esprit n'est pas seulement dans la tête des individus isolés, il est indissociable des signes, du langage et de l'ensemble de ce que Vincent Descombes a appelé les « institutions

---

2. Pour cette raison, je ne traite pas ici des débats auxquels le néopragmatisme de Rorty a donné lieu. Sur le lien pragmatisme/post-vérité, dans la presse française, voir P. Engel, « Trump ne demande pas qu'on croie ce qu'il dit, mais qu'on croie en lui », *Le Monde*, 17 Novembre 2016, ainsi que la réponse de S. Laugier, « Trump abaisse le débat jusqu'en France », *Libération*, 24 novembre 2016. Dans ce numéro, sur Rorty, voir l'article d'O. Tinland, p. 85. Voir S. Pihlström, *Pragmatist truth in the Post-Truth Age*, Cambridge, Cambridge University Press, 2021.

3. La maxime de Peirce s'énonce comme suit : « Considérer quels sont les effets pratiques que nous pensons pouvoir être produits par l'objet de notre conception. La conception de tous ces effets est la conception complète de l'objet. » (C.S. Peirce, *À la recherche d'une méthode*, trad. fr. G. Deledalle, J. Deledalle-Rhodes et M. Balat, Perpignan, P.U.P., 1993, p. 164–65).

4. C. S. Peirce, *The Essential Peirce: Selected Philosophical Writings*, Bloomington (Indiana), Indiana University Press, 1998, 2, p. 338.

5. Ce qui ne signifie nullement, bien entendu, que Peirce renonce au projet d'une Métaphysique scientifique.

6. C. S. Peirce, *Écrits sur le signe* [1978], trad. fr. et éd. G. Deledalle, Paris, Seuil, Points Essais, 2017, p. 77.

du sens »[7]. C'est en pensant à cette vie publique de l'esprit que Peirce a pu dire de la pensée qu'elle était davantage hors de nous qu'en nous[8]. La notion d'enquête elle-même, qui est leur entrée privilégiée dans la question de la connaissance, appelle à un même décentrement du regard : son intérêt n'est pas seulement d'attirer l'attention sur une pratique, celle qui consiste à résoudre des doutes et plus généralement à répondre à des questions, il s'agit également d'une activité qui ne se pratique pas seul et qui a une existence avant tout publique. C'est une pratique distribuée sur l'ensemble de la communauté des enquêteurs et guidée par l'espoir que, partant de prémisses différentes, ces enquêteurs peuvent converger vers une même réponse. On voit souvent la partie « positive » de cette approche – mieux rendre compte de la pratique scientifique – mais il faut aussi en mesurer l'envers : comme toutes nos actions, l'enquête peut être entravée, rencontrer des échecs persistants ou encore échouer du fait de l'action d'un tiers. Quelle signification la notion de post-vérité revêt-elle dans une telle approche? Que dit-elle de l'environnement dans lequel nous pensons, parlons et enquêtons?

La post-vérité apparaît en général dans des énoncés exprimant une inquiétude, et c'est sur cette dernière que portera cet article, en s'interrogeant sur son sens. L'inquiétude en question pourrait tout d'abord n'être que l'envers d'un trouble sémantique, à savoir que l'expression semble désigner un danger sans que celui-ci soit clairement identifié. On évoquera d'abord cette indétermination, qui pourrait conduire à récuser ce terme (Première section), avant d'examiner trois manières d'en préciser le sens, en envisageant successivement que la post-vérité soit une excroissance du post-modernisme (Deuxième section), une expression de dispositions à la « foutaise » (Troisième section), ou enfin l'envers d'une « crise de l'attention » (Quatrième section), avant de revenir sur le lien entre post-vérité et confusion (Cinquième section).

Panique sémantique

Commençons par ce qui est sans doute le plus évident : dire que « nous vivons dans une ère de post-vérité », comme on nous le répète à l'envi, n'est pas un constat semblable à « il y a un livre sur la table ». Il est douteux que l'on puisse quantifier la qualité des énoncés, les vertus épistémiques des agents, la sincérité des gouvernants et le travail de la presse en général d'une manière telle que l'on puisse indiquer une césure tellement nette qu'elle ferait de notre époque *cette époque*, celle de la post-vérité. Même pour une notion qui fut, ou reste, « essentiellement contestée »[9], celle d'anthropocène, on peut renvoyer à des marqueurs de l'activité humaine qui ouvriraient un nouvel âge géologique. Cela ne semble pas être le cas de manière évidente pour la post-vérité.

On pourrait traiter le terme comme un nom propre et se reporter aux conditions d'introduction, afin d'en fixer le sens. Cette histoire a déjà été

■ 7. V. Descombes, *Les Institutions du sens*, Paris, Minuit, 1996. L'approche de Descombes mobilise Peirce, mais elle n'est pas explicitement pragmatiste.
■ 8. C. S. Peirce, *Collected Papers*, Cambridge (Mass.), Harvard University Press, 1960, vol. 8, § 256, 1902.
■ 9. En référence à W. B. Gallie, « Les concepts essentiellement contestés », *Philosophie* 122, n° 3, 2014, p. 9-33.

racontée[10]. On fait alors remonter l'origine de l'expression à Steve Tesich, chez qui elle désigne l'acquiescement au mensonge d'État[11], et donc une forme d'apathie bien plus inquiétante au fond que le fait même du mensonge des puissants. On évoque souvent également dans la foulée le journaliste Ralph Keyes[12], chez qui, en 2004, elle décrivait une forme de « pénombre éthique », dans laquelle nous aurions réussi à nous désinhiber face au mensonge, et le qualificatif de « président de la post-vérité » fut appliqué en ce sens à G. W. Bush[13].

Partant de là, une bifurcation se présente : (1) on peut dire que le terme est peut–être nouveau, mais qu'il n'est pas certain que la réalité qu'il décrit le soit tout autant. Arendt s'inquiétait des effets de l'exposition répétée au mensonge de masse[14]. Clifford, dans un autre style, pointait les dangers du développement d'une disposition crédule et de la propension de ses semblables à ne pas exiger d'éléments de preuve, d'*evidence*[15]. Emerson comme Mill, dans le procès du « conformisme » qu'ils ont instruit, critiquaient une attitude qui consiste à répéter ce qui convient à notre situation, indépendamment des faits[16]. De même, s'il s'agit, au-delà du mensonge, d'un sentiment de perte de sens, notamment de la parole publique, le constat n'est pas neuf. Castoriadis, en 1998, en faisait « l'esprit du temps » et ajoutait que « tout conspire à étendre l'insignifiance[17]. (2) Si l'on veut au contraire insister sur sa radicale nouveauté, il faut alors préciser ce qui n'était pas traité dans les analyses que nous venons de mentionner, et l'on fait alors face à un véritable éparpillement des référents.

La principale objection à l'idée de « post-vérité » n'est en effet pas qu'elle soit vague, mais qu'elle est *trop vague*[18]. Affirmer qu'une nouvelle période historique se dessine, sur cette base, sans s'être donné la peine de préciser de quoi l'on parlait – c'est-à-dire, de déterminer le terme indéterminé car vague – ne peut guère relever que de l'incantation, un peu comme pour les pensées du « déclin », ou encore celles de l'effondrement[19]. Or, si on tente cette

---

■ 10. Je me permets de renvoyer notamment à M. Girel, « Ignorance stratégique et post-vérité », *Raison Présente* 4, 204, 2017, p. 73-82.

■ 11. S. Tesich, « A Government of Lies », *The Nation*, January 6-13, 1992, p. 12-14.

■ 12. R. Keyes, *The Post-truth Era: Dishonesty and Deception in Contemporary Life*, New York, St. Martin's Press, 2004. Avant cet ouvrage, il existe de nombreuses analyses sur la presse, voir par exemple P. Vanderwicken, « Why the News Is Not the Truth », *Harvard Business Review*, Mai-juin 1995.

■ 13. E. Alterman, *When Presidents Lie*, London, Penguin, 2005.

■ 14. « Le résultat d'une substitution cohérente et totale de mensonges à la vérité de fait n'est pas que les mensonges seront maintenant acceptés comme vérité, ni que la vérité sera diffamée comme mensonge, mais que le sens par lequel nous nous orientons dans le monde réel – et la catégorie de vérité relativement à la fausseté compte parmi les moyens mentaux de cette fin – se trouve détruit. » H. Arendt., *La condition de l'homme moderne*, trad. fr. G. Fradier, Paris, Presses Pocket, 1994, p. 327-28.

■ 15. Voir M. Girel, « Éthique de la croyance, scepticisme et pratique. À partir de William Kingdon Clifford », *Revue française d'éthique appliquée* 2, 2019, p. 32-46.

■ 16. J. S Mill, *De la liberté*, trad. fr. F. Pataut, Paris, Presses Pocket, 1990.

■ 17. C. Castoriadis, « Stopper la montée de l'insignifiance », *Le Monde diplomatique*, août 1998, p. 22-23. Voir également C. Castoriadis, *La montée de l'insignifiance*, Paris, Gallimard, 2007.

■ 18. La plupart de nos termes ordinaires sont vagues, cela n'empêche nullement la communication, ils deviennent « trop vagues » lorsqu'ils empêchent toute détermination ultérieure plus précise. C. Chauviré, *Peirce et la signification : introduction à la logique du vague*, Paris, P.U.F., 1995.

■ 19. C. Larrère et R. Larrère, *Le Pire n'est pas certain. Essai sur l'aveuglement catastrophiste*, Paris, Premier Parallèle, 2020.

détermination, le phénomène semble être hors de tout contrôle conceptuel [20]. Selon J. Habgood-Coote, dans une série d'articles stimulants [21], le terme de post-vérité cumule trois défauts majeurs : (1) il est «sémantiquement défectueux» car «dépourvu de signification publique stable», et «ce qui est exprimé par des phrases qui l'utilisent n'est pas clair» [22]. (2) Il serait en outre «superflu» : il n'ajouterait aucune ressource descriptive utile à notre langage qui ne serait pas fournie par la terminologie établie. Enfin, (3) il interviendrait surtout dans un contexte de propagande, comme arme politique, à considérer donc avec circonspection [23].

Reprenons les trois points dans l'ordre :

(1) Pour ce qui est de l'extension de la post-vérité, ce peut être, selon les interlocuteurs, et sans que cette liste vise à l'exhaustivité : une situation dans laquelle «les faits sont moins influents pour façonner l'opinion publique que des appels à l'émotion ou à la croyance personnelle», comme le veut le dictionnaire Oxford depuis 2016 ; une ère de «baratin», de *bullshit*, généralisé [24] ; l'émergence d'approches de la connaissance déviantes, dont le complotisme ne serait qu'une variante ; une perte de contact entre le discours politique et la réalité ; la dissipation de l'horizon du vrai et la diffusion de l'idée qu'il n'y a tout simplement pas de vérité objective, ce qui serait une thèse philosophique forte [25] ; ou, ce qui est différent, une dévalorisation, par nos paroles ou par nos actes, de la vérité, dont on reconnaîtrait toujours du bout des lèvres la valeur [26] ; ou encore, par la domination sans partage de la communication, de la persuasion et finalement de la propagande, élevées à un degré plus haut encore par les réseaux sociaux, commandés par un principe de viralité, certains ouvrages plus techniques sur le «déclin de la vérité», analysant les processus à l'œuvre dans les réseaux sociaux [27].

De même, si la notion est destinée à dénoncer des errances intellectuelles ou à exprimer une désapprobation, c'est-à-dire si elle a surtout une charge normative, et pas seulement descriptive, le moins que l'on puisse dire est qu'elle est à manier avec précaution : qui sont les fauteurs de post-vérité ? Nous tous ? Un camp philosophique particulier ? Des processus impersonnels, technologiques ou économiques par exemple ? Des styles de gouvernement et, si oui, lesquels ? S'ajoute à cela une question qui n'est que rarement posée frontalement, et qui est de savoir qui au juste est en position d'émettre un tel jugement : l'hypothèse d'un aveuglement de la presque totalité de l'humanité

20. Voir cependant, pour une notice claire et synthétique, S. Dieguez, entrée « Post-vérité », dans F. Alexandre *et al.* (dir.), *Dictionnaire critique de l'anthropocène*, Paris, CNRS éditions, 2020.

21. J. Habgood-Coote, « Stop Talking About Fake News ! », *Inquiry: An Interdisciplinary Journal of Philosophy*, Juillet 2018, p. 1033-1065. et J. Habgood-Coote, « Fake News, Conceptual Engineering, and Linguistic Resistance: Reply to Pepp, Michaelson and Sterken, and Brown », *Inquiry*, 2020, p. 1-29.

22. J. Habgood-Coote, « Stop Talking About Fake News ! », art. cit, p. 1034.

23. L'espace est ici trop restreint pour mener la démonstration sur la notion d'infox, mais c'est une des questions qui se sont posées lorsque Donald Trump s'est saisi du terme « fake news » pour qualifier l'ensemble de la presse qui ne lui était pas acquise.

24. S. Dieguez, *Total Bullshit*, Paris, P.U.F., 2018. C. O'Connor et J. O. Weatherall, *The Misinformation Age: How False Beliefs Spread*, New Haven (Connecticut), Yale University Press, 2019.

25. S. Haack, « Post "Post-Truth": Are We There Yet », *Theoria* 4, vol. 85, 2019, p. 258-275. C'est aussi l'argument de McIntyre, L C., *Post-truth*, Cambridge (Mass.), The MIT Press, 2018.

26. Ces deux derniers sont présents dans l'ouvrage de McIntyre.

27. J. Kavanagh et M. D. Rich, « Truth Decay: A Threat to Policymaking and Democracy », *Rand Corporation*, 2018.

peut être avancée par un esprit acéré, mais est aussi le lot commun des discours complotistes les plus affligeants.

Bref, soit l'on parle d'un des problèmes particuliers et la « post-vérité » recouvre une thèse locale qui doit être identifiée, soit on parle d'une « ère de post-vérité » et l'on doit pouvoir expliquer comment ces problèmes s'articulent.

La post-vérité peut être définie comme refus de toute vérité objective

(2) Il est en outre tout à fait possible, en particulier si l'on opte pour la version « locale » de la thèse, que nous ayons déjà les ressources expressives requises : « Nous pouvons parler de mensonges, de fausses pistes, de foutaise, de fausses affirmations, de fausses implications, de manque de fiabilité, de déformation des faits, de partialité, de propagande, etc. »[28]. On se retrouverait là dans le cas indiqué par Peirce : introduire un nouveau terme serait contraire à l'éthique de la terminologie. La post-vérité, si elle ne fait que renvoyer à ce que désignaient ces notions, rompt avec un principe de parcimonie terminologique vertueux. Nous nous privons de plus du recours à une tradition de pensée et de l'apport de la recherche précédente.

(3) Une troisième dimension, politique, du problème, est que ces termes jumeaux interviennent fréquemment dans le cadre d'affrontements extrêmement polarisés, dans lesquels infox et « post-vérité » qualifieront toutes les sources d'information de l'autre camp[29]. Cela ne condamne pas la notion, mais enjoint d'être attentif au contexte de son usage, en particulier si elle sert, de manière plus « verticale » encore, à disqualifier une très large portion de la population. Présupposer, sans plus de preuves, que nous serions dans une ère de post-vérité revient, si l'on prend la thèse en un sens fort, à vider de sens la délibération démocratique, dont seraient incapables des masses crédules (puisqu'elles ne parviendraient pas à parler de, ou à reconnaître, la vérité). Marteler en permanence que nous sommes sortis de l'horizon du vrai a des conséquences : à quoi bon alors s'acharner à dire ce vrai, à respecter des normes de correction et de précision ? Pourquoi s'indigner quand une puissance s'accommode très bien d'une confusion produite, et même parfois de mensonges assénés sans la moindre vergogne ? Dans ce cadre-là, toute thèse forte sur l'ère de post-vérité est un compagnon de route de l'épistocratie, théorie selon laquelle le pouvoir doit revenir non pas au peuple, mais aux experts des domaines concernés par les politiques publiques : la première, la thèse sur l'ère de post-vérité, fournit la prémisse dont la seconde, l'épistocratie, a besoin. Un des principes que retient Brennan, dans son très polémique *Against Democracy*, est en effet le suivant :

> *Principe d'anti-autorité* : lorsque certains citoyens sont moralement déraisonnables, ignorants ou incompétents en matière de politique, cela justifie de ne pas leur

---

■ 28. J. Habgood-Coote, « Stop Talking About Fake News ! », art. cit, p. 1048.
■ 29. Voir un excellent traitement de ces questions et des dangers afférents dans J. Domenicucci, « Can We Trust Post-Truth ? A Trojan Horse in Liberal Counterspeech. », *in* A Condello et T. Andina (dir.), *Post-Truth, Philosophy and Law*, London, Routledge, 2019, p. 32-44. Ce chapitre montre comment la « post-vérité » est à la fois un outil imprécis, inefficace s'il s'agit d'évaluer, et une « arme » dangereuse car elle affaiblit le discours libéral (même si Domenicucci n'affirme pas qu'il faudrait renoncer au terme comme objet d'étude).

permettre d'exercer une autorité politique sur les autres. Cela justifie soit de leur interdire de détenir le pouvoir, soit de réduire le pouvoir dont ils disposent pour protéger des innocents de leur incompétence [30].

On voit donc bien en quoi des constats un peu rapides sur la situation présente peuvent fournir la justification requise. C'est pour cette raison que certains travaux récents ont attiré l'attention sur les attributions d'ignorance, qui ont parfois des motivations autres qu'épistémiques [31]. On pourrait donc avoir de fortes raisons de renoncer au terme de post-vérité. Si on le conserve, ce qui nous semble possible sous certaines conditions, il convient d'avoir un argument sur la spécificité du contemporain, mais aussi sur le noyau de sens qu'il couvre mieux que ses concurrents, et enfin de préciser quels avantages, théoriques, éthiques ou politiques on en attend, qui l'emporteraient sur les risques que l'on vient de mentionner. Nous parcourons, dans les sections 2 à 4, trois raisons que l'on pourrait avoir de le conserver.

Une excroissance du post-modernisme?

La post-vérité, on l'a vu, peut être définie comme refus de toute vérité objective. Une première manière de poser le problème consiste à dire que la situation actuelle, censément caractérisée par la disparition de l'idée de vérité objective et de toute reconnaissance d'autorités épistémiques, serait la lointaine conséquence des écrits des « post-modernes », sans que l'on sache toujours s'il s'agit de Rorty, de Baudrillard, de Lyotard, ou encore de tel ou tel courant des *Sciences Studies*. Selon M. Ferraris :

> La post-vérité est l'inflation, la diffusion et la libéralisation du postmoderne hors des amphithéâtres universitaires et des bibliothèques, et [...] elle a pour résultat l'absolutisme de la raison du plus fort. Il s'agit donc d'un phénomène théoriquement intéressant, qui ne trouve qu'un seul équivalent éventuel dans le marxisme, qui constituait cependant un corpus plus homogène, soutenu par de puissants appareils d'État [32].

Il est vrai que l'expression a également été utilisée dès le début des années 1990 au moins pour qualifier le post-modernisme [33], ce qui peut justifier cette attribution. Il est également tentant de penser que, prise en ce sens-là, la « post-vérité » hérite de l'attitude prêtée aux post-modernes à l'égard de la vérité. Lyotard, dans son « rapport » sur *La condition post-moderne*, affirmait tenir « pour "postmoderne" l'incrédulité à l'égard des métarécits » caractéristiques et fondateurs de la modernité, qu'il s'agisse de « la dialectique de l'Esprit, [de] l'herméneutique du sens, [de] l'émancipation du sujet raisonnable ou travailleur, [du] développement de la richesse » [34]. L'idéal des Lumières d'émancipation par la raison faisait partie de ces méta-récits. Si

■ 30. J. Brennan, *Against Democracy*, Princeton (New Jersey), Princeton University Press, 2017, p. 13.
■ 31. L. McGoey, *The Unknowers: How Elite Ignorance Rules the World*, London, Zed Books Ltd, 2018.
■ 32. M. Ferraris, *Postvérité et autres énigmes*, Paris, P.U.F., 2019, p. 13. La position de Ferraris ne se limite pas à ce texte et mériterait un traitement séparé.
■ 33. J. Malpas, « Retrieving Truth: Modernism, Post-modernism and the Problem of Truth », *Soundings*, 1992, p. 287-306.
■ 34. J.-F. Lyotard, *La condition postmoderne : rapport sur le savoir*, Paris, Minuit, 1984, p. 7.

tel est l'argument, il faut alors expliquer comment ces discussions internes à un champ philosophique, dont il n'est pas sûr qu'il ait jamais constitué un courant dominant, ont essaimé vers l'espace public et l'ont structuré au point qu'il serait devenu un espace de post-vérité.

Il existe une version plus englobante de cet argument, qu'il faut distinguer de celle que l'on vient d'évoquer. Au-delà des vifs débats des années 1980[35], certains vont jusqu'à faire de la post-vérité non pas un épisode récent, ou encore une césure dans notre histoire culturelle, mais un processus profond de la pensée occidentale, en reprenant le terme de « post-vérité » en un sens positif, et en le revendiquant :

> La post-vérité n'est pas une condition limitée à la politique, mais s'étend également à la science. En effet, la condition de post-vérité nous permet de voir plus clairement la complémentarité entre la politique et la science en tant que sphères de pensée et d'action. Chacune à sa manière est impliquée dans une lutte pour le « pouvoir modal », c'est-à-dire le contrôle de ce qui est possible[36].

Fuller, qui dans un autre contexte est allé jusqu'à défendre au tribunal le caractère « scientifique » de l'*Intelligent Design*, voit en outre dans la période actuelle la fin d'une forme d'« élitisme » :

> L'irrespect de la post-vérité à l'égard de l'autorité établie est finalement compensé par son ouverture conceptuelle aux personnes et aux idées qui ont été ignorées auparavant. Celles-ci sont encouragées à se mettre en avant et à faire leurs preuves sur ce terrain de jeu élargi. À cet égard, la condition de post-vérité marque le triomphe de la démocratie sur l'élitisme, même si elle fait potentiellement pencher la balance du côté du « chaos » plutôt que de l'« ordre »[37].

À suivre cette voie, cependant, toutes les approches qui rejettent la vérité-correspondance (comme correspondance avec quelque chose d'extérieur au jeu de langage) relèveraient, déjà, de la « post-vérité ». L'aboutissement logique de cette ligne d'argumentation serait de dire qu'au fond tous ceux qui ne souscrivent pas à une version forte du réalisme métaphysique, tel que critiqué par Putnam dans *Raison, Vérité et Histoire*[38], seraient déjà du côté « post-vérité » de l'Histoire. L'objection la plus immédiate à cet argument est qu'il devient difficile de parler d'une « ère » de post-vérité qui s'ouvrirait aujourd'hui devant nous, à moins d'avoir une conception extraordinairement extensible du contemporain.

Qu'il y ait une « crise » de la vérité, et de ses caractérisations au sein de disciplines, est fort possible, mais qu'il faille attribuer une forme de causalité

---

35. Voir par exemple S. Haack, « As for that Phrase "Studying in a Literary Spirit…" », Proceedings and Addresses of the American Philosophical Association 2, vol. 70, 1996, p. 57-75.

36. S. Fuller, *Post-truth: Knowledge as a Power Game*, New York, Anthem Press, 2018, 181. Voir aussi S. Fuller, « What Can Philosophy Teach Us About the Post-truth Condition », *in* M. A Peters, S. Rider, T. Mats et T. Besley (dir.), *Post-Truth, Fake News. Viral Modernity & Higher Education*, Singapour, Springer, 2018, p. 13-26. Sur le post-modernisme, le relativisme, et la post-vérité, voir C. Wight, « Post-truth, Postmodernism and Alternative Facts », *New Perspectives 3*, vol. 26, 2018, p. 17-29.

37. S. Fuller, *Post-truth: Knowledge as a Power Game, op. cit*, p. 182.

38. H. Putnam, *Reason, Truth, and History*, Cambridge (Mass.)-New York, Cambridge University Press, 1981, p. 49.

à ces écrits universitaires est à considérer de plus près [39]. Le rationalisme le plus strict ne peut se dérober à cette question : quelles seraient les autres causes et quelles sont leurs pondérations respectives ? On se retrouve alors confronté à un problème classique d'épistémologie historique. Il est possible, comme nous le verrons plus bas, que certains de ces écrits soient revendiqués par des démagogues contemporains, il est en revanche douteux – sans même se prononcer ici sur la légitimité qu'il y aurait à dire que les post-modernes rejettent l'idée de vérité – qu'une fraction importante de la population ait lu ces auteurs, qui ne forment du reste pas un groupe aux contours évidents, et à tel point que cette lecture régisse désormais son rapport au vrai. Il faudrait alors dire, à la manière de Tocqueville estimant que les Américains (confiants dans les pouvoirs de la raison individuelle) [40], étaient un peuple de cartésiens sans le savoir, que nos contemporains seraient « post-modernes » sans même avoir lu les écrits relevant de ce courant.

Quelles que soient les illusions du narcissisme universitaire sur la capacité des textes philosophiques à informer de vastes mouvements politiques, il faut *a minima* réinscrire ces textes sur l'arrière-plan d'autres facteurs matériels, économiques et politiques sans doute beaucoup plus structurants à grande échelle. On a par exemple pu interpréter le phénomène de l'infox comme une forme d'excroissance du capitalisme numérique dans lequel la viralité d'une information l'emporte sur sa qualité ou son contenu, établissant une analogie avec le réchauffement climatique : « de même que le dérèglement climatique est une conséquence logique du capitalisme fossile, affirme E. Morozov, de même les fausses nouvelles sont des émanations du capitalisme numérique » [41]. Situer la responsabilité et les causes au niveau d'énoncés et d'attitudes individuels correspondrait au même genre d'erreur que celle qui relierait le réchauffement au comportement d'une poignée d'individus isolés, au lieu de voir qu'il implique tout un modèle de société et de rapport aux énergies fossiles. Si l'on adoptait une version radicale de cette thèse, les écrits critiquant l'idée de vérité objective seraient eux aussi des « effets » et ce ne serait que par un tour de passe-passe que l'on pourrait en faire des causes, voire « la » cause de la situation où nous nous trouvons. Sans aller jusque-là, on peut sans doute convenir du fait que sans ces « autres facteurs », le tableau sera bien incomplet.

Foutaise, vertus et environnement

Une autre composante de l'idée de post-vérité est, non plus l'affirmation selon laquelle il n'y a pas de vérité, mais plutôt le diagnostic d'une indifférence à l'égard de cette dernière. De même qu'il y eut une roborative « Gettierologie », partant du célèbre article de 1963 [42] et se demandant s'il fallait ajouter des

■ 39. Parfois, l'ennemi est caractérisé encore plus clairement : A. Calcutt, « Comment la gauche libérale a inventé la « post-vérité », http://theconversation.com/comment-la-gauche-liberale-a-invente-la-post-verite-69310, décembre 2016.
■ 40. L. Guellec, « Des cartésiens qui s'ignorent : La méthode philosophique des Américains selon Tocqueville », *Revue philosophique de la France et de l'étranger* 129, 2004, p. 443-453.
■ 41. E. Morozov, « Les vrais responsables des fausses nouvelles », *Le Monde Diplomatique*, 2017, consulté le 6 octobre 2020, https://blog.mondediplo.net/2017-01-13-Les-vrais-responsables-des-fausses-nouvelles.
■ 42. E. L. Gettier, « Is Justified True Belief Knowledge ? », *Analysis* 23, 1963, p. 121-123.

critères supplémentaires à la « croyance vraie justifiée » pour en faire une connaissance, on pourrait détecter l'émergence d'une véritable *Bullshittology*, depuis l'essai d'Harry Frankfurt portant sur cette notion[43]. Le *bullshit* n'est pas le mensonge, même s'il peut comporter une intention de tromper sur ses propres intentions, mais il se trouve, dans le texte de Frankfurt, mieux caractérisé par une attitude : « cette absence de tout souci de vérité, cette indifférence à l'égard de la réalité des choses, constituent l'essence même du baratin[44]. » Pour ce dernier, la conviction que l'on devrait avoir un avis sur tout, et qu'il serait en outre pertinent de le faire partager, est ce qui manifeste le mieux, au moment où il écrit, l'omniprésence du baratin. Il y a donc, même si cela reste à l'état d'esquisse dans cet essai fort bref, une description d'une disposition (à « bullshitter »), mais aussi des conditions qui exacerbent l'expression de cette disposition. On peut sur cette base distribuer les positions, il y aurait ainsi deux grands courants, la version intentionnaliste (où le *bullshit* est délibéré) et la version structuraliste (où il est produit par le système). Le même problème se repose : pourquoi le « baratin » deviendrait-il aujourd'hui un problème massif ?

On trouve également toute une littérature sur les « vices cognitifs »[45], sur laquelle il faudrait revenir ailleurs, car elle est également océanique. Évoquons simplement ici son principe : il y a une « épistémologie fondée sur la vertu », une *virtue epistemology*, qui est bien identifiée. Elle s'intéresse aux traits de caractère cognitifs des agents plutôt qu'à des propriétés des propositions[46]. Cette tradition s'intéresse également à l'envers de ces vertus, les vices intellectuels, qu'il s'agisse de la crédulité, de la négligence, du complotisme, voire de la bêtise. Comme le résume Cassam, « Les traits de caractère intellectuels qui favorisent une enquête efficace et responsable sont des vertus intellectuelles, tandis que les vices intellectuels sont des traits de caractère intellectuels qui entravent une enquête efficace et responsable »[47]. Qu'il convienne d'enquêter sur ces dispositions et que ce soit parfois instructif ne fait aucun doute, mais ce n'est semble-t-il là encore qu'une partie de ce qu'il faut décrire, si l'on veut rendre compte de l'inquiétude à l'égard de la post-vérité.

Ce qui nous inquiète, ce peut être – si l'on fait soi-même preuve d'une part raisonnable d'altruisme, et si l'on a également cultivé ses vertus épistémologiques – que d'autres soient affectés de ces vices, mais c'est surtout

---

■ 43. H. G Frankfurt, *De l'art de dire des conneries*, trad. fr. D. Sénécal, Paris, Mazarine, 2017. Sebastian Dieguez a donné une utile et incisive synthèse de ces débats, qui dépasse de très loin le simple commentaire du texte de Frankfurt (S. Dieguez, *Total bullshit, op. cit.*)

■ 44. H. G. Frankfurt, *De l'art de dire des conneries, op. cit.*, p. 46. P. Engel, dans *Les Vices du savoir*, donne cette formulation concise : « faire semblant d'affirmer quand on n 'affirme rien, faire semblant de dire quand on ne dit rien. » (*Les Vices du savoir, Essai d'éthique intellectuelle*, Marseille, Agone, 2019, p. 391). On notera que l'ouvrage, s'il traite de notions constitutives de la question de la post-vérité, ne problématise pas le concept lui-même. Le chapitre « De la post-vérité à la foutaise », du même auteur (M. Holzem (dir.), *Vérités citoyennes, Les sciences contre la post-vérité*, Vulaines, Le Croquant, p. 91-108), est plus fourni sur ce point, mais reste centré sur la notion de foutaise.

■ 45. Q. Cassam, « Vice Epistemology », *The Monist 2*, vol. 99, 2016, p. 159-180. Cassam lui-même n'applique cependant pas cette analyse à la post-vérité et à l'infox.

■ 46. Pour la redécouverte de cette question, voir l'ouvrage fondateur de L Zagzebski, *Virtues of the Mind. An Inquiry into the Nature of Virtue and the Ethical Foundations of Knowledge*, Cambridge (Mass.), Cambridge University Press, 1996.

■ 47. J'emprunte cette *reductio* à Q. Cassam, « Bad Thinkers », Aeon, mars 2015, https://aeon.co/essays/the-intellectual-character-of-conspiracy-theorists, qui reprend de manière synthétique l'article du *Monist* cité plus haut.

le fait de vivre dans une société où les décisions communes sont des effets de ces vices, et peut-être plus encore de voir atteinte notre capacité même à penser et dire le vrai. L'inquiétude dont il est question dans cet article serait alors une variante de l'insécurité, que l'on pourrait appeler *insécurité épistémologique*. Elle n'a de sens que si l'on admet que l'environnement dans lequel ces vices s'expriment – ou, dans le langage du courant précédent, le *bullshit* domine – menace la connaissance comme bien commun, menace la délibération démocratique comme opération distribuée sur un collectif.

Si l'on est réaliste philosophiquement, les énoncés qui se trouvent être vrais ne perdront pas cette nature, même si une portion importante de l'humanité n'y croit pas ou s'en moque ; il en va de même pour les vertus épistémiques, au moins en première approche : on peut imaginer qu'un individu soit courageux, sur un navire en perdition par exemple, même si le reste de l'équipage est couard, et l'on peut aussi imaginer que, même au milieu d'une foule convertie aux pires vices épistémiques, on puisse mener des enquêtes rigoureuses, tenter de fournir des énoncés vrais, en assumant la responsabilité épistémique qui les accompagne. Mais est-ce le cas ? De fait, l'inquiétude des réalistes à l'égard d'une éventuelle ère de post-vérité n'est intelligible que si elle est accompagnée d'hypothèses d'arrière-plan, qui doivent alors être explicitées. On peut vouloir expliquer par quels facteurs précis, et nouveaux, la confiance épistémique, essentielle pour que la connaissance puisse être accumulée, se trouve également sapée. L'idée selon laquelle, lorsqu'une connaissance, comprise comme bien commun, est menacée, nous subissons une forme de préjudice bien réel, nous rapproche de thèses qui ont été celles de Peirce d'abord et de Dewey ensuite.

Pour Peirce, si le véritable agent de la recherche est la communauté d'enquêteurs, tout ce qui affaiblit le pouvoir d'agir de cette dernière cesse d'être indifférent car il s'agit alors d'une atteinte aux intérêts épistémiques de chacun et de tous. Peirce, on l'a dit, est dès le départ sensible au fait que la pensée n'est pas « en nous » : nous pensons en signes, qui sont publics, et il ira jusqu'à dire, ce qui n'était pas totalement une boutade, que si son cerveau lui était indispensable pour penser, c'était alors tout autant le cas de son encrier [48]. Si l'on prend au sérieux cette idée, c'est bien notre capacité à penser, qu'il s'agisse de la version formalisée qui culmine dans l'enquête scientifique, ou qu'il s'agisse encore du débat public, qui se trouve menacée lorsque l'environnement, numérique, éducatif, politique et culturel, ne permet plus la « convergence des enquêteurs ».

Dewey pour sa part ne cesse de parler de la méthode de l'intelligence et de rappeler, dans *Après le libéralisme* notamment, qu'elle est un bien commun. La principale critique qu'il adresse aux « premiers libéraux » est de n'avoir pas saisi la nature collective et organisée de l'intelligence :

■ 48. C. S Peirce, *Collected papers, op. cit.*, vol. 7, § 366.

La tragédie du premier libéralisme, c'est qu'au moment précis où le problème de l'organisation sociale était le plus urgent, les libéraux n'eurent d'autre solution à lui apporter que l'idée que l'intelligence était un attribut individuel[49].

Lorsque la publicité – la vie publique de l'esprit –, se dégradent, nous pensons mal, ou nous pensons moins bien, nous sommes privés de prémisses fiables pour nos inférences, nous voyons se rétrécir infiniment le jeu, social, qui consiste à demander et à fournir des raisons, pour reprendre l'expression de Robert Brandom[50]. La post-vérité, dans cette perspective, si quelque chose lui correspond dans l'actualité récente, est inquiétante du point de vue d'une philosophie qui comprend la connaissance comme capacité, capacité notamment à produire de nouvelles inférences, théories et prédictions sur la base des prémisses disponibles, à accroître ses connaissances antérieures, et c'est une capacité qui peut se trouver entravée si l'environnement ne s'y prête plus.

Attention et submersion

Une ère de post-vérité peut aussi être une ère dans laquelle il devient difficile de juger, d'attribuer des propriétés à des sujets, tout simplement parce que la masse des énoncés dont nous sommes bombardés devient insurmontable, et ne permet plus les distinctions pertinentes. On trouve des variantes de cette idée dans de nombreux domaines ; ainsi une des définitions de l'« infodémie », par l'OMS, désigne ce déluge d'informations : « une surabondance d'informations – certaines exactes et d'autres non – qui fait qu'il est difficile pour les gens de trouver des sources dignes de confiance et des conseils fiables lorsqu'ils en ont besoin »[51].

Ce serait alors un grand pathos de l'époque : le monde est devenu trop complexe, les faits devenus trop nombreux… La post-vérité serait alors une ère du rapport à l'information que la métaphore du déluge capterait peut-être mieux qu'une autre. Elle renverrait non plus à un dédain envers la vérité objective mais à une véritable submersion, ou encore une « offuscation »[52], pour reprendre un terme informatique.

Ce qui est alors mis en danger, pour ceux qui acceptent ce diagnostic et s'inquiètent de la situation, c'est la capacité à juger, à hiérarchiser des informations hétérogènes, et reconnaître le même sous des visages si divers. Le risque, dans ce cas, prend des proportions nouvelles, mais n'est pas distinct en nature des dangers de l'érudition, que Kant n'hésitait pas à rapprocher de la stupidité, dans un contexte où il était précisément question de notre capacité à juger[53]. Tel est l'un des thèmes qui structurent les études sur la

---

■ 49. J. Dewey, *Après le libéralisme*, trad. fr. N. Ferron, Paris, Flammarion, 2014, p. 119. Voir les commentaires de G. Garreta dans son introduction à cette traduction.

■ 50. R. Brandom, *Making It Explicit: Reasoning, Representing, and Discursive Commitment*, Cambridge (Mass.), Harvard University Press, 1994.

■ 51. OMS, *Novel Coronavirus (2019-nCoV) Situation Report*, 13, 2 février 2020, https://www.who.int/docs/default-source/coronaviruse/situation-reports/20200202-sitrep-13-ncov-v3.pdf ? sfvrsn=195f4010_6.

■ 52. Parfois traduit par « offuscation », le terme désigne le fait d'atteindre à la visibilité d'une information en la noyant sous une masse d'informations non pertinentes. F. Brunton et H. F. Nissenbaum, *Obfuscation: a User's Guide for Privacy and Protest*, Cambridge (Mass.), The MIT Press, 2015.

■ 53. E. Kant, *Œuvres philosophiques*, t. 1, *Des premiers écrits à la Critique de la raison pure (1747-1781)*, Paris, Gallimard, 1980, p. 881, B172.

« crise de l'attention[54] ». Si l'attention se trouve diffractée, accaparée par de nombreuses sources concurrentes, l'unité formelle du « je pense », ou de ce qui en tient lieu, devient problématique.

On peut le dire autrement : James a notoirement identifié le penseur et la pensée, en refusant toute instance transcendante, mais si ces pensées deviennent flottantes, transitoires, éphémères, contradictoires, c'est bien le penseur qui se trouve menacé à un autre niveau, et avec lui le sujet de l'action et de la connaissance. C'est ce que remarquait Yves Citton, en prolongeant la pensée de James du côté de notre actuel environnement numérique :

> Si, comme l'a énoncé William James dans un chapitre fondateur des études psychologiques, « notre expérience se définit par ce à quoi nous acceptons de prêter attention », alors notre utilisation ubiquitaire des algorithmes de quelques moteurs de recherche dominants constitue effectivement une reconfiguration majeure de notre attention, de notre expérience, de nos formes de vie sociale et de notre rapport à tout notre environnement[55].

Être pris dans des séries de tâches toujours inachevées, en concurrence, est une composante de cette crise de l'attention, et le modèle économique des réseaux sociaux, qui repose sur le piège attentionnel, est sans doute une composante importante du phénomène.

Si l'on veut donc conserver le terme de « post-vérité » en faisant droit à sa dimension contemporaine, il semble donc à nouveau nécessaire de spécifier ce qui a rendu ce problème prégnant, comme nous l'avons vu dans les trois dernières sections. Harsin développe une analyse dans laquelle la post-vérité désigne avant tout un état contemporain du débat public, et où elle se caractérise par trois dimensions conjointes des « problèmes publics » :

> En résumé, les problèmes publics dont la post-vérité est l'abréviation sont épistémiques (fausses connaissances, prétentions concurrentes à la vérité), fiduciaires (méfiance à l'égard des détenteurs de la vérité qui font autorité dans toute la société, confiance envers les détenteurs de la micro-vérité) et éthico-moraux (mépris conscient pour les preuves factuelles – foutaises – ou mensonges/malhonnêteté intentionnels et stratégiques), ce dernier point étant souvent masqué par, ou résumé dans, les logiques institutionnelles de la stratégie politique[56].

L'inquiétude majeure porte sur la question de savoir si une démocratie suspendue à des délibérations rationnelles est toujours possible, alors même qu'elle est mise en cause de l'intérieur, par un certain état du débat public, aussi bien que de l'extérieur, par la pression de régimes illibéraux. Chacune des dimensions conjointes évoquées par Harsin renvoie à des activités observables empiriquement : par ses effets, dans « l'obsession discursive constante avec l'accusation de malhonnêteté, en particulier de mensonge, et par l'anxiété et

■ 54. Voir notamment Y. Citton, *Pour une écologie de l'attention*, Paris, Seuil, 2014. Citton rappelle bien que ce pathos de la submersion par les connaissances est attesté dès l'Antiquité.
■ 55. Y. Citton, « Introduction », dans Y. Citton (dir.), *L'économie de l'attention*, Paris, La Découverte, p. 16.
■ 56. J. Harsin, « Post-truth and Critical Communication Studies », *in* J. F Nussbaum (dir.), *Oxford Research Encyclopedia of Communication*, Oxford, Oxford University Press, 2018, p. 5.

la méfiance du public qu'elle génère », par le volume des activités de « vérification des faits », *fact-checking*, et le marché qu'elles représentent ; par les enquêtes internationales portant sur la défiance envers les institutions, mais aussi dans l'utilisation d'outils numériques pour influer de manière ciblée sur les représentations individuelles (par exemple, *Cambridge Analytica*). Harsin n'hésite pas à leur joindre toute l'industrie du conseil et de la communication politiques, qui n'est pas toujours mentionnée dans les études de la post-vérité. Admettons que ce type d'études fournisse le cadrage historique qui est nécessaire pour que l'étude de la post-vérité ait un sens, peut-on alors également rendre compte des usages stratégiques de la post-vérité, également présents dans le langage ordinaire ?

Post-vérité et confusion

Sans prétendre à une solution générale, il semble qu'une fois que l'on a dit que le débat sur les vertus et les vices épistémiques devait être réinscrit dans son contexte propre, dans ce qui le rend prégnant, et qui tient à la fois à notre environnement numérique et à une crise des démocraties libérales, dans lesquelles le débat public se trouve sous la double pression de la communication politique et des incursions parfois bien réelles des régimes illibéraux, par des formes nouvelles de propagande, un noyau commun à ce qui reste de l'idée de post-vérité gagnerait à être approché à l'aide d'un concept « intermédiaire », celui de *confusion*.

De même qu'il est intéressant pour tout pouvoir despotique de faire disparaître, parfois physiquement, des faits inconfortables, et qu'il y a de ce fait une haine des faits (dont la notion monstrueuse de « faits de rechange », *alternative facts*, n'est qu'une sinistre variante), il y a un intérêt politique à déclarer que, dans nos sociétés, les faits auraient cessé d'avoir quelque autorité, et donc à avoir un usage instrumental de la confusion native que nous avons évoquée dans la section précédente.

Le débat sur les *fake news*, sur l'infox, a oscillé entre deux options, une tentative de précision de ce que serait une « fausse information », d'une part, qui reviendrait à tenter des stratégies de démarcation dans ce nouveau domaine, et une panoplie de mesures pour lutter contre la manipulation de l'information, d'autre part, sans que le glissement de la question épistémologique, engageant la qualité de l'information et des connaissances, vers la question pratique, concernant la philosophie de l'action et la philosophie politique, et impliquant la notion de manipulation, soit toujours bien perçu. Dans le premier cas, on tente de fournir des critères, qui peuvent être des critères de vérification, de bonnes pratiques, de sources garantissant une plus ou moins grande autorité épistémique, ce dont manqueraient précisément les *fake news*. Dans le second cas, on se demande ce que *fait* une source quand elle dit ce qu'elle dit.

Ce faisant, on vient de le suggérer, le débat a laissé dans l'ombre le point commun aux divers sens de l'infox et de la post-vérité : la confusion. Celle-ci intervient à trois niveaux : (1) La confusion entre une information et ce qui ne présente que son apparence, ce que désigne le « *fake* » dans *Fake News*[57]. Il s'agit là du sens restreint, ou encore local, de la confusion, la confusion entre A et B : confusion entre un genre et un autre, ou encore confusion entre une espèce et une autre au sein d'un genre[58]. (2) La confusion au sens objectif, qui serait ici le sens large, dans la mesure où l'environnement ne permet plus les distinctions pertinentes : il devient difficile de s'y repérer, de hiérarchiser, de ne pas être noyé sous la masse d'informations virales, comme nous l'avons vu dans la section 4. (3) Une confusion au second degré, qui l'on pourrait appeler « catégoriale » : lorsque l'on est en face de confusions au sens 1 ou 2, cet état de fait relève-t-il d'une cause exerçant aveuglément ses effets, dans l'environnement où nous sommes pris (qui ne permet plus de démarquer, ou qui ne permet plus de s'y retrouver), ou bien est-il possible d'en faire l'effet d'une stratégie, et donc de la relier à une intention ? Si l'on ne craignait d'introduire ici inutilement du jargon, il faudrait sans doute parler de « méta-confusion », de confusion au sujet de la confusion : on ne répond pas de la même manière à un processus aveugle et à une stratégie. Cette dernière confusion a un effet épistémique, nous ne savons plus quoi penser, et pratique, nous ne savons plus comment agir.

L'articulation de ces trois sens a été abondamment illustrée par des essais récents sur les nouveaux visages de la propagande et je voudrais dans la fin de cet article préciser son contenu, afin de rendre cette hypothèse moins abstraite. L'idée à laquelle je tente de faire droit ici est que la propagande n'est pas forcément un double du mensonge, mais qu'elle peut, dans certains cas, viser une attitude qui correspond en pratique à la définition générale de la post-vérité : une situation où la distinction entre le vrai et le faux n'est plus possible, et où elle importe peu, à tel point qu'on ne peut plus s'entendre avec d'autres autour d'un intérêt commun, pour former ce que Dewey appelait un « public ».

L'essayiste et journaliste Peter Pomerantsev, dans un livre qui a été très lu, *Rien n'est vrai, tout est possible*[59], dresse un tableau des nouveaux modes de propagande et, s'il décrit la stratégie du Kremlin, son analyse semble avoir une valeur plus large. Il décrit ainsi la politique qui mûrit autour des années 2000 :

> Ce n'est pas un pays en transition, mais un certain type de dictature postmoderne, qui utilise le langage et les institutions du capitalisme démocratique à des fins autoritaires[60].

Une dictature post-moderne… Pomerantsev accorde en effet une grande attention à l'un des stratèges en chef du régime, V. Surkov, qui n'hésite pas à citer Baudrillard ou à faire référence à cette veine d'auteurs. Mais pourquoi donc ? S'agit-il d'une allégeance philosophique qui aurait échappé aux observateurs

■ 57. M. Girel, « Comment se dit "fake news" en français ? », *Libération*, 14 juin 2018.
■ 58. Ce premier sens engage la question des indiscernables, telle qu'elle est conceptualisée depuis le scepticisme académique, j'en ai donné un court traitement au chap. ⅢII de M. Girel, *Science et territoires de l'ignorance*, Versailles, Quae, 2017.
■ 59. P. Pomerantsev, *Nothing Is True and Everything Is Possible: The Surreal Heart of the New Russia*, New York, Public Affairs, 2014.
■ 60. *Ibid.*, p. 50.

et sommes-nous alors revenus à la deuxième section de cet article ? Ce n'est pas exactement le cas. L'idée de Pomerantsev est que la dissolution de toute référence à la réalité est un objectif majeur du régime, pour saper à la racine toute forme d'opposition et de fédération de collectifs autour d'intérêts politiques, et que les références clinquantes au postmodernisme sont un moyen au service de cette fin[61], sans qu'il implique le moindre doute, de la part de ceux qui mettent en œuvre cette stratégie, sur les objectifs qu'ils poursuivent et la réalité des rapports de force.

Cette façon d'exercer une influence de masse est une méthode qui contrôle les gens non pas en insistant sur une vérité unique à laquelle ils devraient adhérer mais qui dit, au contraire, que la vérité est inconnaissable ; c'est une approche qui n'insiste pas sur une réalité de rechange mais sur un bourbier d'irréalités concurrentes ; qui est née de la fin de l'effondrement de la concurrence idéologique et des récits universalistes d'un avenir rationnel au lendemain de la guerre froide ; c'est un processus ressenti plus vivement en Russie mais qui engloutit maintenant ce que l'on appelait autrefois l'Occident[62].

Dans cette perspective, la confusion, la paralysie devant des récits contradictoires qui ne permettent plus de renvoyer à des faits qui rendent des énoncés vrais, peut être un objectif politique. Ce n'est pas uniquement, ou pas toujours, l'effet mécanique des réseaux sociaux, des conversations ordinaires, mais quelque chose qui peut en outre être recherché et accru. De ce point de vue, tout discours qui érige en principe l'inaccessibilité du vrai comme du réel est intéressant à *instrumentaliser* :

> Surkov aime invoquer les nouveaux textes postmodernes qui viennent d'être traduits en russe, la désagrégation des grands récits, l'impossibilité de la vérité, la façon dont tout n'est que « *simulacrum* » et « simulacre »... et l'instant d'après il dit combien il méprise le relativisme et aime le conservatisme, avant de citer le *Sunflower Sutra* d'Allen Ginsberg, en anglais et par cœur. Si l'Occident a un jour sapé et contribué à la défaite de l'URSS en réunissant l'économie de marché, la culture *cool* et la politique démocratique en un seul ensemble (parlements, banques d'investissement et expressionnisme abstrait fusionnés pour vaincre le Politburo, l'économie planifiée et le réalisme social), le génie de Surkov a été de déchirer ces associations, de marier l'autoritarisme et l'art moderne, d'utiliser le langage des droits et de la représentation pour valider la tyrannie, de copier/coller le capitalisme démocratique jusqu'à ce qu'il signifie l'inverse de son objectif initial[63].

■ 61. Stratégie qui a été résumée laconiquement ainsi, dans un autre contexte, par Snyder : « Si les citoyens doutent de tout, ils ne peuvent pas voir de modèles de rechange au-delà des frontières de la Russie, ils ne peuvent mener des discussions raisonnables sur la réforme, et ne peuvent se faire assez confiance les uns aux autres pour s'organiser en vue du changement politique ». T. Snyder, *The Road to Unfreedom: Russia, Europe, America*, New York, Tim Duggan Books, 2018, p. 160.

■ 62. P. Pomerantsev, « To Unreality – and Beyond », *Journal of Design and Science* 6, 2019, Revue en ligne : https://doi.org/10.21428/7808da6b.274f05e6.

■ 63. P. Pomerantsev, *Nothing Is True and Everything Is Possible The Surreal Heart of the New Russia*, *op. cit.*, p. 87–88.

Comme l'a soutenu Mark Lipovestky, plus que le post-modernisme, c'est donc une forme de cynisme qui est en jeu ici[64] : il n'y a guère de doute sur la réalité du pouvoir, sur les valeurs qui sont à défendre, sur les fins politiques, chez ceux qui manient ces références. Le dispositif philosophique qui mérite alors une analyse est celui qui lie une prémisse antiréaliste à un discours autoritaire.

On retrouve une idée analogue chez Jason Stanley, qui relie lui aussi propagande, déstabilisation du réel et paralysie politique :

> Russia Today, ainsi que la myriade de sites web produisant des théories du complot dans le monde entier, y compris aux États-Unis, ont eu pour effet de déstabiliser le type de réalité partagée qui est en fait nécessaire à la contestation démocratique[65].

L'effet n'est pas seulement politique, il est également épistémique :

> En concevant la stratégie de RT, les propagandistes russes, ou « technologues politiques », ont réalisé qu'avec une cacophonie d'opinions et de possibilités extravagantes, on pouvait miner l'ensemble des présuppositions de base sur le monde qui permettent une enquête productive[66].

Quelles réponses ?

Ce que le débat sur la post-vérité a de désolant, au-delà du fait qu'il n'affronte pas toujours les difficultés que nous avons mentionnées et que, de la sorte, il ne donne pas de sens à l'inquiétude qu'il exprime, c'est que, bien souvent, il suscite des réponses d'une grande pauvreté. Il nous semble significatif que l'ouvrage de McIntyre s'achève sur une solution tout individuelle, dans laquelle le modèle économique du numérique, le délitement des démocraties libérales, les jeux d'influences sur les opinions publiques, sont à peine évoqués :

> Une fois que nous sommes conscients de nos préjugés cognitifs, nous sommes mieux à même de les surmonter. Si nous voulons de meilleurs organes d'information, nous pouvons les soutenir. Si quelqu'un nous ment, nous pouvons choisir de le croire ou non, et ensuite contester toute fausseté. C'est à nous de décider comment nous allons réagir face à un monde dans lequel quelqu'un essaie de nous tromper. La vérité importe toujours, comme elle l'a toujours fait. C'est à nous de décider si nous nous en rendons compte à temps[67].

Comme d'autres observateurs l'ont bien vu, réitérer les normes qui seraient menacées, demander plus de transparence, une attention critique à ses sources et à ses propres biais, est sans doute valeureux, et on souscrit sans peine à cette recommandation, mais c'est confondre la solution avec l'énoncé du problème. Si la question est de restaurer, ou de réinventer, une confiance

---

■ 64. Il faudrait développer en détail ce point, voir la recension très détaillée Mark Lipovetsky, spécialiste des mouvements postmodernes russes, « A Culture of Zero Gravity (Review of Pomerantsev, Nothing Is True and Everything Is Possible: The Surreal Heart of the New Russia) », *Boundary* 2, août 2018, revue en ligne : https://www.boundary2.org/2018/08/mark-lipovetsky-a-culture-of-zero-gravity/.
■ 65. J. Stanley, *How Fascism Works*, New York, Random House, 2018, p. 69.
■ 66. *Ibid.*, p. 70.
■ 67. L. McIntyre, *Post Truth, op. cit.*, p. 172.

à l'égard de sources et d'institutions qui sont menacées par une érosion de cette même confiance, les incantations ne suffiront sans doute pas.

On peut discuter tel ou tel point des directions que suggère Harsin, mais il a le grand mérite de voir le problème au niveau, plus large, où il se situe, en distinguant quatre grandes dimensions qui devraient être poursuivies, si vraiment la post-vérité est un objet d'inquiétude : (1) la critique du capitalisme numérique, reposant sur des stratégies de communication et l'économie de l'attention ; (2) la critique du glissement du journalisme vers l'*infotainment*[68], dans un contexte où même la vérification, le *fact checking*, relève progressivement de ce genre ; cette critique doit sans doute inclure un débat sur les sources de financement de ce journalisme comme sur notre rapport à la « gratuité » de l'information, dont on pourrait penser qu'elle finit par coûter bien cher ; (3) une considération de l'importance des moyens investis par la communication politique professionnelle, de son aptitude à générer des pseudo-publics, au détriment d'une utilisation de ces canaux de communication à des fins plus démocratiques ; (4) l'éducation, avec une attention particulière aux nouvelles formes de démagogie (« en enseignant l'histoire des forces antidémocratiques qui, dès le début de la communication de masse, ont réquisitionné des connaissances scientifiques, d'immenses ressources de communication et des compétences stratégiques pour manipuler et contrôler les manifestations, avec des degrés de réussite variables »[69]). On peut discuter le programme, sans doute, mais il faut alors indiquer quelles modifications structurelles seraient nécessaires pour que les mêmes effets ne resurgissent pas sans cesse.

En un sens, il nous semble donc possible de faire droit à l'inquiétude dont était parti cet article : il y a bien lieu de réfléchir à la fragilité du vrai, comme à notre attachement à la connaissance comme bien commun, au milieu du jeu de forces que nous venons de décrire, et la post-vérité est sans doute un sujet d'étude important de ce point de vue. Mais alors, elle n'est pas uniquement un sujet de philosophie de la connaissance, ni même d'éthique individuelle : la question engage une réflexion sur le type de communautés qui peuvent valoriser le vrai, sur le type de mobilisations qui peuvent résister à la confusion induite que nous avons décrite, et qui ne pourront le faire en utilisant des canaux de communication qui semblent actuellement défavorables à l'entente réfléchie autour d'intérêts communs bien compris. Dewey avait entrevu quelque chose de semblable au début des années 1930 :

> Il est trop évident pour qu'il soit besoin de l'argumenter que, dans l'ensemble, nos politiques, dans la mesure où elles ne sont pas secrètement manipulées au nom de l'avantage pécuniaire de groupes, sont dans un état de confusion ; les questions sont improvisées de semaine en semaine avec un changement constant d'allégeance. Il est impossible pour les individus de se retrouver politiquement avec certitude et efficacité dans de telles conditions. L'apathie

---

■ 68. Contraction d'*information* (information) et *entertainment* (divertissement), désignant des programmes qui mêlent les deux genres, et également la présentation de l'information sous l'angle du divertissement.
■ 69. J. Harsin, « Post-Truth and Critical Communication Studies », *op. cit.*, p. 22.

politique, entrecoupée par des sensations et des spasmes récurrents, en est la conséquence naturelle[70].

Un Dewey contemporain aurait sans doute enrichi ses descriptions de cet « état de confusion », il aurait assurément intégré la dimension numérique de notre environnement, mais le souci qui l'anime au cours des années 1930 reste d'actualité : il concerne l'apathie, épistémique et éthique, certes, mais aussi et surtout l'apathie « politique », et une enquête sur cette dernière ne peut se limiter à la décrire comme un état, elle doit aussi mesurer ce qu'implique de la comprendre comme un effet.

Mathias Girel
ENS-PSL, USR République des Savoirs, Centre Cavaillès

■ 70. J. Dewey, *The Later Works, 1925–1953, V: 1929–1930*, Carbondale (Illinois), Southern Illinois University Press, 1984, p. 70.

DOSSIER

Après la vérité ?

LYOTARD ET LA PETITE VÉRITÉ OU CE QUE NOUS NE VOULONS PAS PERDRE

Claire Pagès

Pour Jean-Michel Salanskis

Bien plus qu'une position relativiste ou nihiliste, on reproche parfois aujourd'hui à Lyotard d'avoir fait le lit de la « post-vérité » par la promotion de la multiplicité de jeux de langage sans au-delà et sans principes généraux de validation. Par un raccourci stupéfiant, on y lit l'affirmation que les discours sont tous également légitimes et ne doivent posséder comme autre principe de validation que le fait d'avoir été proférés. Si l'accusation d'un Lyotard inspirateur d'une forme de « post-vérité » nous semble infondée, c'est que la pensée et la parole s'attachent toujours pour lui à « quelque chose » dont il faut avoir le souci ou qu'il faut chercher à entendre. Lyotard nous semble moins soucieux de relativiser ou, comme on l'en accuse aujourd'hui, d'abandonner l'exigence de vérité que de montrer, d'une part, que celle-ci peut se dire en plusieurs sens, et, d'autre part, qu'on ne vient pas à bout de cette dernière aux moyens de ce qu'il nomme « le discours ». Que ce soit par la pensée, la parole, la création ou l'action, on s'attache toujours à « quelque chose » dont on a souci, et la promotion de la multiplicité dans le champ de la vérité vise non à s'affranchir du vrai mais à se montrer à sa hauteur par un élargissement des perspectives qui ne le cantonne pas à un seul genre de lieu.

L a réception critique de la pensée de Lyotard, peut-être plus encore que celle des autres représentants de la *French Thought*, a mis en avant son irrationalisme, son aversion pour l'universel, son abandon de la volonté de savoir, son relativisme, sa position d'anti-*Aufklärer*, ou encore l'adoption de l'esthétique comme unique domaine permettant d'orienter la vie et l'action. Pour le dire vite, il aurait renoncé à toute exigence de vérité. Cette interprétation se trouve confortée par les débats et les malentendus qui suivirent la parution de la *Condition postmoderne*[1] en 1979. Certes, certains de ses propos prêtent le flanc à ces lectures et Lyotard s'interroge lui-même sur l'opportunité du partage entre philosophie et littérature et, plus encore, entre théorie et fiction : « je me pose la question, de façon de plus en plus pressante : quelle différence réelle entre une théorie et une fiction ? »[2]. Bien plus qu'une position relativiste ou nihiliste[3], on reproche à Lyotard parfois aujourd'hui d'avoir fait le lit de la « post-vérité » par la promotion de la multiplicité de jeux de langage sans au-delà et sans principes généraux de validation. Par un raccourci stupéfiant, on y lit l'affirmation que les discours sont tous également légitimes et ne doivent posséder comme autre principe de validation que le fait d'avoir été proférés.

> **Quelle différence réelle entre une théorie et une fiction ?**

On pourrait, la chose a été faite, reprendre toutes les pièces du débat autour de la question du postmodernisme qui a grandement contribué à lui valoir la réputation de fossoyeur des critères de vérité et d'universalité ou celle de partisan d'une vérité changée en efficience[4]. Cette reformulation du diagnostic postmoderne doit être, il est vrai, corrigée de plusieurs manières. En indiquant, d'abord, que la *Condition postmoderne* investit la science en modèle d'une postmodernité non réduite à l'efficience en la définissant comme « recherche permanente de sa propre déstabilisation en tant que système ou machine, en vue de rendre jouable ce qui jusqu'à présent n'est pas jouable »[5]. Ainsi, la production du théorique, régie par l'enjeu de la vérité, de la science postmoderne échappe au principe pragmatique de maximisation des effets qui commande une certaine postmodernité, protégeant donc la recherche de la vérité de toute exclusion *a priori*. En rappelant, ensuite, la dualité du diagnostic lyotardien selon lequel il y a différentes directions du postmoderne. Si la « défaillance moderne »[6] ouvre des possibilités, elle signifie aussi l'avènement d'un « pragmatisme positiviste ambiant »[7]. Ce qui est attaqué comme son « irrationalisme » n'est autre qu'une façon de lutter comme la pseudo-rationalité imposée par le capitalisme et sa performativité.

■ 1. J.-F. Lyotard, *La Condition postmoderne*, Paris, Minuit, 1979. Voir J. Habermas, « La modernité : un projet inachevé », *Critique* 413, octobre 1981, p. 950-969.

■ 2. J.-F. Lyotard et J.-L. Thébaud, *Au juste*, Paris, Christian Bourgois, 2006, p. 31.

■ 3. Concernant la réfutation de ce prétendu relativisme intersubjectif, appliqué par certains au champ de la psychanalyse, on se référera au chapitre IV « L'*"impouvoir, l'apathie"* » du livre de Laurence Kahn, *Le psychanalyste apathique et le patient postmoderne*, Paris, Éditions de l'Olivier, 2014. Celle-ci fait valoir que Lyotard n'accrédite aucune autonomie du dit, légitimant tous les points de vue des partenaires d'une conversation, dans la mesure où « le langage empêche de parler », soit occulte l'incommensurabilité de ce à quoi il faut se rendre passible ou avoir égard, la *phônè*.

■ 4. Voir A. Honneth, « An aversion against the universal. A commentary on Lyotard's postmodern condition », *Theory, Culture and Society* II 3, 1985, p. 147-156, p. 153-155. Ou « Der Affekt gegen das Allgemeine. Zu Lyotards Konzept der Postmoderne », *Merkur* 430, 1984, p. 893-902.

■ 5. J.-M. Salanskis, « La science selon Deleuze et Lyotard », dans C. Énaudeau et F. Fruteau de Laclos (dir.), *Différence, différend : Deleuze et Lyotard*, Paris, Les Belles Lettres, 2015, p. 105-142, p. 138-140.

■ 6. J.-F. Lyotard, *Le Postmoderne expliqué aux enfants*, Paris, Galilée, 2005, p. 51.

■ 7. *Ibid.*, p. 96.

Lyotard présente le rôle des penseurs comme celui de révéler l'irréductibilité du langage à la dimension de la communication et de l'information, soit de résister à une direction du postmoderne[8]. Il définit parfois la postmodernité française, celle qu'a pu incarner la philosophie, par le fait qu'elle a mis l'accent sur les incommensurabilités[9]. D'où l'idée de philosophie de la différence. Mais il récuse absolument que sa position revienne à préconiser « la politique du néo-libéralisme »[10]. C'est pourquoi « réécrire la modernité, c'est résister à l'écriture de cette supposée postmodernité »[11]. Lyotard à cet égard comme sur bien d'autres sujets n'est cependant pas d'une pièce. De même que selon lui nous « sommes nous-mêmes plusieurs *êtres* »[12], soit différents noms positionnés sur des instances pragmatiques différentes dans différents jeux de langage que nous jouons, de même les auteurs que nous pouvons être sont eux-mêmes plusieurs êtres jouant différents jeux de langage dans lesquels ils poursuivent des stratégies diverses. Il ne s'agit pas de prendre le parti de l'un des Lyotard, le bon, celui qui serait soucieux de la vérité, contre le ou les mauvais. On serait d'ailleurs bien en peine de les nommer. De surcroit, on peut réfléchir à ce qui lie ces différents Lyotard et à ce qui, peut-être, les réunit touchant la considération de la vérité. Retient en particulier notre attention le fait que Lyotard ait appréhendé lui-même la contradiction nécessaire de son discours touchant la vérité et ce dans différents genres de discours qu'il a pu emprunter, celui du « parti pris du figural », celui du païen, celui du postmoderne, celui de l'enfance, car si la vérité possède plusieurs idiomes, c'est que le réel qu'elle dit, pour être consistant, n'en est pas moins sans unité. Si l'accusation d'un Lyotard inspirateur d'une forme de « post-vérité » nous semble infondée, c'est que la pensée et la parole s'attachent toujours pour lui à « quelque chose » dont il faut avoir le souci ou qu'il faut chercher à entendre. Lyotard nous semble moins soucieux de relativiser ou, comme on l'en accuse aujourd'hui, d'abandonner l'exigence de vérité que de montrer, d'une part, que celle-ci peut se dire en plusieurs sens, et, d'autre part, qu'on ne vient pas à bout de cette dernière aux moyens de ce qu'il nomme « le discours ».

Pour l'établir, nous adopterons une démarche chronologique, suivant la progression de la pensée de Lyotard en y dégageant quatre moments. Le premier témoigne de la recherche d'une vérité non discursive dans *Discours, figure*, en particulier. Le deuxième, qui aboutit en 1974 à la parution d'*Économie libidinale*, est marqué par l'abandon de la critique et la tentative d'acter immédiatement l'intensité de la vérité. Le troisième, proprement postmoderne, voit l'introduction de la question des genres de discours et la défense d'une polysémie de la vérité. Le quatrième, enfin, marque l'effort de penser une vérité inarticulée attachée à l'effraction de l'affect inconscient.

■ 8. J.-F. Lyotard, *Tombeau de l'intellectuel et autre papier*, Paris, Galilée, 1984, p. 84.
■ 9. *Ibid.*, p. 85.
■ 10. *Ibid.*, p. 86.
■ 11. J.-F. Lyotard, *L'Inhumain*, Paris, Galilée, 1988, p. 42.
■ 12. J.-F. Lyotard et J.-L. Thébaud, *Au juste, op. cit.*, p. 115.

Le travail de vérité du figural

Tournons-nous vers *Discours, figure*, publié en 1971. Lyotard y propose de « rendre les armes à l'espace figural, avec Cézanne et Mallarmé, avec Freud, avec Frege »[13], et ce en raison d'une hégémonie du discours signifiant et de l'espace de représentation. Le texte en décline les différentes propriétés : pertinence linguistique, système d'oppositions qui articule le propos, organisation temporelle des éléments par leur mise en récit[14]. Les opérations figurales quant à elles présentent les mêmes traits que l'ordre inconscient : absence de contradiction, mobilité des investissements, intemporalité et substitution à la réalité extérieure de la réalité psychique. Ces processus sont étrangers et irréductibles à celui, linguistique, de la signification. En cela, ils se tiennent à distance de l'espace de la représentation. *Discours, figure* insiste ainsi sur le fait que le sens déborde l'articulation. La figure *est* cette inarticulation : le rêve est dit « discours inarticulé » et le poétique distingué du linguistique. Les trois types de figure, image, forme et matrice, sont donc des articulations transgressives et mobiles qui rendent le texte méconnaissable, illisibité où le désir trouve son compte.

Pour autant, ce parti pris du figural n'est pas à comprendre comme renoncement à la vérité. D'abord, comme l'a montré J.-M. Salanskis, la défense de l'irréductibilité de la désignation, le parti pris du référentialisme, celle de la primauté de la profondeur référentielle dans *Discours, figure*, engage une consistance des choses dont parlent les signes, selon certes des économies distinctes, et justifie la question référentielle[15]. Ensuite, Lyotard cherche davantage à hiérarchiser les manières de faire référence à, établissant une hiérarchie des vérités. Si l'espace inconscient et l'espace figural sont texte forcé et mobile, la force est appréhendée comme la dynamique qui permet l'événement, dynamique violente et brusque, qui tranche avec le discours du geste. Lyotard dit de Freud qu'il a saisi une vérité non discursive, une vérité qui relève du coup de force. Celle-ci froisse, plie, et détonne : « la vérité se manifeste comme une aberration à l'aune de la signification et du savoir. Elle détonne. Détonner dans le discours c'est déconstruire son ordre »[16].

Cette vérité qui relève du coup de force constitue une opération. Lyotard évoque alors un véritable « travail de vérité du figural ». Cette acception du vrai participe du désir de mise en mouvement de la vérité partagé par toute une génération de penseurs français contre une vérité classiquement considérée comme identification ou fixation. Lyotard appréhende certes les complexifications possibles de ce modèle quand la vérité est spéculative. Mais il n'y a là dans la dialectique hégélienne pour lui qu'apparence de mouvement du vrai : « la vérité est qu'il n'y a nul processus, mais un cycle $(+ - + -)$ infini »[17].

---

13. J.-F. Lyotard, *Discours, figure*, Paris, Klincksieck, 1985, p. 19.

14. J.-F. Lyotard, *Discours, figure, op. cit.*, p. 239.

15. J.-M. Salanskis, « La profondeur référentielle chez Jean-François Lyotard », dans C. Enaudeau, J.-F. Nordmann, J.-M. Salanskis, F. Worms (dir.), *Les transformateurs Lyotard*, Paris, Sens et Tonka, 2008, p. 223-243, p. 224-228.

16. J.-F. Lyotard, *Discours, figure, op. cit.*, p. 17.

17. *Ibid.*, p. 351.

La « vérité » qui constitue une aberration à l'aune de la signification/ savoir advient dans l'ordre de l'inconscient. Aussi, il s'agit d'un ordre de vérité impliquant la co-implication du vrai et du leurre. Ainsi le désir n'est pas *travesti* à proprement parler, ce qui supposerait un état vrai et initial du désir, mais il *travaille* : « le désir est d'emblée texte bouleversé, le travestissement n'est pas le fait d'une intention de tromper qui serait celle du désir, mais le travail même *est* travestissement parce qu'il est violence sur l'espace linguistique. Pas besoin d'imaginer que le Ça a quelque chose derrière la tête. « Le travail du rêve ne pense pas »[18]. Le rêve qui est accomplissement de désir se présente ainsi comme une forme qui est « texte bouleversé » par une force qui a toujours déjà commencé son travail. Il n'y a aucun texte liminaire qui serait ensuite travesti. L'inconscient serait plutôt l'espace dans lequel on ne trouve que du texte travaillé, forcé.

Il ne s'agit pas pour Lyotard de dénier l'existence de vérités dans l'ordre du discours ou de la représentation, vérités qui tiennent alors essentiellement à la correspondance avec la réalité, mais de contester le monopole de cet ordre sur la vérité, le débordement du sens à l'égard de la signification. Il y aurait des « fonctions » de vérité et une vérité non discursive ayant partie liée au désordre, au désir et qui semble d'autant plus essentielle à Lyotard qu'elle aurait été forclose depuis la condamnation par Augustin de la « théâtrique païenne » et sa thèse du simulacre qui fait de chaque réalité un signe valant pour quelque absent plus grand qu'elle : « Dans cette hiérarchie de la similitude se met en place la théâtralité de la représentation nihiliste. La *vérité*, puisqu'il va falloir alors parler ainsi, d'un être pris en tant que signe, se trouve située *au-dehors* de lui, et même, parce qu'Augustin conçoit le signe sous la catégorie de la métaphore *au-dessus* de lui »[19].

Ce travail de vérité du figural[20] est critique. L'art moderne est alors défini comme *déconstruction d'une écriture*. Pour la peinture, la révolution part de Cézanne qui a porté atteinte aux tracés régulateurs et formes organisatrices de l'espace pictural, quand les Impressionnistes n'avaient bouleversé que les bords ou les contours avec le travail sur la lumière. L'écriture pour Lyotard, à la fin des années 1960, c'est alors la forme à la fois plastique, sociale et politique qui agence et organise par avance une production en en faisant une belle totalité organique :

C'est en s'efforçant de briser ces contraintes, de leur interdire de se refermer en banquise de significations constituées, que l'artiste donnera accueil à ce qui, dans l'inconscient, est dessaisissement, et qu'il éliminera ce qui est crispation défensive. Le dessaisissement est désiré, voilà l'inspiration, tandis qu'il est redouté dans l'extériorisation morbide, et voilà le principe de sa fonction de vérité[21].

▓ 18. *Ibid.*, p. 245.
▓ 19. J.-F. Lyotard, *Économie libidinale*, Paris, Minuit, 1974, p. 88. Voir J.-M. Salanskis, « La profondeur référentielle », *op. cit.*, p. 230.
▓ 20. Concernant ce travail de la vérité, voir *Dérive à partir de Marx et Freud*, Paris, 10/18, 1973, chap. « Œdipe juif ».
▓ 21. J.-F. Lyotard, *Dérive...*, *op. cit.*, chap. « Principales tendances actuelles de l'étude psychanalytique des expressions artistiques et littéraires », p. 65.

« Nous n'avons pas le projet d'être vrais »

La publication en 1974 d'*Économie libidinale* marque un tournant car Lyotard abandonne la défense qui avait été la sienne de la profondeur référentielle. C'est même le projet de livre, comme l'a montré J.-M. Salanskis[22], qui va prendre fait et cause pour la surface et la bande contre toute organisation volumique du corps. La figure du « cube » vient alors s'identifier à la représentation, théâtralité, signification, vérité, et menacer le flux anarchique des intensités libidinales[23].

Lyotard présente alors son dialogue avec Marx comme ne relevant pas de la critique. L'objet de la critique, qu'il pratiquait auparavant, serait de formuler des diagnostics d'inadéquation impliquant « une pensée de et par la vérité[24] ». Il ne peut alors s'agir ni de critiquer Marx ni de le corriger ni d'en dégager la vérité. Pourquoi refuse-t-il d'inscrire ce débat au registre de la critique du marxisme ? Ce serait faire, dit-il, la théorie de sa théorie et ainsi « se maintenir dans le champ de la chose critiquée ». Critiquer Marx reviendrait à déterminer ce qu'il a oublié, ou ce dont il n'a pas réussi à se détacher. Celui qui formule ce genre de critiques se positionne dans un rapport de dépassement par rapport à son objet. Autrement dit, le critique se présente comme sorti de l'aliénation dans laquelle son objet était pris. Lui, il occuperait la position du sujet théorique non aliéné. C'est croire à un partage entre la bonne forme du désir et ses versions perverties, entre le vrai et ses déformations ; or, soutient Lyotard, il n'y a aucun pays de la vérité, aucune région non aliénée que pourrait habiter le critique. À la fois son discours est tout aussi aliéné et le discours de ceux qu'il critique possède une positivité. S'y jouent des intensités. Cette analyse a pu être tenue pour un reniement de sa critique du capitalisme. Or, si Lyotard écrit qu'« il n'est pas vrai que le capitalisme ne fasse pas jouir, qu'il faille continuer de s'efforcer de l'interpréter comme s'il était une machine de simple "aliénation", comme s'il était posé ou imposé de l'extérieur en infraction à tout désir, comme si ce qui le soutient n'était pas précisément le désir »[25], c'est pour mieux comprendre la résistance de ce dispositif libidinal d'accumulation qui fonctionne par des investissements de désir.

Ce dispositif anti-théorique vise nominalement Althusser défini à la fois comme théoricien et critique, comme philosophe chercheur de vérité[26]. Qu'on théorise ou qu'on critique, on cherche la vérité. Critiquer serait se maintenir dans le champ de la chose critiquée, dans la relation dogmatique du savoir. C'est pourquoi il ne s'agit pas de corriger Marx ou de l'interpréter selon sa vérité comme les Althussériens : « Nous n'avons pas le projet d'être vrais, de donner la vérité de Marx, nous nous demanderons ce qu'il en est de la

---

22. J.-M. Salanskis, « La profondeur référentielle chez Jean-François Lyotard », *op. cit.*, p. 229 *sq.*
23. J.-F. Lyotard, *Économie libidinale, op. cit.*, p. 11.
24. *Ibid.*, chap. « Le tenseur », p. 115.
25. J.-F. Lyotard, *L'assassinat de l'expérience par la peinture, Monory*, Le Castor Astral, 1984, p. 22.
26. J.-F. Lyotard, *Économie libidinale, op. cit.*, chap. « Le désir nommé Marx », p. 128 : « Le problème est que la critique vise encore le vrai ».

libido dans Marx[27] ». Dans l'ouvrage de 1974, la pensée althussérienne est ajoutée à la (longue) liste des dispositifs représentatifs avec lesquels il faut de rompre. Comme le racontera Lyotard plus tard, il s'agissait alors pour lui de déconstruire la représentation elle-même, la mise en scène, en tentant d'inscrire directement le passage des intensités sans distance théâtrale[28].

Lyotard va plus positivement prendre pour cible, chez Marx, cette structure qui est pour lui le schéma de la pensée critique, celui de la critique de l'aliénation. L'aliénation, en effet, « signale l'abstraction réalisée, l'inversion, et du même coup la possibilité de théoriser en vérité et possibilité d'une relation non inversée »[29], structure dont il montre qu'elle possède des présupposés anthropologiques. La critique est ainsi présentée comme impliquant la position d'un fait de nature. Le fait de la critique pour Marx est celui de l'aliénation du travail à la propriété, fait qui suppose un autre fait, naturel et initial, l'état immédiat et accompli du travail et des besoins (fait d'une nature sociale ou société naturelle), état perdu et qu'il faudrait réinstaurer. Cette pensée du renversement impliquerait une théorie de l'aliénation, qui elle-même implique une anthropologie et un discours de la vérité : le présupposé, comme vérité et idéal de l'humain, d'un état du corps positif, transparent, immédiatement et totalement satisfaisant et harmonieux. Lyotard conteste à la fois la possibilité d'un tel état harmonieux pour le Corps organique réconcilié mais aussi la qualification de tous les autres états comme états négatifs, déchus, mystifiés. C'est pourquoi il faut renoncer à consoler, car cette démarche fait percevoir le présent comme manque, deuil d'un passé perdu et attente d'un avenir enviable. Cette démarche est doublement critiquable : elle suppose un Corps plein, harmonieux, épanoui, de référence, et elle tient les instanciations présentes de ce corps pour des réalisations inadéquates et insatisfaisantes.

Le problème est alors de savoir si l'analyse de Lyotard est justiciable des mêmes griefs qu'il adresse au marxisme puis à Baudrillard, dans la mesure où il opère lui-même une critique, celle du discours critique de l'aliénation. N'entre-t-il pas dans le cercle que lui-même met en évidence ? Est-il vraiment possible de sortir de ce cercle pour tenir un autre discours qui ne soit pas celui de la critique et de la vérité, un discours sans aucun présupposé anthropologique ? Il donnera un nom à cette nouvelle façon de penser, voie par laquelle il s'est séparé du marxisme à la fin des années 1960 sans mener une critique du marxisme – la dérive : « une autre manière de penser, comme en mer le nageur incapable de riposter au courant fait confiance à la dérive pour trouver un autre bord »[30]. Mais, Lyotard ne fait-il pas lui aussi appel à un critère de vérité ? En effet, s'il dit se détourner du vrai et fait profession de renoncer à la critique, à la théorie, le dispositif d'*Économie libidinale* a un objet avoué, « *valoriser une certaine sorte de dispositif libidinal* ». Or Lyotard présente lui-même cette valorisation comme un discours de vérité :

▧ 27. J.-F. Lyotard, *Économie libidinale, op. cit.*, chap. « Le désir nommé Marx », p. 117-188, ici p. 118.
▧ 28. J.-F. Lyotard, *Pérégrinations*, Paris, Galilée, 1990, p. 33.
▧ 29. J.-F. Lyotard, *Dérive…*, *op. cit.*, chap. « La place de l'aliénation dans le retournement marxiste », p. 89.
▧ 30. J.-F. Lyotard, *Pérégrinations, op. cit.*, chap. « Mémorial pour un marxisme. Pour Pierre Souyri », p. 105.

« nous affirmons sa *valeur exclusive* : or la valeur exclusive s'appelle vérité »[31], déterminant ainsi une forme de vérité, sous la figure de la généralité de l'investissement parcellaire.

Ce discours scandaleux, « méchant » comme il l'a nommé, qui dissout toute norme de jugement et de valeur hors du *hic et nunc* des intensités, discours qui annule l'idée de perversion – et donc aussi de subversion –, Lyotard l'abandonne à la fin des années 1970, évoquant la crise qu'a représenté pour lui *Économie libidinale*. Quand il revient sur son parcours, il dit s'être mépris en pensant qu'on pouvait acter la présentation des intensités sur un corps, les inscrire directement en une écriture, sans les mettre en scène. Il pointe outre les contradictions internes du geste de 1974 ses dangers et réintroduit la nécessité du jugement. Pour cela, les intensités ne sont d'aucune aide, car « le vrai malheur, pour séparer le bon grain de l'ivraie, c'est qu'on ne peut pas s'en remettre à l'intensité des affects »[32]. Or « le paganisme polymorphe, l'exploration et l'exploitation de toutes les formes possibles d'intensité pouvaient aisément glisser dans la permissivité sans loi, et susciter violence et terreur »[33]. Lyotard a donc lui-même dégagé les apories de cette tentative qui, dissolvant toute norme, rendait aussi impossibles jugement, reconnaissance, diagnostic de déni, etc.

La nécessité du jugement va modifier la façon de concevoir le vrai, sans réinstaurer pourtant les prérogatives du régime théorique sur les autres manières de phraser. De plus, si Lyotard semble congédier l'intensité des affects parcourant la bande libidinale comme mesure de la valeur, il va néanmoins situer la vérité la plus fragile du côté de l'affect, celui paradoxalement qualifié depuis Freud d'affect inconscient. On prendra garde que ces affects sont sans rapport avec les sentiments, complexes de représentations et d'affects, dont le romantisme a défendu la vérité de l'expression, expressivité dont Lyotard a fait la critique.

Les genres de discours

Au terme de cette crise, Lyotard se propose de distinguer des genres de discours qui sont le lieu de différents jeux de langage, chacun possédant ses propres règles : genres théorique, prescriptif, descriptif, performatif, esthétique, onirique, historique, économique, etc. Il dit emprunter le terme « genre de discours » à Aristote qui l'emploierait pour différencier, d'un côté, le discours scientifique ou didactique et le discours dialectique, le discours rhétorique, le discours poétique, de l'autre. Il s'agit alors de discerner le genre de discours qui a pour enjeu de dire le vrai sur un objet et de ne pas prêter cet enjeu à d'autres genres. Lyotard définit comme païen la disposition à jouer plusieurs jeux de langage et à reconnaître que chacun d'entre eux est intéressant et autonome. Nous sommes ainsi pris dans une multiplicité de pragmatiques distinctes, chacune ayant sa logique et sa rhétorique propres, chacune positionnant énonciateur, destinataire, message différemment. C'est

---

31. J.-F. Lyotard, *Économie libidinale, op. cit.*, p. 124.
32. J.-F. Lyotard, *Pérégrinations, op. cit.*, p. 32-36.
33. *Ibid.*

ce que désigne pour Lyotard le terme de « minorité », non un ensemble social mais un territoire de langage. Chaque genre est ainsi mineur et il n'y a pas de genre majeur qui l'emporterait sur les autres : la société ne pourrait être juste si l'un des jeux en vient à dominer les autres[34]. La perspective de la multiplicité des jeux de langage implique l'absence de critère qui s'appliquerait à tous. Il n'y a donc pas de règle ou de principe universels transversaux.

Lyotard pose donc la question de la relation entre les différents jeux de langage et les déclare incommensurables. Cela signifie qu'ils possèdent chacun leurs règles propres qui ne peuvent pas être utilisées dans d'autres genres sans leur faire violence car leur « fonction de vérité » répond à des principes distincts. Par exemple, la « question référentielle » vaut pour le genre descriptif où l'on se demande d'abord de quoi on parle, mais pas pour le genre esthétique où seul compte l'effet d'art produit par une installation :

> Il y a beaucoup de jeux. Par exemple, je ne peux absolument pas mettre sur le même plan un jeu de langage qui consiste à décrire une réalité, disons le jeu de la dénotation scientifique (une « réalité » on ne sait pas ce que cela veut dire, mais le savant se débrouillera pour le faire savoir), il n'y a aucune mesure entre ce jeu-là et puis un jeu de langage disons « artistique », très difficile à définir du reste, justement de type expérimental. En littérature, disons Joyce. Il n'y a pas de commune mesure. [...] Quand tu énonces que la formule de l'eau est H_2O, tu positionnes ton destinataire et tu te positionnes toi-même ainsi que ton référent d'une façon qui n'a aucun rapport avec la pragmatique impliquée dans une proposition joycienne[35].

Lyotard s'attache plus spécialement à la question de la relation entre les deux jeux de langage que sont la prescription et la description (description qui peut être de différents ordres), jeux qu'il déclare « sans commune mesure »[36]. L'enjeu est de taille car, alors que pour Lyotard les principaux foncteurs de la logique propositionnelle ne sont pas opératoires en matière de prescription, les règles de la description ont prévalu longtemps en matière de justice. C'est même ce qui définit à ses yeux le mode « classique » de la pensée, l'empiètement du descriptif sur le prescriptif. Le discours de vérité est identifié comme le discours qui possède des critères, au premier chef la référence à une réalité. On juge avec des concepts, émettant donc un jugement déterminant. Lyotard n'a pas pour autant un rapport naïf à la référencialité et, considérant le statut de l'histoire-science, il prend soin de problématiser la nature de son référent :

> D'abord, le « voilà comment ce fut » est impossible, sauf crédulité référentialiste voisine de la sottise, au même titre au moins que le « voilà comment c'est » qu'on prête à la conscience scientifique et qui n'est le fait que du scientisme. La question ici est celle du référent. Il n'est pas la « réalité », il est l'enjeu d'une, de plusieurs questions, qui prennent place dans une argumentation. Le référent y est invoqué à travers le jeu de la monstration, de la nomination

■ 34. J.-F. Lyotard et J.-L. Thébaud, *Au juste, op. cit.*, p. 197.
■ 35. *Ibid.*, p. 113-114.
■ 36. *Ibid.*, p. 113.

et de la signification, comme preuve administrée en soutien d'une thèse (anti-mémorialiste, en l'occurrence). Mais cette « preuve » argumentaire qui est à son tour à prouver, donne lieu à argumentation scientifique, dont l'enjeu est cognitif : est-il vrai que ce fut ainsi ? De sorte que sa valeur probante est soumise à d'autres probations, à nouvelle argumentation, et cela à l'infini. Il est juste en ce sens de dire, non pas certes que la réalité n'est que la référentialité incluse dans le discours (ce qui interdirait, sottement et dangereusement, de distinguer l'histoire et le roman ou le mythe, ou le mémorial, de discerner le genre de discours qui a pour enjeu de dire vrai sur un objet, de celui qui est soumis à de tout autres fins, politiques, religieuses, littéraires) – mais il est juste de dire que la réalité du référent, toujours différée, ne cesse de s'établir dans la surcharge, dans la rature et l'approximation meilleure de ses preuves[37].

Or, le juste n'est absolument pas du même genre que le vrai, et pour instituer un ordre juste, il n'est pas besoin d'une bonne description théorique d'un problème. Autrement dit, il n'y a pas en matière de justice de critère : cette dernière idée vient du discours de vérité, suppose un référent ou une « réalité »[38]. Si l'on exige des critères dans le discours de la justice, on « tolère déjà l'empiètement du discours de vérité sur le discours de justice »[39]. Cela signifie qu'un discours peut être juste sans être vrai[40] et, plus encore, que celui-ci a plus de chance d'être juste si on ne lui demande pas d'être vrai.

La politique postmoderne est donc dépourvue de modèle et ne réalise aucune essence. Or, dans la théorie politique philosophique classique, un type de discours dominerait la pratique sociale de la justice et se la subordonnerait, dans lequel serait présupposé que si la dénotation du discours que décrit la justice est correcte, c'est-à-dire si ce discours est vrai, alors la pratique sociale peut être juste pour autant qu'elle respecte la distribution indiquée dans le discours[41]. Cette tradition est pour Lyotard héritière de la pensée platonicienne de la justice, qui fait de celle-ci une *mimèsis* d'une essence de la justice[42]. On est face à un fonctionnement théorique qui cherche à définir scientifiquement l'objet qui manque à la société pour être bonne ou juste et, d'autre part, des dispositifs impliqués qui déterminent les dispositions à prendre dans la réalité sociale pour la rendre conforme à la représentation qu'on s'en est faite dans le discours théorique de ce qu'est la justice[43]. Ces penseurs (dont Marx) seraient animés par la conviction qu'il y a un être vrai de la société et que la société sera juste quand elle y sera conforme[44]. Lyotard peint Marx en détective qui soupçonne le fonctionnement caché du capitalisme, l'exploitation des travailleurs, et en déduit la condition d'une société juste : l'émancipation et la désaliénation de la force de travail, la prise de conscience de celle-ci, connue est analysée comme un fait, un modèle vrai est construit et une prescription d'action et de réforme en découle. Il dégage

37. J.-F. Lyotard, *Heidegger et « les juifs »*, Paris, Galilée, 1988, chap. « Les juifs », p. 23-24.
38. J.-F. Lyotard et J.-L. Thébaud, *Au juste, op. cit.*, p. 201.
39. *Ibid.*, p. 202.
40. J.-F. Lyotard, *Instructions païennes*, Paris, Galilée, 1977, p. 35.
41. J.-F. Lyotard et J.-L. Thébaud, *Au juste, op. cit.*, p. 59.
42. *Ibid.*, p. 57 *sq.*
43. *Ibid.*, p. 60.
44. *Ibid.*, p. 64.

maintenant les dangers de ces réformes montrant comment ces révolutions, ces réécritures de l'histoire peuvent rouvrir la plaie, répéter l'aliénation[45].

Pourtant, il s'efforce toujours de mettre également en avant ce qui, dans le marxisme, résiste et échappe à ce modèle théorique classique. Dans sa dernière conférence de *Pourquoi philosopher ?* (1964), il insistait ainsi, dans la lecture du marxisme, sur l'absence de tables de la loi[46].

La pensée politique rompant avec la pensée classique saisirait, elle, qu'on ne peut dériver une décision politique à partir d'une raison de l'histoire, qu'il n'y a pas de savoir de la pratique, mais qu'il faut juger au coup par coup. Lyotard nomme alors « postmoderne » la volonté qui ne suit pas un modèle concevable à respecter, et se sépare de la dimension de mimésis comprise dans la « volonté classique »[47]. On ne peut, souligne-t-il, dériver le prescriptif du descriptif et aucun ordre ne peut trouver sa justification dans un énoncé dénotatif, ce que nous enseignerait Levinas[48]. Qu'il n'y ait pas de science du politique – pas de métalangage pour fonder décisions politiques et éthiques – signifie qu'en la matière nous avons affaire à des jugements d'opinion et non à la vérité. C'est précisément là, pour Lyotard, la définition du paganisme[49], raison pour laquelle, affirme-t-il, la modernité est païenne[50], paganisme défini non par l'absence de prescription – il faut juger – mais par le fait que les prescriptions ne sont pas référées à une ontologie.

Le fait que les grands récits auxquels on s'attachait tombent en discrédit ouvre ainsi la voie à une multiplicité de « petits récits », à ce que Lyotard nomme « une narratique perpétuelle faite d'histoires singulières »[51]. Si les « petits récits » échappent eux à la crise, c'est qu'ils n'ont plus de valeur de légitimation[52], ils ne prétendent pas être fondés sur un principe vrai et universel : au projet d'une politique rationnelle adossée à une science de la politique doit faire place une politique du jugement nommée aussi « politique de la petite vérité »[53].

Pourtant cette distinction des genres de discours ne signifie pas que les autres genres que le genre descriptif soient étrangers à la vérité. Certes, le juste est différent du vrai et, si le jugement de connaissance repose sur des concepts qui le déterminent, la prescription qui constitue un usage réfléchissant du jugement opère une « maximisation des concepts en dehors de toute connaissance de la réalité »[54]. Que la vérité trouve place dans chaque genre n'est pas immédiatement facile à saisir, dans la mesure où les discours dans les genres politique et juridique relèvent pour Lyotard du vraisemblable et non du vrai. Cela implique que la différence du vrai et de l'opinion est

■ 45. J.-F. Lyotard, *L'Inhumain*, Paris, Galilée, 1988, p. 37.
■ 46. J.-F. Lyotard, *Pourquoi philosopher ?*, Paris, P.U.F., p. 107.
■ 47. J.-F. Lyotard et J.-L. Thébaud, *Au juste, op. cit.*, p. 52.
■ 48. *Ibid.*, p. 67.
■ 49. *Ibid.*, p. 73.
■ 50. *Ibid.*, p. 48-49.
■ 51. J.-F. Lyotard, *Heidegger et « les juifs », op. cit.*, chap. « Les juifs », p. 69.
■ 52. J.-F. Lyotard, *Le Postmoderne…, op. cit.*, p. 39.
■ 53. J.-F. Lyotard, *Heidegger et « les juifs », op. cit.*, chap. « Les juifs », p. 25.
■ 54. J.-F. Lyotard et J.-L. Thébaud, *Au juste, op. cit.*, p. 160.

maintenue, si bien que de très nombreux discours peuvent à bon droit être déclarés vrais ou faux. Il est donc question en politique d'une dialectique des opinions et non d'une science des vérités. Ce qui a trait au corps et au lien sociaux serait de l'ordre de l'opinion : pour évaluer les rapports de force, les stratégies en présence, on ne disposerait pas de critères mais d'opinions. Cela n'induit chez Lyotard aucun relativisme. D'abord, le raisonnement en matière de justice et de politique, à propos d'opinions, possède des règles précises. Aristote a selon lui décrit comment conclure avec rigueur un syllogisme dialectique, quelles sont les formes déterminées de dérivations des opinions. On peut donc raisonner droitement au sujet de l'*eikos* ou du vraisemblable. Ensuite, il n'est pas question de comprendre le juste et le bien comme objets de convention plus ou moins unanimes. C'est qu'il faut revenir sur la notion d'opinion. Premièrement, Lyotard insiste sur le fait que, dans la lecture aristotélicienne du juste, l'opinion est une quasi-vérité acquise par le dénombrement d'une répétition très fréquente du jugement. Deuxièmement, si l'on se tourne vers le sens que les sophistes ont donné à l'opinion, on s'aperçoit qu'à ses yeux la dimension de multiplicité prime celle d'autorité reçue qui nous fait souvent dévaluer l'opinion. L'important est ainsi de permettre l'expression du dissensus en matière de politique et de justice – et Lyotard évoque une politique des Idées placée sous la règle de la divergence[55].

Ainsi, à la fois le vrai « avec critère » est le fait d'un genre précis de discours et chaque genre de discours produit du vrai en suivant les règles qui sont les siennes. Il y a donc de la vérité, qui se dit ainsi en plusieurs sens, dans la prescription, en politique, dans le récit, l'art, etc. Cette indication est importante, souligne Lyotard, pour comprendre ce qui distingue son propos de celui de Levinas. Certes, Levinas nous a enseigné la vérité qui tient à l'expérience de l'obligation, au fait que je sois obligé avant toute liberté, soit au caractère absolument original des demandes : il fait émerger toute la dimension aléthique de l'éthique. Néanmoins, celle-ci n'est pas pour Lyotard toute vérité ou la vérité n'est pas d'un seul genre qu'il soit théorique ou bien éthique :

> Cette « vérité » n'est pas la vérité ontologique, elle est éthique. Mais c'est une vérité, selon les termes mêmes de Lévinas. Alors qu'à mes yeux, ça ne peut pas être *la* vérité. Il y a autant de vérité dans une narration, même si elle peut donner lieu aux pires « erreurs », comme dans les mythologies, si du moins ce sont des erreurs, ce que je ne crois pas. Il y a des « risques » dans les narrations, il y a aussi des risques dans les prescriptions. Il ne s'agit donc pas de privilégier un jeu de langage sur les autres. Ce serait comme de dire que le seul jeu important, vrai, est celui des échecs[56].

Il nous faut cependant indiquer une oscillation du propos lyotardien sur ces questions. Par endroits, la théorie des genres de discours délimite un genre descriptif et théorique où le vrai est déterminé selon des critères, ce qui le distingue de genres dont l'enjeu est autre. Ainsi le vraisemblable serait l'objet

■ 55. J.-F. Lyotard et J.-L. Thébaud, *Au juste, op. cit.*, p. 197.
■ 56. *Ibid.*, p. 134.

du jugement politique. Alors, il semble que le discours théorique possède bien ses critères de validation. On peut donc tester la vérité de ses énoncés, alors qu'« il n'y a pas de test pour le juste comme pour le vrai. On ne peut pas comparer ce que dit le rabbin avec un état de choses (un *Sachverhalt*). Il n'y a pas un état de choses correspondant à ce que dit le rabbin, et c'est le propre du prescriptif de ne pas pouvoir commensurer son discours avec une réalité puisque la "réalité" dont il parle est à faire »[57].

Pourtant, dans d'autres passages, la recherche même théorique de ce qui est conforme ou non conforme à l'être semble mise en question par Lyotard. Parfois, en lisant *Au juste*, on se demande si c'est uniquement en politique et non aussi en toute matière qu'il faut être païen et juger sans critère : « On juge, non seulement en matière de vérité, mais aussi en matière de beauté (d'efficacité esthétique), et aussi en matière de justice, c'est-à-dire de politique et d'éthique, sans critères. C'est cela que je veux dire par "paganisme" »[58]. Dans ce cas, n'est-ce pas tout discours qui relève du probable ? Que concerne le diagnostic postmoderne, selon lequel les critères de jugement nous manquent ? Posséder les critères déterminants ou préalables du jugement, critères qui font consensus, définit, selon Lyotard, le mode « classique » ou le classicisme, qui, rappelons-le comme le moderne et le postmoderne ne sont pas des époques mais des modes de la pensée, du sentiment et de l'écriture[59].

La question de savoir de quelles manières les genres descriptif et théorique peuvent être eux aussi païens est ouverte. Le discours de vérité est présenté avec ses critères et ses tests mais sans doute faut-il distinguer des modes de légitimation et la *Condition postmoderne* mettra en cause la légitimation de la science par des grands récits au profit d'une science initiant de nouveaux jeux – instables mais rationnels – de langage[60]. C'est peut-être le sens à donner à un théorique sans critère évoqué parfois dans *Au juste*. Mais, dans l'ensemble, ce que conteste Lyotard en distinguant des genres de discours, c'est « la primauté de l'entendement dans sa fonction de connaissance »[61], primauté comprise comme imposition des règles du genre théorique aux autres genres, en particulier celui des prescriptions.

Ce qu'il peut y avoir de contradictoire dans cette perspective à la fois païenne et postmoderne a été souligné par Lyotard lui-même, qui indique, d'une part, qu'il y a bien un critère universel, celui de l'absence de critère[62] et que, d'autre part et solidairement, il y a bien une injonction, celle d'être païen ou de maximiser autant que faire se peut la multiplication des petits récits, d'aller jusqu'au bout de cette idée d'une multiplication des jeux du langage[63]. La période « postmoderne » de Lyotard, celle de *La condition postmoderne* mais aussi du *Différend*[64] qui présente les fondements philosophiques du

■ 57. *Ibid.*, p. 144.
■ 58. *Ibid.*, p. 49.
■ 59. J.-F. Lyotard, *Le Postmoderne…*, *op. cit.*, p. 44.
■ 60. J.-M. Salanskis, « La science selon Deleuze et Lyotard », *op. cit.*, p. 140.
■ 61. J.-F. Lyotard et J.-L. Thébaud, *Au juste*, *op. cit.*, p. 187.
■ 62. *Ibid.*, p. 53.
■ 63. *Ibid.*, p. 130.
■ 64. J.-F. Lyotard, *Le Différend*, Paris, Minuit, 1983

livre de 1979 et de *Au juste*, marque un retour à la question de la valeur, de la loi, de la justice. Contrairement au déploiement des intensités d'affect dans *Économie libidinale*, la question des différentes formes de vie et des différents jeux de langage pose un problème de justice quant au rapport qu'ils entretiennent. Mais la représentation lyotardienne du social implique que la justice se situe du côté de la coexistence et compétition *équitable* de ces formes, soit dans la garantie du *pluralisme* en matière de jeux de langage, formes de vie, ou dans les *droits égaux* qu'ils possèdent, ou encore que la vérité git dans la possibilité de garder ouverts tous les différends.

Axel Honneth a souligné lui aussi cette contradiction dans sa discussion des thèses du Lyotard de cette période : « L'idée de justice qu'il a en vue anticipe une condition sociale dans laquelle toutes les formes sociales de vie jouissent du même droit à l'autonomie et au développement non-entravé de leur créativité, sans avoir pour conséquence que la régulation d'une telle équité ignore ou réduise nécessairement leurs différences »[65]. Cette forme postmoderne de justice, tributaire de l'aversion pour l'universalisme et qui conduit Lyotard selon Honneth à une vraie incompréhension du dispositif éthique habermassien[66], aurait un présupposé, celui que les jeux de langage sont hétérogènes et organisés par des règles hétérogènes, ce qui exclut l'orchestration de la communication humaine par des principes moraux universels. Pourtant, fait-il remarquer, il faut bien une telle règle pour garantir l'égalité postmoderne des formes de vie : « Car, comment les droits égaux de tous les jeux de langage pourraient-ils être fondés comme un principe moral, si en même temps toute régulation des relations sociales qui vont au-delà des normes des cultures particulières doit s'en passer ? »[67]. La justice postmoderne supposerait donc malgré elle un de ces principes universels de la modernité qu'elle travaille par ailleurs à déconstruire.

Faire « vibrer la vérité mutique »

Lyotard s'est efforcé de montrer que la vérité ne se limite pas à une articulation discursive et descriptive des significations ou qu'il y a d'autres régimes de sens que ce qu'il nomme régime théorique de la vérité, d'autres types d'articulation qui possèdent d'autres règles, distinctes de celles qui régissent le jugement de connaissance. Ses recherches de la fin des années 1980 et des années 1990 nous paraissent ajouter un élément important : la vérité git sans doute dans une forme d'inarticulation du sens que Lyotard avait un temps nommée figural et qu'il va ensuite appeler phrase affect, « phonè », enfance, « infantia », intraitable, etc. Cette vérité-là fait événement dans le discours, l'histoire ou la vie et se trouve trahie quand on tente de la traduire dans la langue, d'en faire le récit. Et pourtant, il s'agit de s'y rendre attentif, de manifester une passibilité à cette « touche ». La phrase-affect est inarticulée, autrement dit elle ne présente pas un univers de phrase mais signale un sens

■ 65. A. Honneth, « An aversion against the universal. », art. cit., p. 154.
■ 66. Sur la rencontre manquée entre Lyotard et Habermas, voir I. Aubert, « Entente et différend. Lyotard et Habermas… », dans C. Énaudeau et F. Fruteau de Laclos (dir.), *Lyotard et le langage*, Paris, Klincksieck, 2017, p. 119-134.
■ 67. *Ibid.*, p. 155.

élémentaire (plaisir ou peine) qui n'est référé à aucun objet. En outre, cette phrase n'est pas destinée. On perd cette vérité en la traduisant dans une pragmatique au moyen de phrases articulée : « Qu'est-ce que respecter son mutisme en matière d'adresse ? au moins, de lui prêter l'oreille »[68]. Question décisive car la phrase-affect signale une vérité.

Lyotard revient ainsi à l'idée freudienne d'une vérité de l'affect, affect que le rêve ne renverse pas alors qu'il peut inverser tout à fait les représentations qui l'accompagnent. Ainsi les affects sont l'objet de modifications bien moindres que les contenus de représentation : « L'affect ici a toujours raison, du moins quant à sa qualité »[69].

C'est là une conviction très ancienne de Lyotard, celle que parler est une forme de conversion de silence, héritant, comme l'écrit Corinne Enaudeau « de Husserl via Merleau-Ponty », l'idée « que le philosophe porte l'expérience muette à l'expression de son propre sens »[70] :

> On a dit que parler ramassait et élevait au discours articulé de la signification latente, silencieuse, « roulée » (comme dit Merleau-Ponty) dans la vague de la communication muette. Et on a dit que c'est cette signification à la fois présente et absente qui dote cette transcription qu'est la parole, non seulement de sa pleine responsabilité, de son risque d'erreur, mais aussi de sa possibilité d'être vraie[71].

Cette recherche d'une vérité ayant trait à un « il arrive » indéterminé, un *quod* sans quiddité, participe de la pensée lyotardienne de l'événement dégagée en particulier depuis *Le Différend* (1983) à partir de la conviction qu'il n'y a pas de donnée fixe et définie dont on serait redevable, mais qu'existe plutôt du donnable : « Quand on croit décrire la pensée sous la forme d'une sélection des données et de leur articulation, on tait la vérité : les données ne sont pas données, mais donnables, et la sélection n'est pas un choix. Penser comme écrire ou peindre n'est presque que laisser venir du donnable »[72]. Ainsi l'esprit qui pense n'est pas dirigé par des données qui lui préexistent et sur lesquelles il doit se régler, mais il lui faut accueillir du « presque donné »[73].

La préface de *Lectures d'enfance* présente une enfance qui hante un discours qui s'obstine à se détourner d'elle. Il s'agit de « son reste », ou de ce qui ne se laisse pas absorber par lui, ce qui demeure à côté de lui irréductible et inassimilable. Pourtant, précise Lyotard, le discours ne reconnaît pas cette enfance comme son autre mais travaille à l'oublier. Contrairement au discours, elle est muette. Mais Lyotard va plus loin, ajoutant que l'enfance du discours est « ce qui ne se laisse pas écrire » ou « ce qui ne se laissera pas écrire ». Cette enfance, ne pouvant être mise en discours, reste hors-discours. La surdité du discours à la vérité de l'« infantia » semble naturelle, naturellement défensive. Et la voix silencieuse est hors de portée de l'ouïe. Il n'est pas, indique Lyotard,

68. J.-F. Lyotard, *Misère de la philosophie*, Paris, Galilée, 2000, chap. « La phrase-affect (D'un supplément au *Différend*) », p. 52.
69. S. Freud, *Œuvres complètes, Psychanalyse, IV, 1899-1900, L'interprétation du rêve*, Paris, P.U.F., 2003, p. 510.
70. Présentation de C. Énaudeau, dans J.-F. Lyotard, *Pourquoi Philosopher ?*, *op. cit.*, p. 14.
71. J.-F. Lyotard, *Pourquoi Philosopher ?*, *op. cit.*, chap. « Sur philosophie et action », p. 100.
72. J.-F. Lyotard, *L'Inhumain, op. cit.*, chap. « Si l'on peut penser sans corps », p. 26.
73. *Ibid.*, p. 27.

« d'initiation à l'autre de l'audible »[74]. Cet au-delà de la voix, ce silence, est irrémissible et procède du clivage fondamental, de « l'aliénation première et vraie »[75]. Cet « oubli de l'oubli » est nécessaire car le silence de la voix n'est pas perçu mais inconnu, jamais entendu, « absolument oublié par position »[76]. Bien sûr, tenter de l'inscrire dans le registre de l'audible serait trahir le silence et « étouffer la stridence »[77]. C'est par confort et sécurité que nous tentons cette traduction impossible car, à la différence du rapport entre deux langues, la stridence n'est pas commensurable à la parole[78].

Pourtant, certains artistes peuvent produire non pas des discours mais des gestes, des textes, dans lesquels l'enfance se laisse lire entre les lignes et qui, loin de l'occulter, tentent même de faire entendre cet autre. C'est le cas parfois quoiqu'à des degrés divers chez les six auteurs évoqués par *Lectures d'enfance*, et cette écoute de l'inaudible se rencontrerait de façon élective chez un Malraux, qui aurait trouvé les moyens de faire entendre l'expérience muette de ce qu'il nomme le je-sans-moi et cela sans violer son silence : par exemple grâce aux anacoluthes que l'auteur des *Antimémoires* prise tant dans *La Vie de Rancé*, qui imposent silence à la trame des intrigues et laissent « bruire le mutisme »[79] qu'elles couvrent. Le travail sur Malraux permet à Lyotard de cerner le style comme medium privilégié, « style qui ne se dresse qu'à la vibration du silence »[80], style qui permet de faire résonner le silence des affects, d'« attraper l'inouï »[81]. Le but est bien dans l'œuvre de faire – « peut-être », « parfois », « un instant » – « vibrer la vérité mutique »[82]. Le style de Malraux en particulier est ce qui pourrait « ouvrir la chambre sourde »[83] pour que se fassent entendre les vibrations muettes qu'on n'entend presque plus.

Or ce que Lyotard va nommer « développement » ne peut avoir égard à ce vrai *manceps* de l'enfance[84]. Contrôlant le temps, maximisant les effets de production d'informations, de marchandises, le développement refoule l'événement qu'il tient pour un leurre, cette « vérité » dite intérieure, ce quelque chose que, par excellence, on ne peut changer ni échanger, l'énigme de l'enfance, celle de l'apparition et du « il arrive quelque chose ». Il « ne voit pas » et ne peut pas voir qu'il arrive quelque chose.

Face à cette forclusion de la dette d'enfance, est proposée une pensée qui « lutte pour garder accès à sa vérité, à sa condition d'otage de quelque chose »[85]. Le souci de la vérité constitue une réélaboration du problème adornien d'un état des lieux de l'âme en lambeaux que présentent les

■ 74. J.-F. Lyotard, *Chambre sourde*, Paris, Galilée, 1998, p. 88.
■ 75. *Ibid.*, p. 92.
■ 76. *Ibid.*, p. 97
■ 77. *Ibid.*, p. 92.
■ 78. *Ibid.*, p. 98.
■ 79. *Ibid.*, p. 68.
■ 80. *Ibid.*, p. 77.
■ 81. *Ibid.*, p. 107.
■ 82. *Ibid.*, « Prière d'insérer ».
■ 83. *Ibid.*, p. 113.
■ 84. J.-F. Lyotard, *Misère de la philosophie, op. cit.*, chap. « La mainmise », p. 129.
■ 85. J.-F. Lyotard, *Lectures d'enfance*, Paris, Galilée, 1991, p. 84.

Minima Moralia : c'est de savoir si « de la "naissance", de la capacité de juger, la vocation à commencer, qui fait sentir la "vie administrée" comme une simple survie auprès de la vraie vie de l'âme, [...] on peut attendre une alternative au système »[86]. D'où cette interrogation inquiète : « est-ce que le développement arrivera effectivement à nettoyer dans l'humain cette chose inhumaine dont je continue à penser qu'elle est la source des sciences, des arts et de la pensée ? »[87].

La fidélité à la dette, qui est à la fois possible et impossible, caractérise le problème de la politique qui tient selon Lyotard au fait que la Cité est habitée par la chose ou l'intraitable :

> Les révolutions, toutes les révolutions, sont à la fois des essais de s'approcher d'elle, de rendre la communauté plus fidèle à ce qui l'habite à son insu, et des tentatives de régler, de supprimer, d'effacer les effets qu'elle engendre. Il y a une fidélité et une infidélité dans le fait révolutionnaire [...]. C'est ainsi que le succès des révolutions est nécessairement leur échec, et que leur infidélité s'engendre de l'« exploit » même de leur fidélité[88].

De plus, l'exigence de fidélité à l'intraitable ne peut être résolue en l'édictant comme un droit et devoir. Impossible d'inscrire cette mémoire au titre des droits de l'homme. Car on ne peut s'en acquitter et toute politique – comme elle se déploie dans le représentable, dans un autre ordre de vérité – est nécessairement « d'oubli »[89]. L'action de se rendre fidèle à la dette d'enfance n'engage nulle promesse de libération ni croyance en un monde alternatif, mais le seul souci de tempérer l'injustice en réparant des dommages et en réglant des litiges. Celle-ci est nécessaire mais impuissante à donner voix à ce tort absolu que le capital porte à la force de travail en en faisant une marchandise. L'intraitable, qui continue à faire signe dans les luttes contemporaines comme le souligne Miguel Abensour, doit avant tout être l'objet d'une « anamnèse politique »[90] pour ne pas répéter l'occultation de ce qui résiste à une pratique de transformation.

Dans la préface qu'il écrit en juin 1989 pour le volume *La guerre des Algériens*, Lyotard dégage que le fond de son marxisme d'alors comme l'horizon de sa philosophie présente peuvent être désignés du seul nom d'*intraitable*. C'est pourquoi l'enjeu de Socialisme ou Barbarie reste vrai quand son projet et son discours ont cessé de valoir :

> Vrai même aujourd'hui où le principe d'une alternative radicale (d'un pouvoir ouvrier) à la domination capitaliste *doit* être abandonné. (Ce qui permet à plus d'un, innocent ou infâme, de renoncer à toute résistance et de se rendre sans condition à l'état des choses.) Cet enjeu, qui motive la poursuite de la

▓ 86. *Ibid.*, p. 85-86.
▓ 87. « Entretien avec Jean-François Lyotard », dans N. Brügger, F. Frandsen, D. Pirotte, (dir.), *Lyotard, les déplacements philosophiques*, Bruxelles, De Boeck, 1993, p. 153.
▓ 88. J.-F. Lyotard, *Moralités postmodernes*, Paris, Galilée, 2005, chap. « À l'insu », p. 165-166.
▓ 89. *Ibid.*, p. 168.
▓ 90. M. Abensour, « De l'intraitable », dans D. Lyotard, J.-C. Milner, G. Sfez (dir.), *Jean-François Lyotard, l'exercice du différend*, Paris, P.U.F., 2001, p. 241-260, ici p. 243.

résistance par d'autres moyens, sur d'autres terrains, et peut-être sans fins assignables, a toujours été et reste l'*intraitable*[91].

Certes, le politique et le politique tel qu'élaboré par le marxisme n'est plus le lieu privilégié de manifestation de l'intraitable. Celui-ci n'a plus les mêmes expressions ou signes et on ne peut le situer de la même façon aujourd'hui qu'il y a un demi-siècle. Mais persiste ce que le marxisme de S ou B avait pensé – qu'il subsiste dans le système de l'intraitable[92].

Résister à la fois au pragmatisme positiviste et au dogmatisme[93] ne signifie plus opposer une volonté à l'exploiteur mais aller en direction de la Chose, sans s'imaginer néanmoins qu'on puisse articuler cette Chose singulière – la signifier – car elle reste inarticulable. C'est pourquoi l'issue politique demeure incertaine car on ne peut prendre les armes pour témoigner de sa fidélité comme d'autres ont lutté contre l'aliénation et l'exploitation. La solution politique, si solution il y a, aux affres du développement résiderait dans cette fidélité au singulier qui arrive. S'il y a abandon de la politique comme art de l'administration du monde et de l'équilibration des forces, ce n'est pas pour renoncer ou pour « se rendre sans condition à l'état des choses »[94], mais en vue d'une politique de la résistance nous permettant de nous contenter de l'infaillibilité du sentiment que nous défendons[95].

Conclusions

Lyotard nous semble essentiellement soucieux d'une vérité dont il assure le caractère contradictoire qu'il y a à en faire un objet pour la philosophie dans la mesure où sa mise en discours en constitue la falsification. C'était déjà le problème d'un livre dédié au figural : « Plus on se rapproche du vrai langage, plus on s'expose au vrai mensonge. La figure ne peut mentir, n'ayant pas prétention à dire l'univocité »[96]. Il pense depuis longtemps, dès les années 1960, que la parole philosophique manque le vrai qu'elle vise en voulant, de diverses manières, se refermer sur lui[97]. C'est encore le problème soulevé dans « Les juifs » : l'art pas plus que la philosophie ne peut *présenter* cette vérité qu'il cherche ou « nul ne saurait, par l'écriture, la peinture ni rien, se prétendre le témoin et le rapporteur véridique, l'"égal", de l'affection sublime, sans se rendre coupable, par cette prétention, de falsification et d'imposture »[98].

Là où Lyotard semble adopter la posture la plus relativiste, quand il tente dans *Économie libidinale* d'acter directement le flux des intensités sur la bande libidinale en abolissant toute représentation et tout désir d'« être vrais », mais aussi quand il revendique le droit égal de tous les jeux de langage, de tous les petits récits, son objectif nous semble au contraire de se prémunir de tout nihilisme. Face à la néantisation à la fois théorique (« nihilisme de la

■ 91. J.-F. Lyotard, *La Guerre des Algériens, Écrits 1956-1963*, Paris, Galilée, 1989, chap. « Note : Le nom d'Algérie », p. 34.
■ 92. *Ibid.*, chap. « Note : Le nom d'Algérie », p. 35.
■ 93. J.-F. Lyotard, *Le Postmoderne…*, *op. cit.*, p. 96-7.
■ 94. J.-F. Lyotard, « Le nom de l'Algérie », *op. cit.*, p. 34.
■ 95. J.-M. Salanskis, « Difficile politique », *Lyotard politique*, Cités 45, 2011, p. 19-30, ici p. 30.
■ 96. J.-F. Lyotard, *Discours, figure*, *op. cit.*, p. 269.
■ 97. Voir *Pourquoi philosopher ?* (1964).
■ 98. J.-F. Lyotard, « Les juifs », *op. cit.*, p. 79.

perte»[99]) qu'il voit à l'œuvre chez les critiques de l'aliénation («Tout Marx repose sur ce nihilisme»[100]) mais également chez Baudrillard ou Lacan et pratique (faillite des grands récits), il est à la recherche d'une pensée qui permette de s'attacher à et de préserver ce que nous ne voulons pas perdre.

C'est également un tel désespoir que le diagnostic postmoderne tentait de prendre à revers et c'est à une manière de nihilisme que son abandon sous forme d'avènement du «développement» sans foi ni loi laisse place :

> [...] nous en venons à ce que j'ai tenté de désigner, très mal, du nom de postmodernité, cet horizon (l'historicité) disparaît à son tour, et c'est comme si un paganisme sans Olympe et sans Panthéon, sans prudentia, sans crainte, sans grâce, sans dette, et *désespéré*, se reconstituait[101].

Ainsi, s'il y a comme le prétendent ses détracteurs un nihilisme lyotardien, ce ne peut être, comme l'a montré Corinne Énaudeau, qu'au sens d'un refus catégorique opposé à toute dénégation des différends, dénégation qui s'origine dans trois types de nihilisme qu'elle distingue – nihilisme de la critique ou théorie du manque, plainte du sens perdu; nihilisme du capitalisme qui rend tout équivalent ou commensurable; nihilisme de l'indifférence qui intrique émancipation et consommation – et que Lyotard a passé sa vie à combattre[102].

Nous paraît extrêmement instructive l'attention portée par Lyotard à la vérité que peut receler le sensible, bien qu'il semble faire le départ entre « discours », représentation, genre théorique comme lieux de la vérité et, de l'autre, figural, libido, phrases prescriptives, affectives, esthétiques, états affranchis de l'exigence de vérité. Il nous apparaît en réalité davantage attaché à dégager une vérité affectuelle, la valeur exclusive des intensités, la force discriminante du sentiment d'assentiment ou de désaccord dans le genre politique, la valeur de la «phonè» ou de la phrase-affect, si bien que la vérité dont les méandres de sa philosophie ont à cœur de témoigner serait affaire de certains types de sensibles. Ainsi Augustin, qu'il a tant critiqué pour sa dévalorisation de la multiplicité païenne et sa «sagesse nihiliste», lui semble-t-il si juste, plus vrai, dans une confession des affects qui «réitère cette condition d'enfance» et témoigne qu'on ne vient pas «à bout du vrai par les moyens du discours»[103]. On comprend bien qu'il n'y a ici aucun ralliement avant l'heure à une quelconque «post-vérité», à la fois parce que par la pensée, la parole, la création ou l'action, on s'attache toujours à «quelque chose» dont on a souci et parce que la promotion de la multiplicité dans le champ de la vérité vise non à s'affranchir du vrai mais à se montrer à sa hauteur par un élargissement des perspectives qui ne le cantonne pas à un seul genre de lieu.

Claire Pagès
Maître de conférences à l'Université de Tours

■ 99. J.-F. Lyotard, *Économie libidinale, op. cit.*, p. 158.
■ 100. *Ibid.*, p. 165.
■ 101. J.-F. Lyotard, *Misère de la philosophie, op. cit.*, chap. « La mainmise », p. 129.
■ 102. C. Énaudeau, « La politique entre nihilisme et histoire », *Lyotard politique, op. cit.*, p. 103-115, ici p. 108.
■ 103. J.-F. Lyotard, *La Confession d'Augustin*, Paris, Galilée, 1998, p. 80.

DOSSIER

Après la vérité ?

VÉRITÉ ET PERSPECTIVISME SELON NIETZSCHE

Blaise Benoit

Le perspectivisme nietzschéen se situe-t-il « après la vérité » ? Si Nietzsche critique le concept même de vérité, il emploie pourtant très régulièrement cette expression, jusque dans *Ecce homo* et *L'Antéchrist*. Prendre acte de cette tension est insuffisant : y a-t-il contradiction ou s'agit-il plutôt de polysémie ? Cette étude, qui distingue chemin faisant perspectivisme et relativisme, procède à l'examen des différents sens de « vérité » dans l'œuvre de Nietzsche afin de construire une réponse à ce problème.

A près la vérité : le perspectivisme nietzschéen ? Selon Nietzsche, en effet, « il n'y a pas de "vérité" [*Wahrheit*] » [1] et ce n'est pas grave. Mieux : c'est une bonne nouvelle, qui garantit notre attachement à la vie. Les philosophes que Nietzsche appelle de ses vœux, au lieu de rechercher vainement l'adéquation avec le monde, auront ainsi pour tâche de créer des valeurs fécondes afin d'œuvrer à l'élévation de la culture [2]. Soit, mais la philosophie de Nietzsche en a-t-elle réellement terminé avec la vérité [3] ? Malgré ses attaques répétées contre l'ontologie, cette pensée ne s'efforce-t-elle pas jusqu'à son terme d'exhumer une réalité extra-discursive énigmatique, la vérité étant considérée comme « le plus rude des services » [4] ? À tout le moins, envisager une redéfinition nietzschéenne de la vérité dans l'ordre du pragmatisme est

---

1. *Œuvres philosophiques complètes*, t. 12, *Fragment posthume* (désormais : FP) automne 1885-automne 1886, 2 [108], trad. fr. J. Hervier, Paris, Gallimard, 1978, p. 120. Les textes de Nietzsche sont cités d'après la version française de l'édition G. Colli / M. Montinari. Sauf mention contraire, nous nous référons aux *Œuvres philosophiques complètes* (désormais : OPC), Paris, Gallimard, 18 vol., 1968-1997.

2. *Par-delà bien et mal* (désormais : PBM), § 210-213, trad. fr. P. Wotling, Paris, GF-Flammarion, 2000, p. 179-186.

3. Sur ce point, consulter R. Schacht, *Nietzsche*, chap. II, « Truth and Knowledge », London, Routledge-Kegan Paul, 1983, rééd. London-New York, Routledge, 1992, p. 52-117 ; W. Stegmaier, « Nietzsches Neubestimmung der Wahrheit » in *Nietzsche-Studien*, Band 14, Berlin-New York, Walter de Gruyter, 1985, p. 69-85 ; M. Clark, *Nietzsche on Truth and Philosophy*, Cambridge, Cambridge University Press, 1990.

4. *L'Antéchrist* (désormais : AC), § 50, trad. fr. É. Blondel, Paris, GF-Flammarion, 1994, p. 110. Dans *Nietzsche contre Foucault. Sur la vérité, la connaissance et le pouvoir*, Marseille, Agone, 2016, J. Bouveresse insiste sur la distinction entre l'*être*-vrai et l'assentiment au vrai repérable dans *L'Antéchrist*. Cette distinction invite, contre la lecture foucaldienne de l'œuvre de Nietzsche, à ne pas tenir la vérité pour un simple effet du discours.

possible [5]. Pourtant, Nietzsche place l'interprétation au premier plan de sa philosophie, par-delà la vérité. Dès lors, la voie ne s'ouvre-t-elle pas pour le relativisme ? Lequel [6] ? Ou s'ouvre-t-elle pour le perspectivisme [7] ? Quelle serait alors la vocation de ce perspectivisme : servir à sa manière la vérité ou contribuer à la surmonter, produire étant désormais philosophiquement considéré comme plus important que dévoiler ? Seule l'étude des différents sens de « vérité » dans l'œuvre de Nietzsche peut éviter de constituer ces tensions en contradictions indépassables. Au terme de ce parcours, il sera alors possible de statuer brièvement sur l'apport éventuel de l'investigation nietzschéenne à la thématique de la « post-vérité [*post-truth*] » [8].

De l'impossibilité de l'adéquation à l'existence de vérités relatives

Le constat a souvent été effectué : Nietzsche désavoue la vérité tout en continuant de faire régulièrement appel à cette notion. Dès l'entrée en philosophie du jeune Nietzsche, la complexité de ce dossier est patente.

Dans *La naissance de la tragédie*, Socrate représente le type de « l'homme théorique », qui, à chaque dévoilement d'un pan de la réalité, n'a de cesse de poursuivre l'entreprise de mise à nu, au rebours de l'attrait que l'artiste ressent encore pour « ce qui demeure voile, même après ce dévoilement » [9]. Cette obsession est délirante. Elle procurerait l'impression intenable de vouloir « creuser un trou traversant la terre » [10]. Pourtant, avec Socrate, survient la « croyance inébranlable que la pensée, en suivant le fil conducteur de la causalité, atteint les plus profonds abîmes de l'être » [11]. Cette « illusion » se fait « instinct » directeur de la science, qui, parvenue à ses limites, montre qu'elle relève en définitive de l'art [12]. Par conséquent, la vérité comme mise au jour du fondement ultime de la réalité est un leurre. Cependant, dans *La naissance de la tragédie*, Nietzsche ne déploie-t-il pas une « métaphysique d'artiste » [13] ? Dionysos n'est-il pas le fond de toutes choses, exhumé par la tragédie ? On remarque que, dans cet ouvrage, Nietzsche adopte un lexique métaphysique, avec notamment l'emploi de l'un originaire (*Ur-Eine*) et de l'être originaire (*Ursein, Urwesen*). Mais, au lieu de coïncider avec le projet de dévoilement d'un principe substantiel identique à soi [14], cette métaphysique

■ 5. J. Granier, *Le problème de la vérité dans l'œuvre de Nietzsche*, Paris, Seuil, 1966 (p. 482-487 notamment) ; P. Gori, *Il pragmatismo di Nietzsche. Saggi sul pensiero prospettivistico*, Milano-Udine, Mimesis Edizioni, 2016.
■ 6. P. Stellino et O. Tinland (dir.), *Nietzsche et le relativisme*, Bruxelles, Ousia, 2019. Consulter notamment O. Tinland, « En guise d'introduction : Nietzsche à l'épreuve des relativismes », p. 11-34.
■ 7. Sur ce point, consulter W. Kaufmann, *Nietzsche, Philosopher, Psychologist, Antichrist* (1950), Vintage Books, 3ᵉ éd., 1968, Part I, « Background », « Nietzsche's method », p. 72-95 ; V. Gerhardt, « Die Perspektive des Perspektivismus » in *Nietzsche-Studien*, Band 18, Berlin-New York, Walter de Gruyter, 1989, p. 260-281 ; S. Marton, *Das forças cósmicas aos valores humanos*, chap. VI : « Perspectivismo e experimentalismo », Belo Horizonte, UFMG, 1990, 3ᵉ éd. 2010, p. 203-232.
■ 8. R. Keyes, *The Post-Truth Era. Dishonesty and Deception in Contemporary Life*, New York, St Martin's Press, 2004.
■ 9. *La naissance de la tragédie* (désormais : NT), § 15, trad. fr. P. Wotling, Paris, Librairie Générale Française, 2013, p. 187.
■ 10. *Ibid.*
■ 11. *Ibid.*, p. 188.
■ 12. *Ibid.*
■ 13. Ibid., « Essai d'autocritique » (1886), § 2, p. 56 ; *Ibid.*, § 5, p. 67 ; *Ibid.*, § 7, p. 73.
■ 14. M. Haar, *Nietzsche et la métaphysique*, Paris, Tel-Gallimard, 1993, p. 72-74 ; du même auteur, *Par-delà le nihilisme. Nouveaux essais sur Nietzsche*, Paris, P.U.F., 1998, p. 123-124.

célèbre l'art comme mouvement interne de la réalité : la référence à un être originel unitaire est indissociable d'une dynamique de contradiction – la contradiction éternelle (*ewige Widerspruch*), la contradiction originaire (*Urwiderspruch*) – qui est celle de la vie. Dionysos, tout comme Apollon, est une pulsion (*Trieb*) [15] de la nature [16]. Le conflit entre ces deux « *pulsions artistiques* » [17] meut la réalité, c'est-à-dire l'art comme devenir producteur d'illusion. Comme le précise une fable élaborée par Nietzsche dans *La passion de la vérité*, « la vérité [*Wahrheit*] le [l'homme] pousserait au désespoir et à l'anéantissement : la vérité [*Wahrheit*] de sa condition d'éternel condamné à la non-vérité [*Unwahrheit*] » [18], d'où la nécessité de reconnaître la puissance supérieure de l'art, qui « veut la vie » [19].

Vérité et mensonge au sens extra-moral débute par une version écourtée de cette fable [20] et, en une analyse célèbre, montre que le langage ne peut exprimer adéquatement la réalité dans la mesure où, de l'excitation nerveuse à l'image puis au son, il n'est de réalité que transposée [21]. Ces transpositions relèvent de la « création artistique » [22]. Autrement dit, selon Nietzsche, « entre deux sphères absolument distinctes comme le sujet et l'objet, il n'y a [...] aucune exactitude [*Richtigkeit*], [...] mais tout au plus un rapport *esthétique*, c'est-à-dire [...] une transposition approximative, une traduction balbutiante dans une langue tout à fait étrangère » [23]. Tel ou tel référent demeure en lui-même inaccessible : nous ne sommes en contact qu'avec les « rapports des hommes aux choses » [24]. C'est pourquoi, contre Schopenhauer [25], « [l]a "chose en soi" (qui serait précisément la vérité pure et sans conséquence) reste totalement insaisissable » [26].

Nietzsche redéfinit alors la notion de vérité à partir de son usage :

> Qu'est-ce donc que la vérité ? Une multitude mouvante de métaphores, de métonymies, d'anthropomorphismes, bref une somme de relations humaines [*menschlichen Relationen*] qui ont été rehaussées, transposées, et ornées par la poésie et par la rhétorique, et qui après un long usage paraissent établies, canoniques et contraignantes aux yeux d'un peuple : les vérités sont des illusions [*Illusionen*] dont on a oublié qu'elles le sont [...] [27].

■ 15. NT, § 1, p. 80.
■ 16. *Ibid.*, § 2, p. 89.
■ 17. *Ibid.* Pour les rapports entre Apollon et Dionysos, consulter S. Marton, « La naissance de la tragédie : du dépassement des contraires à la philosophie des antagonismes » dans C. Denat et P. Wotling (dir.), *Nietzsche. Les premiers textes sur les Grecs*, Reims, Éditions et Presses Universitaires de Reims, 2016, p. 171-186.
■ 18. *La passion de la vérité, in* OPC, t. I 2, trad. fr. M. Haar et M. de Launay, p. 171.
■ 19. *Ibid.*, p. 172.
■ 20. *Vérité et mensonge au sens extra-moral* [désormais : VMSEM], § 1 *in* OPC, t. I, 2, trad. fr. M. Haar et M. de Launay, p. 277.
■ 21. *Ibid.*, p. 280.
■ 22. *Ibid.*, p. 287.
■ 23. *Ibid.*, p. 285.
■ 24. *Ibid.*, p. 280.
■ 25. A. Schopenhauer, *Le monde comme volonté et représentation*, Compléments du livre II, chap. XVIII : « Sur la cognoscibilité de la chose en soi » et chap. XXV : « Considérations transcendantes sur la volonté comme chose en soi », trad. fr. C. Sommer, V. Stanek et M. Dautrey, Paris, Gallimard, 2009, respectivement p. 1447-1462 et p. 1657-1672.
■ 26. VMSEM, § 1, p. 280.
■ 27. *Ibid.*, p. 282.

Si cet extrait démystifie l'idéal en insistant sur le caractère illusoire de la prétention d'accéder à l'« en soi », l'angle relationnel qu'il décrit n'implique pas nécessairement une disqualification définitive de la notion de vérité. Pourtant, conceptualiser appauvrit nos intuitions et, par extension, le monde. Insérée de force dans l'ordonnance d'un « columbarium romain », la vie mouvante et multiforme est vouée à s'éteindre[28].

> **Il existe un très grand nombre de vérités indifférentes.**

Ainsi, lorsque nous subsumons certains secteurs de la réalité sous des concepts que nous avons nous-mêmes forgés sur le mode de l'abstraction schématisante, « une vérité a certes bien été mise au jour, mais sa valeur est limitée »[29]. L'adéquation est cependant patente, même si elle résulte du parti pris contestable selon lequel l'homme a vocation à être « mesure de toutes choses »[30]. Nietzsche considère en effet la thèse de Protagoras[31] comme le soubassement de l'« anthropomorphisme » entendu comme projection de concepts figés, façonnés par l'homme, sur une réalité sans cesse changeante. L'adéquation la plus pauvre est alors le propre de la « vérité sous forme de tautologies, c'est-à-dire de cosses vides »[32] : la pensée y établit uniquement une correspondance avec elle-même. Sans prétendre dévoiler la complexité mouvante du devenir, il est cependant possible d'aboutir à des jugements conformes à un réel schématisé : vérités de peu de prix, mais vérités tout de même. Comme Nietzsche l'affirme dans un autre contexte, « [i]l existe un très grand nombre de vérités indifférentes »[33].

Subsumer le réel sous une classification conceptuelle, même de vaste amplitude, est certes réducteur mais exprime « cette rigueur et cette froideur qui sont le propre des mathématiques »[34]. Ce fleuron de la science est ultérieurement tenu pour une faute de goût : « Voulons-nous vraiment avilir de la sorte l'existence pour la rabaisser à un exercice d'esclave du calcul, de mathématicien reclus dans son cabinet de travail ? »[35]. Envisager le réel depuis l'angle de la mathématisation est par conséquent comparé à l'appréciation d'une musique « à partir de la quantité de choses qui en elle peuvent être comptées, calculées, réduites en formules »[36] : gigantesque déperdition, selon Nietzsche. Les sciences expérimentales, et plus particulièrement la physique, n'expliquent pas le monde mais le réorganisent « en fonction de nous »[37], autrement dit à partir d'une conceptualisation qui procède de nos jugements de valeur[38]. Toutefois, ces objections majeures n'interdisent aucunement de valoriser les sciences : certes, elles ne font qu'effleurer la

■ 28. VMSEM, § 1, p. 283.
▓ 29. *Ibid.*, p. 284.
▓ 30. *Ibid.*
▓ 31. Platon, *Cratyle*, 385e-386a ; *Théétète*, 152a.
▓ 32. VMSEM, § 1, p. 280.
▓ 33. *Considérations inactuelles* (désormais : CIn), II, § 6 *in* OPC, t. II 1, trad. fr. P. Rusch, p. 129.
▓ 34. VMSEM, § 1, p. 283.
▓ 35. *Le Gai savoir* (désormais : GS), § 373, trad. fr. P. Wotling, Paris, GF-Flammarion, 1997, rééd. 2020, p. 339.
▓ 36. *Ibid.*, p. 340.
▓ 37. PBM, § 14, p. 61.
▓ 38. *Ibid.*, § 22, p. 70-71.

réalité[39] mais les méthodes scientifiques enseignent la prudence et protègent donc des convictions (*Überzeugungen*)[40] qui prétendent indûment accéder à une vérité inconditionnée[41]. Les vérités auxquelles nous pouvons parvenir sont « humaines, trop humaines », c'est-à-dire nécessairement relatives. La relativité ici évoquée est moins l'effet anarchique de l'arbitraire individuel que le résultat de l'opération de l'intellect humain en général. Celui-ci accueille tout d'abord la diversité polymorphe du réel sur le mode de la pétrification et de la compartimentation (conceptualisation fondée sur l'abstraction), puis projette ensuite le fruit de sa schématisation sur la vaste extension mouvante du divers sensible, en prétendant mettre au jour une correspondance fluide entre la pensée et le réel, alors que cet ajustement laborieux ne peut s'effectuer sans perte. Ce double mouvement construit un monde régulier, accessible, qui permet la conservation (*Erhaltung*) de l'homme[42].

Une première étape du parcours nietzschéen centré sur la vérité peut donc être délimitée ainsi : contre Schopenhauer qui déclare la chose en soi connaissable, il importe de réaffirmer le caractère inaccessible de celle-ci. Cette démarche signifie moins un retour au kantisme que sa réinterprétation comme scepticisme perturbateur de l'existence[43]. Susceptible de rendre la vie invivable, cette affirmation de « l'*x* énigmatique de la chose en soi »[44] pousse à tenir pour vrais des énoncés simplificateurs à même de préserver l'existence. La célèbre formule de la dernière année de la vie consciente de Nietzsche d'après laquelle « *nous avons l'art* afin que la vérité ne nous tue pas »[45] peut donc s'entendre de deux façons : la force vitale de l'art pousse à se détourner de la vérité ; la force vitale de l'art forge des vérités.

Des « vérités » comme erreurs fécondes aux interprétations perspectivistes

Comment analyser plus précisément l'autoconservation vitale productrice de vérités ? Nietzsche indique que, lorsque nous jugeons, l'attachement à la vie repousse la douleur (*Schmerz*) ou même simplement le déplaisir (*Unlust*), et oriente vers le plaisir (*Lust*)[46]. Il présente également l'utilité (*Nützlichkeit*) comme moteur de la quête de vérité[47]. Le lecteur est alors tenté de proposer un rapprochement entre l'enquête nietzschéenne et le pragmatisme. William James affirme en effet de manière générale que « la méthode pragmatique vise à interpréter chaque notion en fonction de ses conséquences pratiques »[48] avant de préciser les contours d'une théorie de la vérité : « Lorsqu'un moment de notre expérience, quel qu'il soit, nous inspire une pensée vraie, cela signifie

▨ 39. *Humain, trop humain* (désormais : HTH), I, § 256, trad. fr. P. Wotling, Paris, GF-Flammarion, 2019, p. 277-278.
▨ 40. *Ibid.*, I, § 635, p. 450-451.
▨ 41. *Ibid.*, I, § 630, p. 445.
▨ 42. VMSEM, § 1, p. 278-279.
▨ 43. Sur ce point, voir E. Salanskis, « Nietzsche et la fiction de l'inconditionné » in *Nietzsche-Studien*, Band 39, Berlin-New York, Walter de Gruyter, 2010, p. 309-332.
▨ 44. VMSEM, § 1, p. 281.
▨ 45. FP Printemps-été 1888, 16 [40] <6>, dans OPC, t. XIV, trad. fr. J.-C. Hémery, p. 250.
▨ 46. HTH, I, § 18, p. 77-79.
▨ 47. GS, § 110, p. 163-166.
▨ 48. W. James, *Le pragmatisme. Un nouveau nom pour d'anciennes manières de penser*, Deuxième leçon, trad. fr. N. Ferron, Paris, Flammarion, 2007, p. 113.

que tôt ou tard, guidés par elle, nous plongeons à nouveau dans les faits de l'expérience pour établir avec eux des relations profitables »[49]. La ressemblance demeure néanmoins superficielle[50] car Nietzsche réduit la vérité à l'erreur (*Irrthum*). D'après lui, c'est dans le temps de la sédimentation des habitudes fécondes pour l'existence que des « vérités » s'installent et durent. Le pluriel est souvent utilisé, ainsi que les guillemets qui mettent à distance car la vérité, bien en deçà de procédures démonstratives élaborées par la raison la plus rigoureuse, se résorbe en énoncés justifiés par leur « ancienneté », aussi approximatifs soient-ils[51].

Cependant, le simple fait de qualifier ces énoncés d'erreurs ne présuppose-t-il pas l'idée de vérité ? La première section du premier volume d'*Humain, trop humain* invite au contraire à inverser ce qui est censé survenir « en premier » et ce qui est censé apparaître « en dernier »[52]. Alors que la « philosophie métaphysique » part de la « chose en soi » – entendue largement comme principe doté d'une consistance ontologique – et n'envisage tel opposé concret que comme privation d'être, la « philosophie historique » refuse l'existence d'opposés radicalement séparés et substitue à la polarité stricte le passage sous forme de sublimation[53]. L'erreur n'est pas une altération de la vérité en soi : Nietzsche se détourne du fondement et, dans un vocabulaire encore pré-généalogique, invite à penser une « provenance » et des « commencements » troubles, « une *chimie* des représentations et des sentiments » étant à même d'établir que « la vérité » est susceptible de découler d'« erreurs »[54]. Par conséquent, « il n'y a pas de contraires, mais seulement des différences de degrés »[55], de sorte que vérité et erreur se dilueraient dans l'apparence (*Schein*), à comprendre – pour les mêmes raisons – moins comme l'opposé de la réalité que comme mode d'expression de la réalité artiste :

> Après tout, qu'est-ce qui nous force de manière générale à admettre qu'il existe une opposition d'essence entre « vrai » et « faux » ? Ne suffit-il pas d'admettre des degrés d'apparence [*Scheinbarkeit*] et comme des ombres et des tonalités générales plus claires et plus sombres de l'apparence [*Schein*], – différentes *valeurs* [en français dans le texte], pour parler le langage des peintres[56] ?

Cet effort pour dépasser le dualisme usuellement instauré entre vérité et erreur est récurrent dans la pensée de Nietzsche[57] qui est à envisager, par-delà ce

▓ 49. W. James, *Le pragmatisme. Un nouveau nom pour d'anciennes manières de penser*, Sixième leçon, *op. cit.* p. 229.

▓ 50. Par exemple, après avoir montré la convergence entre le propos de Nietzsche et un certain « pragmatisme vital », J. Granier souligne les limites de ce rapprochement dans *Le problème de la vérité dans la philosophie de Nietzsche*, *op. cit.*, p. 487-493.

▓ 51. Par exemple : GS, § 110, p. 164. Sur ce point, consulter P. Wotling, *La philosophie de l'esprit libre. Introduction à Nietzsche*, 1. « La vérité », Paris, Flammarion, 2008, p. 41 : « La vérité est du vieux faux, en quelque sorte ».

▓ 52. Le titre complet de cette première section est : « Des choses qui viennent en premier et de celles qui viennent en dernier ». En 1888, Nietzsche revient à nouveau sur cette confusion : *Crépuscule des idoles* (désormais : CId), III, § 4, trad. fr. P. Wotling, Paris, GF-Flammarion, 2005, p. 139-140.

▓ 53. HTH, I, § 1, p. 59-60.

▓ 54. *Ibid.*

▓ 55. HTH, II, « Le voyageur et son ombre » (désormais : VO), § 67, trad. fr. É. Blondel, O. Hansen-Løve et T. Leydenbach, Paris, GF-Flammarion, 2019, p. 278.

▓ 56. PBM, § 34, p. 86.

▓ 57. Principalement, PBM, § 2, *op. cit.*, p. 48-49, ainsi que CId, IV, p. 143-144, complètent les références précédentes aux deux volumes d'*Humain, trop humain*.

recours à la notion d'apparence, comme une philosophie de l'interprétation (*Ausdeutung, Auslegung, Interpretation*)[58]. Mais interpréter, est-ce surmonter l'orientation vers la vérité ou tenter de la parachever ?

Interpréter, c'est tout d'abord s'efforcer de comprendre (*Verstehen*), sur le mode de la philologie définie comme « art de lire correctement [*Kunst des richtigen Lesens*] »[59]. Cette lecture rigoureuse est-elle à penser comme adéquation ? Ce serait méconnaître la difficulté de l'entreprise philologique, qui ne prétend jamais dévoiler la pensée d'un auteur[60]. Il n'empêche : l'interprétation fausse existe, à titre de contresens. Interpréter est une prise de risque, dont l'extension est bornée par deux écueils rédhibitoires : paraphraser le texte et s'en écarter au point de le trahir. L'interprétation menace de se restreindre à une expression commode pour désigner un acte de jugement mal défini, hélas susceptible de réintroduire le relativisme le plus trivial, à savoir le subjectivisme en tant qu'exportation plus ou moins camouflée des convictions propres à un sujet individuel sur tel ou tel secteur de la réalité. Nietzsche anticipe toutefois cette objection dans un fragment posthume : « "Tout est subjectif", dites-vous : mais ceci est déjà une *interprétation* [Auslegung], le "sujet" n'est pas un donné, mais quelque chose d'inventé-en-plus, de placé-par-derrière »[61]. Rappeler la célèbre critique nietzschéenne du sujet[62] est pourtant insuffisant car la portée relativiste inhérente à la notion d'interprétation demeure. Le perspectivisme (*Perspektivismus*) permet-il de résoudre ce problème ?

Il serait possible de considérer que la production d'angles de vue divers et complémentaires contribue à servir la vérité, en tant que processus. C'est vraisemblablement dans cette direction que Nietzsche écrit : « Il est bon d'énoncer d'emblée une chose deux fois et de lui donner un pied droit et un pied gauche. La vérité peut sans doute se tenir sur un seul pied ; mais sur deux elle marchera et fera son chemin »[63]. Cette logique peut être amplifiée :

Il *n'*y a *qu'*un voir en perspective, *qu'*un « connaître » en perspective ; *plus* nous laissons d'affects prendre la parole au sujet d'une chose, *plus* nous savons nous donner d'yeux, d'yeux différents pour cette même chose, et plus notre « concept » de cette chose, notre « objectivité » seront complets[64].

Comment fixer la portée de cette multiplication des regards ? À première vue, l'importance quantitative peut limiter l'arbitraire de l'interprétation isolée et donc contribuer à l'identification de la vérité. Mais si la multiplication se fait

■ 58. Sur ce point, nous nous permettons de renvoyer à notre ouvrage, *La philosophie de Nietzsche*, Paris, Vrin, 2019. La deuxième partie de ce livre est centrée sur la notion d'interprétation. Pour une distinction entre les termes allemands qui animent le champ de l'interprétation, consulter : É. Blondel, *Nietzsche, le corps et la culture*, Paris, P.U.F., 1986, p. 139-140 et p. 323, rééd. Paris, L'Harmattan, 2006, p. 112 et p. 254.

■ 59. HTH, I, § 270, p. 291.

■ 60. M. Dixsaut, *Nietzsche, par-delà les antinomies*, Chatou, La Transparence, 2006, p. 99 : « Le sens d'un texte est pour lui [le philologue] dans le texte, pas dans la tête de son auteur » ; un philologue ne peut déterminer le sens d'un texte « que dialectiquement (au sens platonicien), par un va-et-vient de questions et de tentatives de réponse. »

■ 61. FP Fin 1886-printemps 1887, 7 [60], dans OPC, t. 12, p. 305. W. Müller-Lauter introduit son analyse de cet extrait en ces termes : « Comprendre le perspectivisme nietzschéen comme un subjectivisme serait […] erroné » (*Nietzsche. Physiologie de la volonté de puissance*, trad. fr. J. Champeaux, Paris, Allia, 1998, p. 108).

■ 62. Pour ne retenir que deux exemples : PBM, § 17, p. 64 ; *Éléments pour la généalogie de la morale*.(désormais GM), I, § 13, trad. fr. P. Wotling, Paris, Librairie Générale Française, 2000, p. 96-100.

■ 63. HTH, II, VO, § 13, p. 240.

■ 64. GM, III, § 12, p. 213.

prolifération, le risque de dispersion ne constitue-t-il pas un frein redoutable à l'entreprise de conceptualisation ? Dans l'extrait considéré, les guillemets signalent que l'on utilise un terme sur le mode du pis-aller[65]. En effet, le perspectivisme peut se faire foisonnement d'angles de vue sans aucune position de surplomb salvatrice, de sorte que l'objectivité évoquée volerait en éclats. L'examen de textes de 1886 dans lesquels Nietzsche traite directement du perspectivisme peut permettre de dissiper cette tension.

Le § 354 du *Gai savoir* présente « le véritable phénoménalisme et perspectivisme » non pas comme expression d'une perception irréductiblement idiosyncrasique du monde mais, au contraire, comme manifestation de la conscience collective par laquelle l'espèce humaine simplifie la réalité. Dans ce contexte, le perspectivisme désigne un relativisme non pas individuel mais communautaire, relativisme inquiétant car synonyme de la schématisation que le « troupeau » impose au monde : « tout ce qui devient conscient devient par là même plat, inconsistant, stupide à force de relativisation [*relativ-dumm*] ». La fin de ce paragraphe conclut que la conscience ne permet pas d'accéder à la vérité. Dans la mesure où il subit l'effet de ce perspectivisme grégaire, le « troupeau humain » n'aboutit qu'à de la croyance (*Glaube*), de l'imagination (*Einbildung*) et donc, potentiellement, qu'à de la bêtise (*Dummheit*). Porté par l'image, préalablement utilisée dans ce même ouvrage, de l'embarquement aventureux sur la mer aussi inquiétante que tentatrice[66], le § 374 explore « le caractère perspectiviste [*der perspektivische*] de l'existence ». L'hypothèse d'après laquelle toute existence serait « essentiellement une existence *interprétante* » est développée sans qu'une conclusion ferme puisse être formulée, en raison de l'absence d'un point de vue synoptique. C'est donc à un « *nouvel "infini"* » que nous sommes confrontés : non pas l'infini qui, en Dieu, fonderait une connaissance assurée mais l'in-fini au sens du non-clos, de l'illimité, de la dispersion sans synthèse. L'interprétation, métaphoriquement : une mer dans laquelle on s'abîme, en l'absence d'un cap sûr (le vrai, le bien) fourni par une extériorité transcendante ? Une mer à conquérir, en fabriquant nous-mêmes notre boussole ? Mais comment surmonter « notre propre interprétation humaine, trop humaine » ? Le § 374 va plus loin que le § 354. Celui-ci précise que le monde, par l'opération de la conscience, devient « stupide à force de relativisation », or ce relativisme ne prend sens que consécutivement à la position d'un « en soi ». Partant, le perspectivisme dépeint dans le § 354 est bien un « phénoménalisme ». Le § 374 n'implique pas simplement que l'« en soi » est inconnaissable (sans schématisation humaine, donc sans relativisme) mais qu'il est inconsistant. Le monde est le monde infini des interprétations, « monde inconnu », « chose inconnue » que l'on ne peut plus adorer « comme *"l'être* inconnu "* » auparavant appelé « en soi ». Les « innombrables sens »[67] du monde surpassent l'idée de vérité inconditionnée. Par conséquent, le

■ 65. Sur le rôle des guillemets dans l'écriture de Nietzsche, consulter : É. Blondel, *Nietzsche, le corps et la culture*, 1ʳᵉ édition, *op. cit.*, p. 210-214 et p. 235-243 ; 2ᵉ édition, p. 166-169 et p. 186-192. On consultera également : É. Blondel, « Les guillemets de Nietzsche : philologie et généalogie », dans J.-F. Balaudé, P. Wotling (dir.), *Lectures de Nietzsche*, Paris, Librairie Générale Française, 2000, p. 71-101.

■ 66. Au moins GS, § 124, p. 176 ; *Ibid.*, § 289, p. 235.

■ 67. FP Fin 1886-printemps 1887, 7 [60], dans OPC, t. 12, p. 305 : Nietzsche y précise à propos du monde qu'« il n'a pas un sens par-derrière soi, mais d'innombrables sens : "perspectivisme [*Perspektivismus*]" ».

perspectivisme n'est pas réductible à une notion conçue dans le sillage de la philosophie de la connaissance, inquiète du risque de relativisme individuel et/ou grégaire. C'est une notion au service de la vie polymorphe : « toute vie repose sur l'apparence, l'art, l'illusion, l'optique, la nécessité du perspectiviste [*des Perspektivischen*] et de l'erreur »[68]. Plus précisément, cette autre formulation du perspectivisme qu'est « le perspectiviste » (*das Perspektivische*, que l'on peut également traduire par « le perspectif ») est le propre de la vie comme ensemble d'interprétations, c'est-à-dire d'évaluations (*Werthschätzungen*) concurrentielles[69]. Axiologique, le perspectivisme oriente vers une hiérarchie (*Rangordnung*) à construire, dans l'ordre d'une logique de la puissance (*Macht*)[70]. Interpréter, c'est dépasser la primauté usuellement décernée à l'adéquation au profit de l'instauration de valeurs fécondes, dans l'économie d'un perspectivisme bâtisseur.

Les interprétations en quête de puissance : incompatibles avec la recherche de la vérité ?

Il convient donc d'éclaircir la relation que la quête de puissance entretient avec la vérité et, plus largement, l'interprétation. Si, en première analyse, la vérité apparaît dénuée de puissance[71], une enquête à vocation historique élaborée dans le § 110 du *Gai savoir* complexifie cette conclusion provisoire. Nietzsche y reprend l'idée d'après laquelle l'intellect, « durant d'immenses périodes », a produit des erreurs qui permettaient « la conservation de l'espèce ». Il poursuit en précisant qu'« il fallut attendre très tard pour qu'apparaisse la vérité, forme de connaissance la plus dénuée de force. » Afin d'illustrer la thèse selon laquelle l'erreur, puisqu'elle favorise la vie, prime sur la vérité, Nietzsche dépeint les Éléates, écartelés entre attachement à la vie et quête du vrai, comme des « hommes impossibles ». Comment une « pulsion de vérité » a-t-elle pu naître, au cœur même de la vie ? *Vérité et mensonge au sens extra-moral* utilisait cette expression dans le sillage de l'autoconservation vitale[72] or, à ce stade de l'investigation, la question est de savoir comment la vie peut accueillir et développer une pulsion qui lui est pourtant contraire. Pour traiter ce point délicat, le § 110 du *Gai savoir* chemine ainsi : en premier lieu, quoique conformes aux « erreurs fondamentales » conservatrices de vie, « deux principes opposés apparurent *applicables* à la vie », d'où un affrontement voué à déterminer quel principe était le plus utile dans la perspective de l'autoconservation vitale. Nietzsche ajoute qu'une « pulsion de jeu intellectuelle » a émergé consécutivement à l'examen de « principes nouveaux [...] sinon utiles pour la vie, du moins non nuisibles ». Dans le « cerveau [*Gehirn*] humain » – contre l'abstraction propre à la notion

▨ 68. NT, « Essai d'autocritique » (1886), § 5, p. 68.
▨ 69. HTH, I, Préface (1886), § 6, p. 55-56.
▨ 70. *Ibid.*, p. 56. En 1888, Nietzsche utilise « perspectivisme [*Perspektivismus*] » dans l'économie de la volonté de puissance : FP Printemps 1888, 14 [186] *in* OPC, t. XIV, p. 148.
▨ 71. *Aurore* (désormais : A), § 535, trad. fr. É. Blondel, O. Hansen-Løve et T. Leydenbach, Paris, GF-Flammarion, 2012, p. 295.
▨ 72. VMSEM, § 1, p. 278-279. Dans ce même paragraphe, Nietzsche ajoute, p. 282 : « Nous ne savons toujours pas d'où provient la pulsion de vérité » (traduction légèrement modifiée).

d'intellect (*Intellekt*)[73], utilisée au début de ce § 110 du *Gai savoir* ? –, ces jugements décantent et aspirent à la « puissance ». Dès lors, par-delà ces critères déjà rencontrés que sont « l'utilité et le plaisir », éclot un « besoin [*Bedürfniss*] » de vérité au service duquel les instincts jusque-là tenus pour « mauvais » se subordonnent : « la mise à l'épreuve, la négation, la défiance, la contradiction » sont valorisées à titre d'auxiliaires de la connaissance, elle-même valorisée en tant que « partie de la vie même ». C'est pourquoi, dans la mesure où elle s'intègre à la dynamique vitale, la connaissance est « une puissance constamment en croissance », d'où l'émergence inéluctable d'un conflit entre elle et les « erreurs fondamentales remontant à la nuit des temps ». Cette lutte se situe au cœur de la vie, et plus précisément « dans le même homme » :

> Le penseur : c'est désormais l'être chez qui la pulsion de vérité et ces erreurs conservatrices de la vie livrent leur premier combat après que la pulsion de vérité a *prouvé* qu'elle est aussi une puissance conservatrice de vie[74].

Ainsi, advenue progressivement, la pulsion de vérité ne s'oppose à une manifestation rudimentaire de la vie que pour donner naissance à une forme complexifiée de vie. Incluse dans le processus de croissance de la puissance, cette pulsion de vérité procède de l'interprétation, en tant qu'expression de la volonté de puissance (*Wille zur Macht*).

Irréductible à un principe métaphysique, la volonté de puissance est pensée comme processus interprétatif universel[75]. En ce sens, l'interprétation ne peut être restreinte à un acte de jugement : « La volonté de puissance *interprète* [*interpretirt*] : quand un organe prend forme, il s'agit d'une interprétation [*Interpretation*] ; la volonté de puissance délimite, détermine des degrés, des disparités de puissance »[76]. Nietzsche envisage plus radicalement encore que « la volonté de puissance [...] mène également le monde inorganique »[77], si bien que la réalité, dans son ensemble, interprète[78]. L'interprétation signifie la dynamique générale du monde : « l'interpréter [*das Interpretiren*] lui-même, en tant que forme de la volonté de puissance, a de l'existence (non, cependant, en tant qu'"être", mais en tant que *processus*, que *devenir*) »[79]. Cette dynamique consiste en une orientation vers la suprématie : pour telle volonté de puissance (tel réseau de forces, autrement dit telle configuration pulsionnelle), interpréter, c'est donner forme et sens à d'autres configurations pulsionnelles pour s'en rendre maître[80]. Interprétation parmi d'autres, la vérité

■ 73. HTH, I, § 1, p. 59, précise que la « philosophie historique [...] ne doit absolument plus être conçue comme séparée des sciences de la nature ».

■ 74. GS, § 110, p. 165.

■ 75. W. Müller-Lauter, *Nietzsche. Physiologie de la volonté de puissance*, « La pensée nietzschéenne de la volonté de puissance », p. 27-110.

■ 76. FP Automne 1885-automne 1886, 2 [148], dans OPC, t. 12, p. 141.

■ 77. FP Avril-juin 1885, 34 [247] in OPC, t. 11, trad. fr. M. Haar et M. de Launay, p. 232.

■ 78. En ce qui concerne la thématique de l'interprétation au sein de l'inorganique dans l'œuvre publiée de Nietzsche, la référence majeure est PBM, § 36, p. 87-88 ; sur ce paragraphe, consulter : P. Wotling, *Nietzsche et le problème de la civilisation*, Paris, P.U.F., 1995, rééd. 2009 et 2012, p. 60-82. Pour une analyse de ce thème à partir des fragments posthumes, consulter : W. Müller-Lauter, *Nietzsche. Physiologie de la volonté de puissance*, *op. cit.*, p. 72-84.

■ 79. FP Automne 1885-Automne 1886, 2 [151], dans OPC, t. 12, p. 142.

■ 80. GM, II, 12, p. 152-156.

procède de la volonté de puissance [81], qui pose des valeurs pour servir la vie. Si ceux que Nietzsche qualifie d'« ouvriers philosophiques » ont pour tâche de clarifier « les grands faits relatifs aux évaluations – c'est-à-dire aux *fixations de valeurs, aux créations de valeurs opérées autrefois, qui en sont venues à dominer et ont été appelées pour quelque temps "vérités"* », « *les philosophes véritables sont des hommes qui commandent et qui légifèrent* : ils disent "il en *sera* ainsi ! ", ils déterminent en premier lieu le vers où ? et le pour quoi faire ? de l'homme » [82]. Par là même, « [l]eur "connaître" est un *créer*, leur créer est un légiférer, leur volonté de vérité est – *volonté de puissance* » [83]. L'orientation vers l'adéquation est donc supplantée par la perspective créatrice. Le monde infini de l'interprétation n'est pas avant tout à dévoiler au sein du discours, il est à produire dans l'optique de l'intensification (*Steigerung*) de la vie [84] en favorisant l'émergence d'une culture élevée, c'est-à-dire noble (*vornehm*) [85]. À cette fin, se détourner de la quête de vérité par, entre autres, le recours au mensonge [86] ou un appui stratégique sur la religion dans l'ordre politique [87] peut s'avérer judicieux. Autre exemple important : la vérité de la pensée de l'éternel retour (*ewige Wiederkehr, ewige Wiederkunft*) de l'identique (*des Gleichen*) fait question, au sein même de la philosophie de Nietzsche [88]. Certes, celle-ci a travaillé à la possibilité de consolider la pensée du retour éternel depuis l'angle scientifique [89], mais cette pensée est avant tout une perspective motrice et fructueuse dans sa relation à la volonté de puissance [90]. En résumé : Nietzsche, qui s'adresse lui-même l'objection d'après laquelle sa vision du monde n'est qu'interprétation, n'ignore pas que le perspectivisme ne peut être présenté comme une théorie constituée, au service de la construction d'une vérité indubitable. Il accepte l'objection et s'en amuse [91] car son propos est à finalité pratique. À titre d'interprétations, les « vérités » sont ainsi absorbées dans le champ des valeurs (*Werthe*) – c'est-à-dire de préférences incorporées, dans le cours de la « physio-psychologie » [92] nietzschéenne – à hiérarchiser selon leur fécondité plus ou moins marquée.

■ 81. *Ainsi parlait Zarathoustra* (désormais : APZ), II, « Du surpassement de soi », trad. fr. G.-A. Goldschmidt, Paris, Librairie Générale Française, 1972, rééd. 1983, p. 138-143. Sur ce point, consulter : W. Müller-Lauter, *Nietzsche. Seine Philosophie der Gegensätze und die Gegensätze seiner Philosophie,* chap. v : « Wille zur Wahrheit und Wille zur Macht », Berlin-New York, Walter de Gruyter, 1971, p. 95-115.
■ 82. PBM, § 211, p. 181.
■ 83. *Ibid.,* p. 182.
■ 84. Par exemple : PBM, § 23, p. 72.
■ 85. À cet effet, la neuvième section de *Par-delà bien et mal* s'intitule : « Qu'est-ce qui est noble ? »
■ 86. Le mensonge qui favorise l'épanouissement de la vie est valorisé en AC, § 56-58, p. 120-128.
■ 87. PBM, § 61, p. 112-113.
■ 88. M. Montinari, *Friedrich Nietzsche,* trad. fr. P. D'Iorio et N. Ferrand, Paris, P.U.F., 2001, p. 98 : « On ne peut affirmer avec certitude que Nietzsche "croyait" à l'éternel retour de l'identique. »
■ 89. Sur ce point, consulter les fragments posthumes de la période du *Gai savoir* in OPC, t. 5, trad. fr. P. Klossowski revue par M. de Launay.
■ 90. Sur ce point, nous nous permettons de renvoyer à notre étude : « Le quatrième livre du *Gai Savoir* et l'éternel retour » in *Nietzsche-Studien,* Band 32, Berlin-New York, Walter de Gruyter, 2003, p. 1-28.
■ 91. PBM, § 22, p. 71 : « À supposer que cela aussi ne soit que de l'interprétation [*Interpretation*] – et vous mourrez d'envie de faire cette objection ? – eh bien, tant mieux. – ».
■ 92. PBM, § 23, p. 71. Sur ce point, consulter : P. Wotling, *La philosophie de l'esprit libre,* 1. « La vérité », *op. cit.,* p. 38 : « Une valeur n'est qu'une interprétation, mais une interprétation incorporée, agrégée aux autres préférences fondamentales qui toutes se traduisent par une activité instinctive, et dont l'ensemble forme ce que Nietzsche appelle "le corps". »

Pourtant, cette hiérarchisation ne s'effectue-t-elle pas en fonction de la vérité? Nietzsche écrit en effet : « Quelle quantité de vérité un esprit *supporte-t-il*, quelle quantité de vérité *risque-t-il*? Voilà qui, de plus en plus, devint pour moi le critère propre de la mesure des valeurs [*Werthmesser*] »[93]. Alors que la vérité est censée être une valeur parmi d'autres, l'aptitude à faire face à la vérité est ici posée comme critère d'appréciation des valeurs. Comment déterminer la portée de cette étrange résurgence? Celle-ci implique-t-elle le caractère indépassable de la vérité, même pour une philosophie qui prétend la surmonter? Cependant, s'agit-il réellement d'une résurgence ou d'une redéfinition de cette notion, dans la logique nietzschéenne de construction d'un « nouveau langage »[94]?

En premier lieu, une tension entre éloge de la surface et valorisation de la profondeur se fait jour au sein de la pensée de Nietzsche. Louer les Grecs, « superficiels… *par profondeur* »[95], c'est célébrer la surface dans la perspective artistique définie comme pratique d'un « culte du non-vrai »[96]. Mais ironiser à propos de la volonté – déjà évoquée – de percer « un trou traversant la terre »[97] ne disqualifie pas toute entreprise de forage. Creuser ne se réduit pas à vouloir exhumer un fondement; cette opération est également la métaphore d'un cheminement cahoteux, heurté, vers une origine honteuse (*pudenda origo*)[98]. Dans ce registre, l'« observation psychologique »[99] fait œuvre utile lorsqu'elle attire le regard sur les soubassements troubles de l'âme humaine et s'efforce donc de mettre au jour l'immensité du champ de l'activité infra-consciente, autrement dit le jeu conflictuel des pulsions (*Triebe*) et affects (*Affekte*). Organisée en deux phases, l'entreprise proprement généalogique prolonge cette démarche : l'enquête sur la « *provenance* [Herkunft] »[100] ou l'« *origine* [Ursprung] »[101] des valeurs précède leur évaluation et donc la clarification de leur portée sur la vie[102]. Le premier mouvement correspond à une plongée dans cette « ténébreuse affaire »[103] qu'est l'univers violent des pulsions. Cette descente dans la profondeur ne prétend cependant pas à l'adéquation. En chacune de ces deux phases, la généalogie demeure un art de l'interprétation, ouvert à une pluralité de perspectives[104]. Il est toujours possible de forer encore : alors que, métaphoriquement, l'« en soi » est censé constituer un « socle » identifiable, la provenance reste labyrinthique. Soit, mais la relation avec le réel ne peut-elle déboucher sur un face-à-face, auquel Nietzsche convierait expressément?

■ 93. *Ecce homo* (désormais EH), Avant-propos, § 3, trad. fr. J.-C. Hémery revue par D. Astor, Paris, Gallimard, 2012, p. 29.
■ 94. PBM, § 4, p. 50.
■ 95. GS, Préface, § 4, p. 33.
■ 96. *Ibid.*, § 107, p. 158.
■ 97. NT, § 15, p. 187.
■ 98. A, § 42, p. 64 ; *Ibid.*, § 102, p. 100 ; FP Automne 1885-automne 1886, 2 [189] *in* OPC, t. 12, p. 160.
■ 99. HTH, I, § 35-38, p. 97-103.
■ 100. GM, Préface, § 2, p. 46.
■ 101. *Ibid.*, Préface, § 3, p. 49.
■ 102. *Ibid.*, p. 50. GM, Préface, § 6, p. 56, précise bien : « nous avons besoin d'une *critique* des valeurs [*Werthe*] morales, il *faut remettre une bonne fois en question la valeur* [Werth] *de ces valeurs* [Werthe] *elle-même* ».
■ 103. *Ibid.*, II, § 3-4, p. 128.
■ 104. Sur ce point, nous nous permettons de renvoyer à notre ouvrage, *La philosophie de Nietzsche, op. cit.*, p. 83-93.

Dans l'ordre de l'assimilation de la réalité à un texte à lire dans la perspective d'un avenir à construire, la généalogie est indissociable de la philologie en un sens élargi [105]. Par exemple, c'est parce que l'on a projeté sur l'homme des interprétations moralisatrices qu'il convient de retrouver « le terrible texte fondamental de l'*homo natura* », autrement dit de « retraduire l'homme en nature » [106]. Cette lecture ne mobilise pas que de la finesse d'analyse : elle présuppose un « vouloir voir » sans ciller. La « condition de ce courage » est l'« excédent de *force* : car [...] c'est exactement à proportion de sa force, que l'on approche de la vérité » [107]. Après avoir affirmé que la quantité de vérité supportée constitue le critère de mesure des valeurs, Nietzsche ajoute que l'erreur « n'est pas cécité, l'erreur est *lâcheté...* » [108]. Insistons : il est bien question de « lâcheté devant la vérité » [109], autrement dit, si l'on en a la force, il serait possible de concevoir « la réalité *telle qu'elle est* », c'est-à-dire de se confronter à ce qui est « terrible » et « problématique » [110]. Dans le lexique nietzschéen, cette descente dans la profondeur est typique du réalisme, contre l'idéalisme [111] mensonger [112]. Pourtant, dès *Aurore*, après avoir loué l'« "être souterrain", qui perce, qui creuse, qui sape » [113], Nietzsche présente l'impasse propre à la quête de profondeur, sans simplement s'amuser cette fois-ci de l'hypothèse d'après laquelle creuser sans relâche impliquerait de refaire surface aux antipodes. Dans ce contexte, la difficulté n'est pas d'ordre gnoséologique, elle est existentielle. Forer inlassablement, c'est en effet prendre le risque de s'abîmer dans la profondeur amorale indicible représentée faute de mieux par la « bourbe » [114]. Or, il importe de préserver la santé du corps – comme complexe physio-psychologique – et donc de tendre vers la *Heiterkeit*, sérénité en mouvement et même allégresse de celui qui est parvenu à survivre après avoir aperçu le caractère nécessaire des « horreurs de la réalité » [115]. Malgré ses effets potentiellement déprimants, le réalisme ne doit pas empêcher l'affirmation (*Ja-sagen, Bejahung*) de la vie, le savoir doit être gai savoir, le sentiment tragique doit demeurer un « stimulant » [116] pour l'existence. D'où cette question directrice : « Jusqu'à quel point la vérité supporte-t-elle l'incorporation [*Einverleibung*] ? » [117] Le courage d'affronter la profondeur est donc mesure des valeurs non pas parce qu'il s'agirait de

---

105. Sur ce point, consulter É. Blondel, *Nietzsche, le corps et la culture*, chap. VII et VIII principalement.
106. PBM, § 230, p. 206.
107. EH, III, « NT », § 2, p. 183.
108. *Ibid.*, Avant-propos, § 3, p. 29.
109. *Ibid.*, III, « CW », § 2, p. 313.
110. *Ibid.*, IV, § 5, p. 347.
111. CId, X, § 2, p. 219-220 : « Le *courage* face à la réalité est finalement ce qui fait la distinction entre des natures comme Thucydide et Platon : face à la réalité, Platon est un lâche – *par conséquent*, il s'enfuit dans l'idéal ».
112. EH, IV, § 1, p. 333 dépeint l'avenir comme lutte entre « la vérité » et le « mensonge millénaire ».
113. A, Préface, § 1, p. 29.
114. A, § 446, p. 263. Sur ce point, consulter É. Blondel, « Critique et généalogie chez Nietzsche ou *Grund, Untergrund, Abgrund* » dans *La Revue philosophique de la France et de l'étranger* 2, 1999, Paris, P.U.F., p. 199-210 et notamment p. 206 : « Nietzsche veut faire entendre que la recherche du fondement et de la radicalité peut aboutir à miner, dissoudre et saper le fondement jusqu'au tréfonds, qui devient un abîme insondable. ».
115. EH, IV, § 4, p. 341.
116. CId, X, § 5, p. 223.
117. GS, § 110, p. 166.

connaître adéquatement chaque parcelle, même infinitésimale, de la réalité la plus reculée – d'en produire des représentations pleinement conformes – mais dans la perspective de la construction d'un acquiescement éclairé à la vie, lucide sur son cours fondamentalement amoral[118] et porteur d'une transvaluation de toutes les valeurs (*Umwerthung aller Werthe*). Il n'est pas question de théorie de la connaissance, l'objectif est d'élever un certain type d'homme. C'est contre le chrétien pétri de convictions que le service de la vérité est présenté comme « le plus rude des services »[119] : *L'Antéchrist* valorise la probité (*Rechtschaffenheit*) et même la véracité (*Wahrhaftigkeit*). Celles-ci réclament le scepticisme[120] pour faire advenir des philologues – des lecteurs de la réalité comme texte – capables d'interprétations rigoureuses et élaborées[121], au rebours de la bêtise qui frappe toute perspective rudimentaire. En ce sens, le perspectivisme nietzschéen ne se réduit pas au fait de l'existence d'angles de vue infinis. À titre de *Versuch* (essai, tentative, expérimentation), il consiste en un travail d'élévation de nos perspectives premières, afin de donner vie à une nouvelle hiérarchie[122]. « [R]enverser *les perspectives* »[123] permet la « [t]ransvaluation de toutes les valeurs »[124].

Conclusion et ouverture à la « post-vérité »

L'investigation nietzschéenne distingue différents sens de la notion de vérité : illusion, erreur ou schématisation, degré d'apparence, avant de ressaisir l'ensemble dans le lexique de l'interprétation, c'est-à-dire de la puissance. La vérité est ainsi assimilée à une valeur initialement conservatrice puis, prise dans la logique idéaliste, régressive et même mortifère. À l'inverse, Nietzsche œuvre en faveur d'un réalisme qui, certes, sonde la profondeur et établit son opacité aussi irréductible qu'inquiétante, mais sans renoncer au but ultime, à savoir l'élévation (*Erhöhung*). La réalité est, en effet, moins à dévoiler indéfiniment qu'à affirmer et ordonner pratiquement[125]. On peut donc estimer que c'est dans la dynamique d'instauration du « nouveau langage » que Nietzsche, au cours de la dernière étape de son parcours philosophique, réforme le sens classique de la vérité pour mieux intégrer la vérité redéfinie au déclenchement du processus de transvaluation.

« Après » la vérité ? L'affirmation de la réalité et la production d'une nouvelle hiérarchie des valeurs, dans le sillage d'une *pratique* du *Versuch* perspectiviste : autrement dit, l'orientation vers une « nouvelle *justice* »[126].

---

118. À la différence de la naïveté des « satisfaits de tout » : APZ, III, « De l'esprit de pesanteur », § 2, p. 234.
119. AC, § 50, p. 110.
120. Principalement AC, § 12, p. 55 ; *Ibid.*, § 54, p. 116.
121. AC, § 59, p. 128, évoque « le grand, l'incomparable art de bien lire ».
122. HTH, I, Préface, § 6, p. 55-56.
123. EH, I, § 1, p. 47.
124. AC, § 62, p. 134 (cet ouvrage se termine par l'emploi de cette expression).
125. FP Automne 1887, 9 [91] *in* OPC, t. 13, trad. fr. P. Klossowski et H.-A. Baatsch (trad. légèrement modifiée), *op. cit.*, p. 54 : « Ainsi la vérité n'est pas quelque chose qui serait là [*da*] à trouver [*aufzufinden*] et à découvrir [*entdecken*] – mais quelque chose *qui est à créer* [*schaffen*] et qui donne le nom à un *processus*, davantage, à une volonté de surmonter [*Überwältigung*] qui ne connaît par elle-même aucune fin [*kein Ende*] : introduire de la vérité *comme processus in infinitum*, *détermination active*, et *non pas* comme devenir conscient de quelque chose <qui> serait "en soi" ferme et déterminé. C'est un mot pour la "volonté de puissance" ».
126. GS, § 289, p. 235. Sur ce point, nous nous permettons de renvoyer à nos travaux sur la justice selon Nietzsche (la liste des contributions est consultable sur le site du Centre Atlantique de Philosophie).

En conséquence, inclure avec simplicité la pensée de Nietzsche dans le champ de la « post-vérité » s'avère impossible. Certes, déclarer qu'« il n'y a pas de faits [*Thatsachen*], seulement des interprétations [*Interpretationen*] » [127] pourrait, à première vue, inciter à tenir le perspectivisme nietzschéen pour précurseur du monde de la « post-vérité », au sein duquel « [l]e brouillage des frontières rend problématique à la fois le partage du vrai et du faux et la notion même de "fait" » [128]. Pourtant, l'invitation à cultiver le courage d'affronter la réalité et donc de s'ouvrir au tragique pourrait aussi bien faire figure d'antidote [129]. Par là même, si l'on isole telle ou telle de ses formulations ponctuelles, la pensée de Nietzsche peut donner l'impression de contribuer à théoriser la « post-vérité » de manière anticipée voire de favoriser son essor prochain, ou déjà d'affûter des armes pour la combattre, chacune de ces deux directions opposées étant susceptible de relever de l'illusion rétrospective.

Une certitude demeure : l'orientation vers la production de valeurs ne se construit aucunement au mépris de la rigueur philologique [130]. Irréductible au relativisme le plus trivial, la philosophie nietzschéenne de l'interprétation vante l'accueil attentif de la réalité au point de redéfinir favorablement la notion de « fait » :

> Par philologie on doit entendre, au sens très général, l'art de bien lire, – savoir déchiffrer des faits [*Thatsachen*], *sans* les fausser par l'interprétation [*Interpretation*], *sans* perdre, dans l'exigence de comprendre, la prudence, la patience, la finesse. La philologie comme *ephexis* dans l'interprétation [*Interpretation*] [...] [131].

Ainsi, alors qu'elle revendique un « radicalisme aristocratique » [132] peu amène pour les « masses » [133], la philosophie de Nietzsche dessine la possibilité d'une vigilance et d'une indépendance intellectuelles typiques de l'esprit libre (*freier Geist*), à même de s'élever contre l'indistinction généralisée typique de la modernité [134]. Une orientation à méditer par ses lecteurs, lorsque la « post-vérité » menace ? Contre la tentation de désespérer par principe du « troupeau » excessivement crédule, une société d'esprits libres est-elle pensable ?

Blaise Benoit
Chercheur associé au Centre Atlantique de Philosophie (C.A.PHI, EA 7463)

■ 127. FP Fin 1886-printemps 1887, 7 [60], dans OPC, t. 12, p. 304-305.
■ 128. M. Revault d'Allonnes, *La faiblesse du vrai. Ce que la post-vérité fait à notre monde commun*, Paris, Seuil, 2018, p. 32.
■ 129. Dans le même ouvrage, p. 97-107, M. Revault d'Allonnes revient sur l'analyse foucaldienne de la *parrêsia* au sens du franc-parler ou du parler-vrai (M. Foucault, *Le courage de la vérité. Le gouvernement de soi et des autres, II. Cours au Collège de France, 1984*, Paris, EHESS-Gallimard-Seuil, 2009).
■ 130. HTH, I, § 270, p. 290-291 ; AC, § 52, p. 112-114.
■ 131. AC, § 52, p. 113. Dans *La faiblesse du vrai. Ce que la post-vérité fait à notre monde commun, op. cit.*, p. 11, M. Revault d'Allonnes précise que le mouvement propre au FP Fin 1886-printemps 1887, 7 [60], se distingue de la logique de la « post-vérité », qui, sans nuance, fait advenir l'« ère [...] du post-factuel. ».
■ 132. Lettre à Georg Brandes du 02 décembre 1887 *in* F. Nietzsche, *Dernières lettres. Hiver 1887-hiver 1889*, trad. fr. Y. Souladié, Paris, Manucius, 2011, p. 69.
■ 133. Par exemple : PBM, § 241, p. 219 : « C'est l'époque des masses : elles se prosternent devant tout ce qui est massif. Et *in politicis* aussi. ».
■ 134. Principalement : PBM, § 224, p. 194-196 ; voir aussi *Le cas Wagner*, Épilogue, trad. fr. É. Blondel, Paris, GF-Flammarion, 2005, p. 73-74.

Après la vérité ?

LA PISTE DES *STANCES* DANS L'ENQUÊTE SUR LA POST-VÉRITÉ

Raphaël Künstler

L'une des principales questions préoccupant la philosophie de la philosophie est celle de l'explication de la persistance de désaccords théoriques malgré d'intenses échanges argumentatifs. Bas van Fraassen, Paul Teller et Anjan Chakravartty ont récemment suggéré que cette irréductibilité était causée par des « *stances* ». Le terme « post-vérité » quant à lui renvoie au moins en partie à des désaccords factuels persistant malgré un accès ouvert à l'information et aux échanges argumentatifs. Il y a là une analogie qui suggère l'hypothèse selon laquelle le modèle méta-philosophique des stances pourrait être également employé pour expliquer les phénomènes de post-vérité. L'objet de cet article est de tester cette hypothèse.

L e terme « post-vérité » renvoie au moins en partie à ce dont les élections de Trump, Bolsonaro ou le Brexit sont les symptômes. Les débats publics qui ont précédé ces élections et ce référendum se sont caractérisés par l'incapacité des citoyennes et des citoyens à se mettre d'accord sur des faits pourtant immédiatement vérifiables. Une telle situation est paradoxale. Car qu'on ne parvienne pas à se mettre d'accord sur le statut de la théorie des cordes, sur des dogmes religieux ou sur des événements privés n'a rien d'étonnant. Mais les faits auxquels renvoie la post-vérité ne sont ni ésotériques ni religieux, ils sont publiquement constatables dans des sociétés démocratiques et transparentes, c'est-à-dire des sociétés où l'État ne contrôle pas l'appareil médiatique, et où les nouvelles technologies de l'information et de la communication donnent de surcroît à chacune et chacun les moyens d'accéder de manière quasiment immédiate aux mêmes sources d'information que les journalistes eux-mêmes : le contenu du programme d'adversaires politiques, la somme que verse chaque semaine un pays à l'Union européenne, le solde de la balance commerciale entre le Canada et les États-Unis, etc. Si l'on avait décrit cette situation par exemple à un citoyen soviétique des années 1960, celui-ci aurait prédit l'avènement d'une société de la connaissance, où tout le monde serait également informé, et où le réel serait directement accessible. Or, c'est le résultat exactement inverse que constatent certains des usages du terme « post-vérité ».

S'inspirant du pragmatisme classique, la méta-philosophie – la philosophie de la philosophie – a récemment élaboré une version nouvelle du volontarisme épistémique – c'est-à-dire de la thèse selon laquelle la connaissance dépend d'une décision – permettant d'expliquer pourquoi les désaccords philosophiques subsistent, en dépit d'efforts intenses d'argumentation, dans un contexte où les sophismes et les paralogismes ont peu de place. Cette version renouvelée du volontarisme épistémique, élaborée par Bas van Fraassen et Anjan Chakravartty, désigne par le terme de « stance » la cause de l'irréductibilité des désaccords philosophiques.

Comme les discussions démocratiques et philosophiques présentent des similitudes frappantes, il est légitime de se demander si le modèle explicatif des stances ne pourrait pas être appliqué à l'étude des phénomènes de post-vérité. L'objet de cet article est de tester cette hypothèse, ce qui implique d'expliciter philosophiquement le concept de *stance* de manière à ce qu'il puisse éventuellement être ensuite employé par les chercheuses et chercheurs en sciences sociales dans des enquêtes de terrain. Après avoir exposé quel est le problème à résoudre, nous examinerons successivement la capacité des deux principales théories de la stance à y apporter une solution.

Explicitation du problème à résoudre

Afin d'expliciter le problème que nous souhaitons résoudre, nous examinerons d'abord deux manières de le dissoudre, nous expliciterons ensuite le cadre méthodologique dans lequel il se pose, et récapitulerons enfin les solutions qui y ont déjà été apportées.

La question de l'explication des phénomènes de post-vérité pourrait être rejetée pour deux raisons : parce que l'expression « post-vérité » ne serait qu'un nom nouveau donné à des phénomènes anciens et déjà bien compris ; parce que le fait à expliquer n'existerait pas. Avant d'entreprendre de répondre à cette question, il nous faut d'abord répondre à ces deux manières de la rejeter.

La forme politique démocratique implique, au moins jusqu'à un certain point, une neutralité axiologique de l'État[1]. Par conséquent, des citoyens différents peuvent adhérer à des axiologies – ce que Rawls nommait des « conceptions du bien » – différentes. Adhérer à une conception du bien détermine une certaine attitude à l'égard des faits : certains sont considérés comme bons, d'autres comme mauvais, d'autres enfin, comme indifférents. La gravité ou l'importance d'un même fait n'est pas perçue de la même manière selon l'axiologie à laquelle adhère l'évaluateur. Il s'ensuit que des médias différents ne seront pas sensibles aux mêmes faits. Certains ignoreront ce que d'autres mettront en avant. Mais cette différence cognitive ne pose pas de problèmes épistémologiques particuliers, étant donné que les faits que chacun des médias représente, rappelle ou commémore sont tout simplement différents.

■ ■ 1. J. Rawls, *Le libéralisme politique*, trad. fr. C. Audard, Paris, P.U.F, 1995.

Il faut donc, pour que la post-vérité renvoie à un phénomène nouveau, qu'elle désigne des situations où *un même fait* est conçu de manières incompatibles. Cette condition est nécessaire, mais sans être suffisante : un même fait peut être conçu de manières incompatibles, sans que l'existence d'un tel désaccord doive être non plus considérée comme un phénomène nouveau[2]. Il suffit que le même fait ait été interprété à la lumière d'arrière-plans distincts pour qu'existe un désaccord concernant la manière dont il convient de le concevoir : le désaccord ne porte pas sur le fait lui-même, mais sur son interprétation. Pour résumer par un exemple ces deux analyses, on peut expliquer la différence entre les expériences fournies par Fox News et CNN en termes de faits mentionnés ou non, de faits mis en Une ou non, et selon la manière dont les mêmes faits sont commentés. Ces deux phénomènes n'ont évidemment rien de nouveau[3].

Cette critique nous permet de préciser la description des phénomènes de post-vérité : il s'agit de situations où des personnes qui ont chacune la possibilité de vérifier un même fait forment à son sujet des croyances différentes, sans que ces différences de croyances relèvent de l'évaluation ou de l'interprétation. Autrement dit, les croyances de ces personnes doivent être logiquement incompatibles.

Certains récuseront l'existence d'un tel type de phénomènes en indiquant, à juste titre, que la description qu'on en donne présuppose que tous ses protagonistes, malgré leurs différences, partagent un même type d'état cognitif : la croyance. C'est sur le postulat de cette identité que repose la possibilité de comparer des états mentaux, de conclure à la différence de leurs contenus, et de se demander comment expliquer celle-ci[4]. Or, un tel présupposé est remis en question par des philosophes et des anthropologues[5]. Il est possible que des cultures différentes pratiquent des manières de croire distinctes, si bien que quand nous projetons notre propre manière de croire sur celles d'autres cultures, nous cédions à un présupposé ethnocentriste. Par exemple, la cognition accompagnant les rituels des Grecs anciens ou celle des pratiquants du candomblé n'est peut-être pas celle diffusée dans notre culture, d'abord par le christianisme, puis par la méthode scientifique[6]. Il faut donc se demander s'il est légitime d'employer le même concept pour différentes cultures, et si l'on peut vraiment comparer les croyances de peuples ou d'ethnies différentes. Or, comme une démocratie libérale peut abriter des individus ayant des cultures

■ 2. Pour une formulation claire de ce problème, on peut se référer à B. Spinoza, *Traité théologico-politique* [1665], trad. fr. Ch. Appuhn, Paris, GF-Flammarion, 1993, chap. 7.
■ 3. On peut également, à la suite de Quassim Cassam, considérer que le terme « post-vérité » n'est qu'une manière nouvelle de désigner la bonne vieille propagande ou le (hélas) si banal discours de haine. Le phénomène qui est considéré dans cet article exclut une telle réduction. Voir Q. Cassam, « Bullshit, Post-Truth and Propaganda », *in* E. Edenberg et M. Hannon (eds.), *Politics and Truth: New Perspectives in Political Epistemology*, Oxford, Oxford University Press), à paraître.
■ 4. Voir F. Fruteau de Laclos et C. Grellard, « La croyance – y croire ou pas ? », dans *Manières de croire 36*, 2017, https://journals.openedition.org/socio-anthropologie/3079 (page consultée le 15 octobre 2020).
■ 5. L. Febvre, *Le problème de l'incroyance au XVIe siècle. La relation de Rabelais* [1947], Paris, Albin Michel, 2003. L. Wittgenstein, « Remarques sur le *Rameau d'or* », trad. fr. J. Lacoste, dans « Qu'est-ce que croire ? », *Agone 23*, 2000, p. 13-31. B. Latour, *L'espoir de Pandore. Pour une version réaliste de l'activité scientifique*, Paris, La Découverte, 2007. J. Roumeguère-Eberhardt, « Sociologie de la connaissance et connaissance mythique chez les Bantu », dans *Manières de croire 36*, 2017.
■ 6. B. Latour, *L'espoir de Pandore, op. cit.*

distinctes, on peut se demander si on a affaire à des « croyances » au même sens chez des agents qui, pour les uns, acceptent, pour les autres, n'acceptent pas un même fait. On peut par exemple imaginer que se superposent lignes de clivages politiques et manières opposées de pratiquer la « croyance », soit parce que les différences culturelles produisent des différences de sensibilités politiques, soit parce que les engagements politiques communs produisent des communautés culturelles. Supposons qu'un politique soit réputé pour être un *bullshitter* et qu'un autre soit réputé pour être vérace et compétent[7]. Au lieu d'interpréter les ovations et les votes que l'un et l'autre reçoivent comme des signes d'adhésions cognitives, de croyances, on peut les lire comme des rituels relevant de catégories différentes et dénués de significations cognitives[8]. Il est possible que les supporters de Trump ne cherchent pas dans ses meetings des vérités, mais du spectacle, de telle sorte que l'énormité de ses *bullshits* serait en réalité prise par eux comme une plaisanterie consistant à jouer sur et de son image de *bullshitter* : plus il surjouerait sa propre outrance, et plus cela créerait de la connivence. Quand, par exemple, Trump affirme, et cela de manière récurrente, qu'« [il] a été le président des États-Unis qui en a le plus fait pour les Noirs américains, à l'exception peut-être d'Abraham Lincoln », cette énormité n'est pas crue vraie par ses supporters, au sens où ils croient vrai qu'il y aura de nouvelles sanctions contre la Chine : elle les amuse, précisément parce qu'ils savent que prononcer publiquement une telle contre-vérité est ostensiblement effronté, et parce que la répétition de cette stupéfiante affirmation crée de surcroît une attente qui en augmente l'effet comique. Les chercheurs qui, assistant au meeting, s'indigneraient de cette contre-vérité ne comprendraient pas quel est l'état mental que doivent avoir les personnes y prenant part.

Pour tenir compte de cette critique, nous supposerons l'existence d'un état cognitif culturellement invariant et minimalement conçu comme contribuant à causer les actions humaines[9]. Dans la mesure où une action vise à satisfaire un désir, et où elle est causée par une représentation de la manière dont cette action réalisera l'état de choses visé par ce désir, il faut bien que les agents distinguent les représentations qu'ils tiennent pour des fictions et celles qu'ils estiment véridiques. On peut ainsi forger un concept minimal de croyance – valable pour toute culture, mais également pour certaines espèces animales[10] –, et sauver le problème de la post-vérité, pour au moins quelques énoncés. Par exemple, quand Trump promettait que le Mexique allait payer pour l'édification d'un mur de séparation frontalier, ses opposants affirmaient déjà que cela était impossible. Mais ses partisans devaient décider s'ils le croyaient ou non, puisque, si le Mexique refusait de financer cet édifice, cela aurait pour eux des conséquences fiscales indésirables.

■ 7. Sur cette notion, voir P. Engel, *Les vices du savoir. Essai d'éthique intellectuelle*, Marseille, Agone, 2019, p. 427-487.

■ 8. L. Wittgenstein, « Remarques sur le *Rameau d'or* », art. cit.

■ 9. Nous suivons ici l'analyse de Christophe Grellard. Voir « Les ambiguïtés de la croyance. À la recherche d'une anthropologie comparée de la croyance », dans *Manières de croire* 36, 2017.

■ 10. Voir D. Davidson, « Rational Animals », *Dialectica* 4, vol. 36, 1982.

Nous allons à présent exposer de manière succincte le cadre méthodologique dans lequel se pose le problème de la valeur explicative des stances relativement aux phénomènes de post-vérité. Pour le dire en un mot, il ne s'agit pas ici de proposer une grande théorie rendant compte de tous les phénomènes, mais un « modèle explicatif de moyenne portée »[11]. Pour aller vite, nous résumerons la méthodologie des modèles de moyenne portée en huit points[12].

1) Il ne s'agit pas d'expliquer l'ensemble de la société, mais seulement certains phénomènes sociaux.

2) L'explication d'un phénomène social est la construction d'un modèle du mécanisme générant son occurrence.

3) Il est peu probable que toutes les occurrences d'un même type de phénomène social résultent d'un même mécanisme générateur. Il est plus sensé de se résoudre à une double pluralité explicative : pluralité des modèles générateurs possibles en fonction des cas considérés ; pluralité des modèles nécessaires pour rendre compte d'un même cas. Dans cette perspective, l'enquête sur le réel doit pouvoir s'appuyer sur un lexique de modèles générateurs possibles. Plus le lexique explicatif d'un enquêteur est riche, et plus il a de chances d'être capable de déchiffrer un phénomène déterminé.

4) Les modèles générateurs qui permettent de décrypter, au cas par cas, les phénomènes sociaux résultent eux-mêmes d'études de cas.

5) L'activité de modélisation consiste à reconstruire le ou les mécanismes générateurs à l'œuvre dans un cas déterminé. Le modèle ainsi construit s'appliquera éventuellement à des cas futurs.

6) À la différence de la connaissance nomologique, le constat d'une similitude de circonstances initiales entre les deux cas ne légitime pas l'application mécanique des résultats de l'expérience précédente à celle qui suit. En sciences humaines, chaque cas doit inéluctablement faire l'objet d'un nouvel effort interprétatif.

7) Ces modèles peuvent représenter des processus cognitifs ou interactionnistes[13].

8) Dès lors qu'un modèle générateur doit puiser dans une ontologie les éléments qu'il agence, et dès lors que la philosophie a pour tâche de départager des ontologies, la philosophie est nécessairement partie prenante de l'activité de construction de modèles, au sens où la modélisation consiste à concilier une ontologie et un ensemble de données empiriques.

Notre objectif dans cet article sera donc de nous demander si les modèles générateurs élaborés pour rendre compte des conflits en philosophie et, plus précisément en ontologie, ne peuvent pas servir à expliquer une partie des phénomènes de post-vérité. Il ne s'agira donc pas de soutenir que les stances expliquent tout, mais qu'elles peuvent expliquer quelque chose. Il ne s'agira pas non plus de substituer une nouvelle théorie aux théories existantes, mais

■ 11. R. Merton, « Discussion of Parsons "The Position of the Sociological Theory"T », *American Sociological Review* 13, p. 164-168, 1948. Voir également A. Bouvier, « L'architecture de la sociologie », *Revue du Mauss* 28, 2006, p. 391-402.

■ 12. Voir notamment A. Bouvier, « La théorie sociologique générale comme système hiérarchisé de modèles de portée intermédiaires », *Revue européenne des sciences sociales* 140, 2008, t. 46, p. 87-106.

■ 13. Voir G. Manzo, *Analytical Sociology. Actions and Networks*, Chichester, Wiley, 2014.

d'ajouter à l'arsenal herméneutique des enquêtes de terrain une nouvelle possibilité interprétative.

À cette fin, il nous faut examiner les modèles explicatifs des phénomènes de post-vérité qui ont été proposés jusqu'ici. L'explication *métaphysique* renvoie à une situation où la vérité elle-même n'existe plus [14] : on pourrait alors mobiliser le cadre théorique relativiste ou constructiviste [15]. Mais s'il n'y a pas de réalité objective, on ne peut plus conclure du fait que le discours d'autrui est contraire à « la » réalité au fait qu'il a tort ou qu'il ment. Plutôt que de « post-vérité », il vaudrait mieux alors parler de « post-réalité ».

> **La post-vérité concerne notre attitude à l'égard de la vérité plutôt que la vérité elle-même.**

Une autre explication est *cognitive* ; elle est rarement explicite, mais elle est la plus spontanée : ceux qui croient ceux qu'on considère comme des *bullshitters* sont tout simplement des « abrutis », des « crétins », des « idiots ». C'est-à-dire qu'ils seraient aveugles à tous ces signes pour nous si évidents qu'un individu ou un média n'est pas fiable [16]. C'est peut-être vrai dans certains cas : quand on a l'impression de « voir les ficelles » du manipulateur, on peut difficilement s'empêcher d'être étonné de constater que « cela marche » et de mépriser l'intelligence de ses victimes. Cette explication doit toutefois n'être utilisée qu'en dernière instance, une fois qu'on est certain que l'accusation d'aveuglement n'est pas imputable à notre propre aveuglement sur les processus mentaux effectivement à l'œuvre chez autrui [17].

L'explication *axiologique* ou *normative*, pour sa part, renvoie à une situation du débat public où le fait d'être pris en flagrant délit de mensonge ne produit plus de discrédit. C'est à peu près en ce sens que Steve Tesich a introduit en 1992, le terme « post-truth » dans un article publié dans *The Nation* et intitulé « A Government of Lies » [18]. Tesich décèle chez le peuple américain, depuis l'affaire du Watergate, le désir que ses dirigeants lui dissimulent les vérités désagréables. La post-vérité désignerait alors la diffusion dans la population d'une indifférence à l'égard de la vérité. D'Ancona résume : la post-vérité « concerne notre attitude à l'égard de la vérité plutôt que la vérité elle-même [19] ». Il ne s'agit pas ici du relativisme aléthique, car ce relativisme implique encore un désir de détenir la vérité, ni même d'un relativisme moral, car tout le monde semble alors être d'accord pour mépriser la vérité, mais plutôt d'un nihilisme aléthique. Cette interprétation permet d'expliquer le caractère central pris par la figure du *bullshitter* dans les cas paradigmatiques

14. L. McIntyre, *Post-Truth*, Cambridge (Mass.), The MIT Press, 2018.

15. Sur ces notions, voir P. Boghossian, *La peur de savoir. Sur le relativisme et le constructivisme de la connaissance*, Marseille, Agone, 2009.

16. Pour un déblaiement sémantique de ces termes, voir Pascal Engel, *Les vices du savoir*, op. cit., p. 427-487.

17. Je présuppose ici un principe herméneutique de charité limitée, inspiré de Pareto, selon qui il ne faut chercher des causes psychologiques à une conduite qu'une fois qu'on a échoué à lui trouver des raisons. Voir A. Bouvier (ed.), *Pareto aujourd'hui*, Paris, P.U.F., 1999. Pour une réponse au reproche d'arrogance intellectuelle, voir P. Engel, *Les vices du savoir*, op. cit., p. 552-562.

18. S. Tesich, « A Government of Lies », The Nation 254 (1), 1992, p. 1-15.

19. M. D'Ancona, *Post Truth: The New War on Truth and How to Fight Back*, London, Ebury Press, 2017, p. 127.

dont nous sommes partis[20] : puisque les normes agissent sur les réactions collectives aux comportements individuels, la post-vérité désignerait un jeu social où le fait d'être identifié comme *bullshitter* ne serait pas disqualifiant, mais valorisant. Ce serait donc pas en dépit du fait d'être un *bullshitter*, mais parce qu'il l'est, que Trump aurait eu l'approbation d'une grande partie du peuple américain[21].

L'explication *épistémologique* de la diversité des croyances, enfin, est un instrument bien rodé de l'ethnologie ou de l'histoire des sciences, à la suite de l'enquête classique d'Evans-Pritchard sur les pratiques de sorcellerie des Azandé[22], mais également des analyses de Wittgenstein dans *De la certitude*[23] ou encore de Thomas Kuhn sur les révolutions scientifiques[24]. Si la rationalité consiste à appliquer correctement des règles à des cas, si l'épistémologie est un ensemble de règles permettant de déterminer quand une croyance doit être tenue pour une connaissance, et si ces règles varient avec les cultures, il est possible que des individus également rationnels considèrent comme des connaissances des croyances pourtant logiquement incompatibles[25].

Si la théorie des stances permet de construire un modèle explicatif supplémentaire, elle doit n'être réductible à aucun de ces quatre modèles déjà disponibles. Une explication originale de la post-vérité doit donc expliquer comment des individus distincts peuvent adhérer à des représentations opposées des mêmes faits, alors que ces faits existent indépendamment des esprits humains (*réalisme*), que tous les humains sont également rationnels (*rationalisme*), qu'ils estiment tous que la vérité est importante (*aléthisme*[26]) et qu'ils adhèrent aux « mêmes normes épistémologiques (*universalisme*). *Comment des personnes également rationnelles et aléthistes, partageant une même réalité et les mêmes normes épistémologiques, peuvent-elles malgré tout former des croyances opposées ?*

La *stance* comme règlement épistémologique

Quand il donne la série de conférences constituant *The Empirical Stance*, van Fraassen est l'un des philosophes des sciences les plus importants de sa génération. Sa théorie, l'« empirisme constructif », a redéfini l'instrumentalisme scientifique, en le dissociant de la conception syntaxique des théories sous-jacente au positivisme logique et en l'interprétant comme une théorie de l'objectif des pratiques scientifiques : cela a modifié en profondeur le débat

■ 20. Je fais évidemment référence au concept – difficilement traduisible en français – développé par Harry Frankfurt. Voir H. Frankfurt, *On Bullshit*, Princeton, Princeton University Press, 2005.
■ 21. Pascal Engel dans *Les vices du savoir. Essai d'éthique intellectuelle* (*op. cit.*) développe une éthique intellectuelle en deux étapes. Il défend d'abord l'existence de normes intellectuelles autonomes (la vérité et la justification), dont l'application à des situations particulières produit des raisons de croire ; puis il s'interroge sur les dispositions des sujets qui les rendent capables (ou non) de se comporter cognitivement en fonction de ces raisons de croire. Cette éthique intellectuelle nous paraît permettre de construire une théorie expliquant la post-vérité en termes de vices intellectuels des citoyens d'une démocratie.
■ 22. E. E. Evans-Pritchard, *Sorcellerie, oracles et magie chez les Azandé*, Paris, Gallimard, 1972.
■ 23. L. Wittgenstein, *De la certitude*, trad. fr. D. Moyal-Sharrock Paris, Gallimard, 2006. Voir § 608-612.
■ 24. T. Kuhn, *La structure des révolutions scientifiques*, trad. fr. L. Meyer, Paris, Flammarion, 2018.
■ 25. Paul Boghossian, *Fear of Knowledge*, Oxford, Oxford University Press. Voir p. 58-80.
■ 26. Sur ce terme, voir P. Engel, « Une épistémologie sociale peut-elle être aléthiste ? », dans A. Bouvier, B. Conein (dir.), *L'épistémologie sociale : une théorie sociale de la connaissance*, Paris, Éditions de l'EHESS, 2007, p. 81-102.

philosophique dit du réalisme scientifique[27]. De son propre aveu, il fut étonné d'être invité à donner ces *Terry Lectures*, dont le thème est la philosophie de la religion. Il se saisit alors de cette occasion pour traiter des questions philosophiques qui lui semblaient les plus cruciales pour l'humanité, même si le monde académique ne prend pas forcément le temps de les aborder de front. L'objectif principal de ces conférences est ainsi le même que celui de William James quand il prononça celles sur le pragmatisme : décrire un empirisme non matérialiste et ouvert à l'expérience religieuse[28].

C'est dans ce cadre que van Fraassen se demande comment expliquer les différences que l'on constate entre des manières de philosopher et, en particulier, de concevoir la science : faut-il accepter les faits inobservables que décrivent les scientifiques ? Peut-on utiliser la métaphysique pour court-circuiter la science, et accéder directement au réel ? Pour expliquer la diversité des réponses possibles à ces questions, van Fraassen défend « a view of philosophy as stance, as existential »[29], – une conception existentielle de la philosophie, comprise comme *stance*.

Qu'est-ce alors qu'une stance pour van Fraassen[30] ? Le terme « stance » n'est pas défini par une convention terminologique, mais par association avec une liste de termes plus ou moins synonymes. La stance est parfois présentée comme une attitude psychologique interpersonnelle : l'empirisme serait une stance de *rébellion* contre la métaphysique, l'empirisme et le matérialisme se caractériseraient par une *déférence* à l'égard de la science. – Elle renvoie parfois à une activité cognitive : l'« attitude objectivante » serait la stance qui ne *reconnaît* aucune autre enquête que les enquêtes objectivantes. – Elle est parfois vue comme une manière d'agir : la métaphysique consisterait à *singer* la science dans les domaines qui ne s'y prêtent pas ; l'empirisme impliquerait « un *refus* des demandes d'explication à certains moments cruciaux »[31]. – Elle est parfois prise comme renvoyant à une émotion : la différence entre l'attitude religieuse et l'attitude séculaire se caractériserait (entre autres) par la *satisfaction* ou l'*insatisfaction* ressentie face à l'enquête objectivante ; l'empirisme impliquerait « une forte insatisfaction à l'égard des explications (...) qui procèdent par postulation »[32]. – La *stance* est parfois analysée en termes de tempérament : l'instrumentaliste et le réaliste scientifique auraient des tempéraments différents, des rapports distincts à la vie, car le premier *refuserait* d'écraser la vie sous les fictions, tandis que le second *aurait le désir* d'échapper à la vie en y substituant des fictions[33]. – Une *stance* pourrait encore être comprise comme une règle cognitive, un engagement, une orientation. – Enfin, selon van Fraassen, les *stances* peuvent présupposer ou bien impliquer des croyances. Comme on le voit, les sens

---

27. Mais Bas van Fraassen a eu une influence décisive sur un grand nombre d'autres débats philosophiques. Voir par exemple A. Barberousse, « Les conditions de possibilité de la mesure », *Cahiers philosophiques* 4, 2013, p. 7-22.

28. B. van Fraassen, *The Empirical Stance*, Yale, Yale University Press, 2002 (désormais ES).

29. ES, XVIII.

30. Pour le passage où van Fraassen introduit le terme, voir ES p. 47-48.

31. ES p. 37.

32. ES p. 37.

33. ES, p. 178-179.

synonymes de stance ne se recouvrent pas, ce qui produit une impression de flou. Ce sentiment est aggravé par le fait que le mot est employé à la fois d'une manière nouvelle et en résonance avec ses différentes acceptions ordinaires, notamment liées à l'idée de posture corporelle, de positionnement relatif à une paroi, ou à un problème politique.

Aussi « *stance* » est-il un terme non seulement indéfinissable, mais intraduisible : il serait assez miraculeux qu'existe une autre langue possédant un mot ayant exactement le même ensemble d'ambiguïtés que celui qui émane de « *stance* » en anglais [34].

Malgré des demandes réitérées de clarification, la communauté philosophique n'est jamais parvenue à obtenir de van Fraassen une définition en bonne et due forme [35]. Il semble même que plus il le clarifiait, et plus le sens du terme « *stance* » devenait obscur. Au point que plusieurs interprétations en ont été développées [36], dont aucune ne correspond exactement à la manière dont ce terme est employé dans *The Empirical Stance*.

Il nous semble toutefois que cette insatisfaction de la communauté philosophique résulte d'un malentendu, voire d'un contresens. Avant de reprocher à van Fraassen d'avoir commis une faute en ne proposant pas de définition en bonne et due forme du terme central de sa « théorie », il faut d'abord s'interroger sur la pragmatique de l'introduction et de l'usage de ce terme. *Que fait* van Fraassen avec le mot « stance » ? – Dans ses conférences, van Fraassen met en scène l'introduction de ce mot comme un coup de théâtre, comme une manière de s'en sortir dans une enquête bloquée par ses propres présupposés. Autrement dit, il utilise ce terme comme *l'indication d'une direction de recherche* : si « stance » n'est pas définissable, c'est qu'il s'agit d'un terme déictique, d'un mot qui montre quelque chose. En effet, la pratique consistant à définir les termes par un ensemble suffisant de conditions nécessaires relève de la conception philosophique que cherche à dépasser van Fraassen : l'indéfinissabilité du terme *stance* fait partie de sa signification, si bien que comprendre ce terme, c'est comprendre pourquoi on ne peut pas en attendre de définition.

Nous devons donc chercher à faire l'expérience de ce que montre ce terme. À cette fin, suivant une suggestion de Paul Teller [37], nous pouvons essayer de l'interpréter *fonctionnellement*, c'est-à-dire en identifiant le ou les problèmes qu'il permet de résoudre. Plusieurs des problèmes abordés dans *The Empirical Stance* peuvent servir de fil conducteur : ceux liés à la définition de l'empirisme, à la question de l'intelligibilité des révolutions scientifiques, à la possibilité de fournir des règles d'interprétation, ou encore le problème

■ 34. B. van Fraassen, « Replies to Discussion on *The Empirical Stance* », *Philosophical Studies* 121, 2004, p. 171-192. Dans la discussion de sa traduction du terme « stance » employé par Dennett dans *The intentional Stance*, Pascal Engel a affronté cette difficulté, et fait la remarque suivante : « Intentional stance *a* été traduit par "point de vue intentionnel" ou par "perspective intentionnelle" plutôt que plus littéralement par "posture intentionnelle" (on parle de la stance d'un boxeur), souvent inélégant. », dans D. Dennett, *La stratégie de l'interprète. Le sens commun et l'univers quotidien*, trad. fr. P. Engel, Paris, NRF essais, 1987, p. IX.

■ 35. Plusieurs journées d'étude, numéros de revue ainsi qu'un ouvrage collectif ont été consacrés à la question. De la même manière qu'il existe une « hinge epistemology » issue des derniers travaux de Wittgenstein, il existe une « stance epistemology » qui dérive de ceux de van Fraassen.

■ 36. Pour une synthèse, voir S. Boucher, « What Is a Philosophical Stance ? Paradigms, Policies, and Perspectives », *Synthese* 191, 2014, p. 2315-2332.

■ 37. P. Teller, « Discussion – What Is a Stance ? », *Philosophical Studies* 121, 2004, p. 159-170.

de la définition du sécularisme. Dans l'espace restreint de cet article, nous ne considérerons que les trois problèmes soulevés par la définition de l'empirisme. Quand nous cherchons à définir une position philosophique, nous acceptons implicitement un présupposé appartenant au sens commun méta-philosophique, et que van Fraassen nomme « principe zéro » :

Principe Zéro

Pour chaque position philosophique X, il existe un énoncé X+ tel qu'avoir (ou adopter) la position X consiste à croire (ou à décider de croire) que X+ [38].

Ce principe sert à identifier en quoi consiste une position philosophique déterminée. Il en suit qu'une philosophie est une doctrine, que l'adhésion à une philosophie est une croyance, que la cause de l'adhésion à une philosophie est la conviction produite par une argumentation.

Admettre ce principe soulève trois problèmes. Le premier est celui de l'identification transhistorique de l'empirisme. L'admission implicite du principe zéro nous conduit à chercher une thèse qui soit commune à toutes les écoles empiristes survenues au cours de l'histoire. Être empiriste, ce serait alors admettre ce *credo*. Il est pourtant difficile de voir ce qu'ont de commun l'empirisme médical antique, l'empirisme britannique, l'empirisme logique ou l'empirisme radical de James, autrement qu'en jouant sur l'ambiguïté du mot expérience, qui peut désigner l'expérience que nous avons de nos propres idées, l'expérimentation scientifique et même l'expérience religieuse. Il faudrait alors en conclure que ces différents courants ne sont reliés que par homonymie, ou au mieux par un air de famille.

Supposons qu'on décide de retenir pour traits constitutifs de l'empirisme les traits qui lui ont été associés durant la dernière période de son existence. Un second problème surgit. Les thèses fondamentales de l'empirisme logique ont déjà été réfutées : la possibilité de dissocier dans le discours scientifique l'analytique et le synthétique [39], le caractère fondationnel de l'expérience et le mythe du donné, l'existence des « *sense-data* » [40], la conception syntaxique des théories scientifiques [41]. Par conséquent, le principe zéro implique qu'il ne serait plus rationnel d'être empiriste aujourd'hui, car cela indiquerait qu'on adhèrerait à des croyances qu'on sait déjà être fausses.

L'explicitation du principe zéro conduit à un troisième problème, celui de la contradiction doctrinale. Supposons qu'on définisse l'empirisme par la thèse selon laquelle « *toute connaissance vient de l'expérience* ». L'application à l'empirisme du principe zéro conduit à une contradiction performative :

(1) Je suis empiriste = (selon le principe zéro) je crois que seules les croyances qui sont dérivables de l'expérience sont justifiées.

■ 38. *ES*, p. 41.
■ 39. W. V. O. Quine, « Deux dogmes de l'empirisme », dans *Du point de vue logique. Neuf essais logico-philosophiques*, trad. fr. C. Alsaleh *et al.*, Paris, Vrin, 2003.
■ 40. W. Sellars, *Empirisme et philosophie de l'esprit*, trad. fr. F. Cayla, Paris, Éditions de l'Éclat, 1992.
■ 41. B. van Fraassen, *The Scientific Image*, Oxford, Oxford University Press, 1980.

(2) La croyance que seules les croyances sont dérivables de l'expérience sont justifiées n'est pas dérivable de l'expérience.

_____

Je ne suis pas justifié à être empiriste.

Van Fraassen résout, ou plutôt dissout, ces trois problèmes, en identifiant et en contestant le principe zéro. Pour rejeter le principe zéro, il faut *apprendre à voir* la philosophie comme autre chose qu'un ensemble de thèses, *apprendre à voir* une tradition philosophique comme autre chose qu'un édifice fondé sur un *credo*. C'est en direction d'une conception de la philosophie qui rejette le principe zéro que pointe du doigt le terme *stance* : il indique une direction où aller pour trouver l'essence d'une philosophie.

Van Fraassen désigne cette direction de recherche comme « volontarisme épistémique». Le volontarisme épistémique n'est pas la thèse selon laquelle il suffit de décider qu'une croyance est une connaissance pour qu'elle le soit. Pour définir cette position, le mieux est de partir du dilemme explicité par William James dans *La volonté de croire*[42]. L'objectif visant à acquérir des connaissances est ambigu : il s'agit ou bien de minimiser nos chances de commettre des erreurs ou bien de maximiser nos chances d'acquérir des croyances vraies. Or, il n'existe pas de procédure permettant de satisfaire simultanément ces deux objectifs. Il est donc nécessaire que l'agent prenne une décision relativement au type de connaissance qu'il cherche : préfère-t-il la connaissance comme minimisation des erreurs ou bien la connaissance comme minimisation de l'ignorance ? Il ne suffit pas ici d'affirmer qu'une connaissance est une croyance vraie et justifiée. Nous sommes contraints de choisir entre deux types de justifications, celle qui évite l'ignorance et celle qui évite l'erreur. Par conséquent, le volontarisme épistémique est la thèse selon laquelle une décision est *nécessaire* (sans être forcément suffisante) pour qu'une croyance soit considérée comme une connaissance.

Dans ce cadre, Paul Teller propose une hypothèse de traduction conceptuelle du terme « stance». Il remarque que les « *règlements épistémiques* (*epistemic policy*) », c'est-à-dire des règlements intérieurs de comportements cognitifs portant sur les acceptations et refus épistémiques, pourraient jouer le même rôle que les énoncés X+, et donc justifier l'abandon du principe zéro[43]. Comme les règlements épistémiques résolvent les mêmes problèmes théoriques que les stances, on peut interpréter les stances comme étant des règlements épistémiques. Le volontarisme de van Fraassen n'aurait alors comme objet ni les croyances ni leur statut de connaissance, mais les règles épistémologiques qui déterminent l'attribution de ce statut. Néanmoins, comme le fait de tenir pour vraie une proposition résulte alors de l'application d'une règle, cette attitude doit également être soumise au contrôle de la volonté. D'où la nécessité

■ 42. W. James, *La volonté de croire*, trad. fr. L. Moulin, Bruxelles, Les Empêcheurs de Tourner en rond, 2005, p. 52-54.
■ 43. P. Teller, « Discussion – What Is a Stance ? », art. cit.

pour van Fraassen de distinguer entre deux attitudes propositionnelles, la croyance, qui est involontaire, et l'acceptation, qui résulte d'une décision[44].

Revenons à présent à notre question initiale. Comment utiliser les *stances* pour élaborer une explication réaliste, aléthiste, rationaliste et universaliste du phénomène de la post-vérité ? L'interprétation que propose Teller de ce à quoi le terme renvoie motive l'hypothèse selon laquelle, dans une situation de désaccord sur des faits publics dans une société démocratique et médiatique, c'est la différence entre les prémisses épistémologiques adoptées par les camps en conflit qui cause l'irréductibilité de leurs désaccords[45]. Par exemple, il pourrait être rationnel, pour un supporter de Donald Trump, de continuer à lui faire confiance *tout en étant conscient que celui-ci ment ou dit souvent n'importe quoi* sur la base de plusieurs principes épistémologiques. « Tous les hommes politiques mentent. Puisque Trump ment tout autant que ses adversaires, autant me fier à l'homme politique que je préfère ». « Il n'y a pas de faits objectifs, et encore moins de journaux objectifs. Quitte à m'infliger la subjectivité des journalistes, autant suivre les médias qui correspondent le plus à mes valeurs ». « Ce que les libéraux prennent pour des mensonges sont des coups de poker où Trump prouve sa pugnacité et sa capacité à *bluffer*. Or, pour défendre les intérêts du peuple américain, il faut quelqu'un de fort, et non quelqu'un de juste ou d'intelligent ». « Les mensonges de Trump ne disqualifient pas la valeur de ses promesses. Trump est d'abord un *show man*, un catcheur verbal. Il faut distinguer les paroles qu'il prononce pour nous divertir, où il joue son propre rôle de méchant Donald Trump, et les promesses qu'il annonce de manière sérieuse et soucieuse de notre intérêt ».

On objectera que cette application du concept de stance se réduit quasiment à l'explication épistémologiquement relativiste des phénomènes de post-vérité. La seule différence entre van Fraassen (interprété par Teller) et les relativistes est que ceux-ci imputent l'adoption d'une norme épistémologique à une communauté, tandis que van Fraassen en fait le résultat d'une décision individuelle face à l'existence. Mis à part cette différence, importante du point de vue de l'enquête sur les causes, l'interprétation de la notion de stance en termes de politique épistémique n'est pas très féconde. Peut-on en proposer une autre ?

La *stance* comme jugement épistémologique

Dans un ouvrage récent, *Scientific Ontology*, le philosophe des sciences et métaphysicien Anjan Chakravartty développe une interprétation de la notion de stance qui paraît plus féconde pour notre projet que celle proposée par Paul Teller. La question générale que pose l'ouvrage est celle de savoir comment expliquer les différences d'ontologies, « ontologie » étant pris au sens général

■ 44. Sur cette distinction, voir également J. L. Cohen « Croyance et acceptation » dans A. Bouvier et R. Künstler, *Croire ou accepter ?*, Paris, Hermann, 2014.

■ 45. Il me semble que la conception de l'éthique intellectuelle défendue par Pascal Engel (*Les vices du savoir*, *op. cit.*) sous-estime ce point, pour deux raisons : il ne paraît pas prendre la mesure du dilemme de James ; il sépare la théorie de la connaissance et l'éthique intellectuelle, alors qu'il faut associer les deux, comme le fait Chakravartty, pour savoir si les normes prescrites ont un contenu univoque ou suffisamment précis pour être applicables.

de la détermination de ce qu'il y a. L'apport de l'analyse de Chakravartty consiste à montrer que des choix ontologiques divergents peuvent les uns et les autres être motivés par le même type de raisons, c'est-à-dire être justifiés par une même épistémologie. Il évite ainsi le relativisme épistémologique.

Chakravartty part du présupposé, qui paraît relativement robuste, selon lequel les décisions ontologiques des philosophes antagonistes dériveraient toutes de l'usage d'une même espèce inférence ampliative qu'il nomme « *inférence métaphysique* ». Il s'agit d'une *inférence*, au sens d'un processus mental qui permet de déterminer quelle proposition serait nécessairement (ou probablement) vraie si un ensemble donné de prémisses était vrai. Elle est *ampliative*, car le fait décrit par la conclusion n'est pas compris dans les faits décrits par les prémisses. Elle est *métaphysique*, car elle a pour conclusion un engagement ontologique nouveau.

L'inférence métaphysique est conçue par Chakravartty comme une inférence à la meilleure explication. Une inférence à la meilleure explication part d'un fait (ou d'un ensemble de faits), envisage les différentes hypothèses explicatives possibles, détermine la valeur théorique de chacune, et conclut à la vérité de celle qui a été jugée la meilleure. Elle se distingue de l'abduction par sa finalité : l'abduction relève du contexte de découverte, et vise à inventer des hypothèses pertinentes, tandis que l'inférence à la meilleure explication relève du contexte de justification[46]. Puisqu'elle est ampliative, cette inférence présente trois propriétés fondamentales : elle est *informative* (sa conclusion a davantage de contenu que la somme du contenu de ses prémisses) ; elle est *risquée* (la vérité de ses prémisses ne garantit pas celle de sa conclusion) ; elle est *itérative* (sa conclusion peut servir de prémisse à une autre inférence).

Il s'ensuit que toute notre ontologie – à l'exception de notre croyance en nos propres états mentaux – peut être générée par une série d'inférences métaphysiques, que nous désignerons comme *cascade métaphysique*[47] : à partir de l'expérience directe de nos états mentaux, nous concluons d'abord à l'existence des choses extérieures, c'est-à-dire à l'ontologie de sens commun ; puis, à partir de ces choses extérieures, et notamment des dispositifs expérimentaux, nous concluons à l'existence des objets décrits par les théories scientifiques, justifiant ainsi l'ontologie du réalisme dit scientifique ; puis, à partir de ces entités scientifiques, nous concluons aux objets théoriques de la métaphysique naturalisée, c'est-à-dire à l'ontologie naturalisée ; puis, à partir de celle-ci, aux conjectures de la métaphysique spéculative, aux ontologies spéculatives. Il semble par conséquent qu'accepter la valeur épistémologique de l'inférence métaphysique oblige toute personne qui croirait que les objets qui l'environnent existent à croire également que les entités ultimes postulées par les métaphysiciens spéculatifs – faisceaux de tropes, mondes possibles concrets, relations sans *relata*, Dieu, etc. – existent également.

■ 46. P. Lipton, *Inference to the Best Explanation*, London-New York, Routledge, 2004. Je me permets de renvoyer également à R. Künstler, « L'interprétation peut-elle conduire à la connaissance ? » dans Hugo Clémot (dir.), *Enseigner la philosophie avec le cinéma*, éditions Les contemporains favoris, 2015 ; R. Künstler, « Abduction créative rationnelle et connaissance des inobservables », dans Rémi Clot-Goudard et Denis Vernant (dir.), *L'abduction*, Paris, Vrin, 2019.

■ 47. Chakravartty emploie l'expression « inférence métaphysique », afin de donner une portée plus générale à son propos. Mais cette généralisation est incompatible avec les détails du mécanisme que décrit son analyse.

Pourtant, toute personne acceptant d'employer l'inférence métaphysique n'accepte pas pour autant une telle ontologie maximaliste. Les instrumentalistes scientifiques s'arrêtent à la première étape, les réalistes scientifiques à la seconde, etc. Je peux faire la vaisselle (et donc affirmer par mon geste l'existence de contreparties réelles à mes états mentaux) sans croire pour autant qu'il existe une infinité de mes contreparties modales qui sont en train d'accomplir tout ce que j'aurais pu faire si je n'avais pas été en train de faire cette vaisselle ; ou sans pour autant croire que Dieu existe, etc. La question se pose alors de savoir comment expliquer que des personnes différentes ne s'arrêtent pas au même moment dans la cascade métaphysique qui part de l'évidence des phénomènes mentaux.

Chakravartty formule cette question de manière descriptive et non de manière normative. Il ne cherche pas à déterminer où il serait rationnel ou préférable de s'arrêter, mais comment des personnes, de fait, s'y prennent pour tracer une limite. Comme c'est, selon lui, toujours le même type d'inférence qui est mobilisée à chaque étape de la séquence inférentielle, celle-ci forme un *continuum* : il n'existe pas de différences qualitatives sur la base desquelles les agents pourraient fonder leurs choix, les inférences se distinguant seulement par leurs positions dans la cascade métaphysique. Mais cette différence de positions implique que les inférences métaphysiques se distinguent les unes des autres par le nombre d'étapes inférentielles qui séparent chacune d'entre elles du sol phénoménal de départ, paramètre que Chakravartty nomme « distance empirique ». L'incertitude de la conclusion d'une inférence métaphysique se transfère à celle qui adopte comme prémisse cette conclusion. Il s'ensuit que plus la distance empirique s'accroît, plus le caractère risqué des conclusions augmente, en même temps que s'accroît l'informativité de la cascade métaphysique prise dans son ensemble.

Dans un tel contexte, pour déterminer s'il accepte ou non la conclusion d'une inférence, un agent épistémique doit déterminer : 1) quel est le niveau de risque de cette inférence ; 2) quel est le niveau de risque qu'il est prêt à assumer (ce qu'on pourrait nommer son seuil d'acceptabilité subjectif). Si le niveau de risque de la proposition est situé au-delà de son seuil d'acceptabilité, l'agent suspend son jugement. S'il est en deçà, la proposition est acceptée.

La première étape de cette séquence engendre une croyance, au sens d'un sentiment plus ou moins intense de certitude résultant causalement d'un processus cognitif. Ce sentiment est produit par certains paramètres de la situation auxquels l'agent est sensible. Par exemple l'évaluation du niveau de risque (ou de croyance) d'une inférence peut être déterminée par la sensibilité à la complexité ou à la simplicité d'une hypothèse explicative, par la sensibilité à l'économie d'une hypothèse plutôt qu'à sa précision, etc. La seconde étape n'a, quant à elle, que deux issues possibles : accepter la proposition ou ne pas l'accepter. Ne pas accepter une proposition n'implique pas qu'elle soit fausse, mais seulement qu'on ne se prononce pas, car soutenir qu'une proposition est fausse, c'est estimer qu'on a franchi un seuil suffisant de certitude pour en affirmer la négation. L'acceptation résulte d'une décision, qui est motivée en fonction d'un paramètre personnel, à savoir le niveau de risque qu'on est prêt à assumer quand on affirme une proposition (notamment en fonction du désir pour l'information supplémentaire qu'elle apporte).

La décision d'accepter ou non une proposition repose donc sur deux éléments de la psychologie de l'individu, sa sensibilité épistémique et sa hardiesse, ce que Charkavartty appelle, en hommage à James, le « tempérament ». Mais il ne s'ensuit pas que l'acceptation soit déterminée causalement par la combinaison de ces deux éléments. En effet, la combinaison de la croyance, du niveau subjectif d'acceptabilité et de la décision qui en résulte peut ou non être cohérente, si bien qu'il y a ici un rôle à jouer pour les normes de rationalité. Cette rationalité n'est pas fonctionnaliste ni théorique, mais cohérentiste et pratique.

Pour résumer, Chakravartty comprend la stance de manière processuelle, comme la séquence qui, partant d'éléments subjectifs, les agence rationnellement pour déterminer une décision épistémique. Tous les agents appliquent la même règle épistémologique, mais ils se distinguent par les modalités de son application, lesquelles résultent de leurs différences de jugements. De cette distinction de jugement résulte le fait qu'ils n'acceptent pas les mêmes ontologies, alors même qu'ils sont également rationnels.

Pour appliquer cette analyse au cas de la post-vérité, il faut d'abord identifier la règle épistémologique que tout le monde suit dans la sphère publique : pour accéder à des faits non immédiatement observés, il faut passer par les médias, compris comme une institution qui a pour fonction de centraliser la connaissance des événements qui ont lieu dans le monde, puis de diffuser ces informations. Comment l'application de cette même règle peut-elle produire, chez deux citoyens distincts, des croyances opposées ? Un média doit en principe appliquer un impératif catégorique de véracité. Mais l'audience, quant à elle, n'a pas l'obligation symétrique consistant à appliquer un impératif catégorique de crédulité (sauf dans les régimes totalitaires, où il y a un bien un devoir de crédulité). Le pluralisme médiatique pose nécessairement la question de savoir qui croire, et donc de savoir comment appliquer la règle épistémologique médiatique. Il y a bien ici un problème de jugement. Comme dans le cas de la règle d'inférence à la meilleure explication, la règle d'épistémologie médiatique peut être appliquée de plusieurs manières. C'est ici qu'entrent en jeu les stances.

Pour appliquer la règle médiatique, il faut d'abord évaluer le niveau de crédibilité d'un média. Plusieurs paramètres entrent en ligne de compte : l'esthétique (les couleurs, la fonte des caractères d'imprimerie, l'apparence des journalistes, le ton qu'ils adoptent…), le calibrage (de la même manière que, pour savoir comment utiliser un appareil de mesure, on l'applique à un objet dont on connaît déjà la mesure, pour savoir s'il faut se fier à un média, on confronte ses informations à des faits que l'on connaît directement), l'axiologie (la manière dont un média hiérarchise les informations, dont il évalue les faits qu'il juge suffisamment importants pour mériter d'être mentionnés), la flatterie interprétative (si ce média interprète tous les faits dans un sens qui nous évite de douter de notre vision du monde). Une fois déterminé quel est le niveau de crédibilité d'une information, il faut décider si on l'accepte ou non. L'acceptation n'a pas nécessairement lieu au moment où l'information est obtenue. C'est au moment où l'on décide d'agir sur la base d'une proposition qu'on doit décider si l'on accepte ou non celle-ci : au moment du vote, mais également dans une conversation, quand on décide de répéter une information journalistique comme s'il s'agissait d'un fait. De même, les différences interindividuelles en matière de seuil d'acceptation peuvent être mesurées par les différences de propension à répéter des ragots. L'issue de ce processus est un jugement ou sa suspension. Nul besoin de croire un fait faux pour ne pas l'inclure dans son ontologie. Il suffit d'être d'abord indécis, puis de l'oublier.

La situation médiatique se rapproche en outre de la situation des philosophes par le fait que les médias ne se contentent pas de parler du monde, mais parlent également parfois les uns des autres, et peuvent chercher à se discréditer mutuellement. La première chose que fait souvent Trump dans un meeting est de dénoncer les journalistes qui le couvrent, ce qui lui permet de faire de sa parole le seul média crédible. C'est une vieille technique : appeler un journal « La Vérité » ou « Le Média », c'est disqualifier implicitement tous les autres. Il s'agit d'une technique de propagande visant à isoler cognitivement son auditoire, technique dont on peut s'étonner qu'elle soit encore efficace dans une société médiatiquement ouverte. Comment expliquer cela?

Pour que le modèle des stances permette de répondre à cette question, il faut prendre en compte la temporalité de l'accès aux médias. On appréhende non pas simultanément, mais successivement les diverses sources d'information. Cela produit un phénomène du type « dépendance au sentier ». Pour l'illustrer, supposons que deux personnes s'accusent réciproquement de mensonge devant une personne crédule. La première à s'exprimer remportera la mise, puisque si A dit au crédule « B ment », puis que B dit au crédule « A ment », le crédule ayant cru A, ne croira pas B quand celui-ci affirme que A ment. Or, on aurait obtenu le résultat opposé si A et B avaient parlé dans l'ordre inverse. De même, si un individu est culturellement immergé dans la sphère d'influence d'un média, il en viendra à considérer les expériences cognitives que lui procure celui-ci comme indices de véracité et s'habituera en outre à faire preuve d'un certain niveau de crédulité, si bien que la confrontation à d'autres médias le laissera insatisfait. L'existence de faits réfutateurs ou le pouvoir d'ébranlement cognitif des désaccords pourront ensuite être annulés en provoquant la suspension du jugement, suivant un mécanisme bien établi par l'agnotologie, et que les *bullshitters* emploient sans vergogne : pour maintenir captif cognitivement son auditoire, il est inutile de prouver que l'adversaire a tort, il suffit de semer le doute[48].

Conclusion

Nous nous sommes demandé dans cet article si le modèle des stances élaboré par Bas van Fraassen, Paul Teller et Anjan Chakravartty pour expliquer les désaccords philosophiques pourrait également être utilisé pour rendre compte de manière nouvelle de certains des phénomènes de

---

48. Voir M. Girel, *Les nouveaux territoires de l'ignorance*, Versailles, Quae, 2017.

post-vérité. Comme des explications constructivistes, nihilistes, cognitivistes et relativistes de ces phénomènes ont déjà été proposées, le problème à résoudre consistait à en envisager, dans le cadre d'une méthodologie des modèles de moyenne portée, une explication qui soit à la fois réaliste, aléthiste, rationaliste et universaliste. Le modèle méta-philosophique des stances de van Fraassen étant ambigu, nous en avons examiné deux explicitations. Paul Teller comprenait les stances comme des règlements épistémiques, Anjan Chakravartty les comprenait comme des jugements portant sur l'application de ces règlements. Nous avons estimé que le premier concept de stance ne permettait pas d'élaborer un modèle explicatif véritablement différent de celui déjà fourni par l'approche relativiste (ou ethnographique). Le second concept, en revanche, nous a paru indiquer une hypothèse explicative plus originale : des règlements épistémologiques identiques peuvent justifier des ontologies opposées s'ils sont appliqués de manières différentes. Nous avons alors identifié deux causes de cette différence d'application : le tempérament et la sensibilité. En résumé : les différences de rapport au risque et les différences de sensibilité expliquent les différences de stance, c'est-à-dire de jugement sur l'application des règles épistémologiques, lesquelles expliquent à leur tour pourquoi certains membres d'une communauté épistémologique acceptent les faits que d'autres membres rejettent.

Si les *stances*, au sens explicité par Chakravartty existent, la tâche des enquêtes en sciences sociales sur les croyances devrait procéder en trois étapes. D'abord, il est nécessaire, par des entretiens, d'amener les agents à expliciter leurs valeurs épistémologiques, et de déterminer quel est leur tempérament épistémique. Dans un second temps, il faudrait, par des questionnaires et par leur traitement statistique, parvenir à identifier quels sont les déterminants de ces stances : niveau d'études, habitudes en matière de déférence religieuse, valorisation ou non de la masculinité traditionnelle, etc. On pourrait enfin proposer des simulations informatiques de la diffusion de la post-vérité en faisant varier les paramètres individuels dans le cadre de modèles multi-agents. Plus généralement, la manière dont Chakravartty interprète la notion de stance fournit un instrument d'analyse permettant d'affiner l'attirail interprétatif des enquêtes de terrain : là où l'on ne voit d'habitude qu'un seul état cognitif, la croyance, il faut apprendre à en distinguer trois, – la stance, la croyance et l'acceptation. Distinguer ces trois fonctions cognitives permet de prendre acte du caractère empiriquement insuffisant du concept de croyance, sans néanmoins renoncer au comparatisme[49].

Raphaël Künstler
Professeur agrégé à l'Université Toulouse 2 – Jean Jaurès (UT2J)

■ 49. J'aimerais remercier pour leurs relectures et suggestions : A. Bouvier, A. Dabila, P. Engel, M. Grossetti, P. Livet, P.-A. Miquel, J. Racine, et tout particulièrement S. Marchand, qui m'a suggéré l'idée de cet article, dont les encouragements m'ont donné l'énergie de la réécrire, et sans les relectures duquel je ne l'aurais pas achevé.

Après la vérité ?

LE RELATIVISME EN CONTEXTE : LE CAS RORTY

Olivier Tinland

Dans cet article, j'entreprends d'expliciter le contexte discursif dans lequel peut surgir le problème philosophique du relativisme. Pour ce faire, j'ai recours à une étude de cas, celle du « cas Rorty » tel qu'il est apparu à l'occasion de la controverse entre Hilary Putnam et Richard Rorty. Mon objectif est de montrer que le relativisme n'est pas un problème pérenne de l'histoire des idées mais qu'il est inséparable d'un contexte théorique de définition et de justification d'une position philosophique par rapport à une autre, mais aussi d'un ensemble de déplacements et de redescriptions de la position adverse. À ce titre, il ne saurait être considéré comme un « donné » métaphilosophique immuable mais doit faire l'objet d'une approche génétique, en vue de clarifier les engagements philosophiques qui lui confèrent sa consistance théorique et son importance pratique. L'analyse du relativisme suppose donc la mise en œuvre d'une forme de contextualisme métaphilosophique.

O n a souvent présenté la philosophie de Richard Rorty comme l'expression d'une forme de « nostalgie de la vérité »[1] ou de « mélancolie » liée à « l'abandon des promesses de la métaphysique »[2]. S'il est incontestable qu'une telle philosophie s'est édifiée sur les ruines de la métaphysique passée, il est pour le moins inapproprié d'y associer des « passions tristes » telles que la mélancolie ou la nostalgie. Plus précisément, parler d'une « nostalgie de la vérité » constitue un contresens majeur à l'égard d'une pensée qui, de fait, n'a *jamais* laissé entendre qu'il soit possible, ni *a fortiori* souhaitable, de renoncer à la vérité. Une telle supposition serait assurément vaine, si tant est que la notion de vérité joue un rôle central dans les « jeux

1. M. Williams, *Unnatural Doubts*, Princeton, Princeton University Press, 1996, p. 363 : « L'intellectuel post-philosophique est ironique car il réalise que la vérité n'est pas tout ce qu'il voudrait qu'elle soit. L'ironie [de Rorty] dépend essentiellement d'une sorte de *nostalgie de la vérité*. »
2. J. Habermas, *Vérité et justification*, trad. fr. R. Rochlitz, Paris, Gallimard, 2001, p. 170.

de langage » qui sont les nôtres (par exemple quand nous parlons de la vérité d'une perception ou d'une assertion commune) et qu'il n'y a aucune raison de procéder à une révision radicale de notre vocabulaire quotidien pour se passer de cette notion aussi banale qu'inoffensive. Précisément, la valeur de la vérité tient dans cette *banalité*, qui lui permet de ponctuer nos échanges langagiers et nos pratiques cognitives sans que le philosophe n'y trouve rien à redire. La notion de vérité a un sens parce que nous lui donnons un sens, ou plutôt *des* sens, inséparables d'usages linguistiques solidement ancrés dans nos pratiques sociales.

Ce qui pose problème, ce ne sont pas les usages de la vérité par le sens commun, c'est la prétention de la philosophie à élaborer une « théorie de la vérité », la tentation de proposer une conception universelle de « la Vérité » qui fasse office de fondement ultime de la diversité de ces usages. Pour le dire d'une formule : Rorty n'est pas le théoricien de l'abandon de la vérité, mais, en bon « nominaliste historique », il souhaite favoriser l'abandon de toute théorie de la vérité. Selon lui,

la vérité n'est pas le genre de chose dont il y a lieu d'attendre une théorie philosophiquement intéressante. Pour les pragmatistes, la « vérité » n'est que le nom donné à une propriété que partagent tous les énoncés vrais. C'est ce qui est commun à : « Bacon n'a pas écrit les œuvres de Shakespeare », « il a plu hier", « E = mc² », « l'amour est meilleur que la haine », « *L'Allégorie de la peinture* est la meilleure œuvre de Vermeer », « 2 + 2 = 4 » et « il existe des infinis non dénombrables ». Les pragmatistes doutent qu'il y ait beaucoup à dire sur cette caractéristique commune [3].

Un tel souhait d'abandonner toute théorie de la vérité résulte du constat lucide de la stérilité des tentatives passées pour élaborer une telle théorie. Il s'agit là d'un constat factuel et non d'un jugement apodictique. L'histoire des pratiques philosophiques, comme toute histoire, demeure irréductiblement contingente et ne saurait nous livrer de leçon définitive sur ce que l'on est en droit d'attendre d'une théorie de la vérité :

Aux yeux des pragmatistes, l'histoire des tentatives destinées à isoler la Vérité […], ou à définir le mot « vrai » […], étaie leur soupçon qu'il n'y a rien d'intéressant à faire dans ce domaine. Bien entendu, il aurait pu en aller autrement. Assez curieusement, on a trouvé quelque chose d'intéressant à dire sur l'essence de la force et la définition du « nombre ». On aurait pu trouver quelque chose d'intéressant à dire sur l'essence de la Vérité. Mais tel ne fut pas le cas [4].

En constatant l'insuccès des philosophies passées en matière d'« aléthéiodicée », Rorty n'entend pas proposer une théorie relativiste, sceptique ou nihiliste de la vérité, et encore moins un simple « platonisme inversé » substituant le tribunal de l'empirie à celui des Formes intelligibles : les pragmatistes « n'en appellent

▓ 3. R. Rorty, *Conséquences du pragmatisme [CP]*, trad. fr. J.-P. Cometti, Paris, Seuil, 1993, introduction, p. 13. Il m'arrive de modifier les traductions, sans l'indiquer systématiquement.
▓ 4. *Ibid.*, p. 14.

nullement à une théorie portant sur la nature de la réalité, de la connaissance ou de l'homme, affirmant qu'"il n'existe rien de tel" que la Vérité [...]. Ils ne s'en remettent pas davantage à une théorie "relativiste" ou "subjectiviste" de la Vérité [...]. Ce qu'ils désirent, tout simplement, c'est *que l'on change de sujet* »[5].
Tels les laïcs renvoyant dos à dos théologiens et athées au motif qu'ils « ne comprennent pas quel sens cela pourrait avoir d'affirmer [l']existence [de Dieu], ni par conséquent de la nier[6] », ils ne considèrent tout simplement plus la recherche d'une essence de la vérité (ou de la preuve de l'inexistence d'une telle essence) comme étant encore à l'ordre du jour.

Le problème de la Vérité [...] appartient à un passé révolu.

Si l'idée d'une « *philosophia perennis* » est une illusion qui a fait long feu, si les problèmes philosophiques ne constituent pas des invariants de l'histoire de la philosophie mais sont frappés d'obsolescence pour peu qu'ils ne remplissent plus aucune utilité culturelle, il arrive néanmoins que certains problèmes, et les présupposés philosophiques qui les accompagnent, survivent de manière anachronique à leur perte d'utilité, au point d'encombrer l'agenda intellectuel d'une époque tournée vers d'autres enjeux. Le problème de la « Vérité », au sens d'une fondation philosophique de la diversité des usages du mot « vrai », appartient à un passé révolu : cela n'en fait pas pour autant un *faux* problème, mais un problème *périmé*, qui ne nous intéresse plus.

On pourrait certes souligner que ce problème ne manque pourtant pas d'ardents défenseurs dans la philosophie contemporaine : plutôt que d'y voir une objection à son constat, Rorty fait le pari que les philosophes en question évoluent dans un monde intellectuel qui n'est plus en phase avec leur époque et qu'ils perpétuent ce faisant une image de la philosophie qui fait entrave au processus de sécularisation des démocraties occidentales[7]. Telles les « ombres de Dieu » qui survivent à la « mort » de celui-ci comme de vains remparts à la perte de crédibilité des grands idéaux chrétiens, les « ombres de la Vérité » ne constitueraient qu'une ultime résistance des représentants de l'ancien paradigme philosophique qui prédominait en Occident jusqu'au début du XXe siècle, celui de la « philosophie comme théorie de la connaissance »[8]. La disparition progressive d'une telle image doit donc s'accompagner de la dissipation de ces ombres.

À en croire Rorty, nous ne serions pas entrés dans l'époque de la « post-vérité » (ce qui n'est ni possible, ni souhaitable), mais dans celle de la « post-épistémologie », au sens d'un abandon délibéré de la recherche d'une essence et d'une norme absolue de la « Vérité ». Un tel abandon a suscité, en réaction, la thématisation insistante d'une menace supposément liée à l'entrée

■ 5. *Ibid.* (je souligne)
■ 6. *Ibid.*
■ 7. Ces phénomènes de décalage historique entre différents secteurs de la culture humaine constituaient pour Dewey, en tant que sources de conflits internes à une telle culture, les principaux obstacles à une authentique « reconstruction » de la modernité occidentale : voir les diagnostics proposés dans *Reconstruction en philosophie* et *La quête de certitude*.
■ 8. Pour un diagnostic critique et thérapeutique de ce paradigme philosophique, voir R. Rorty, *La philosophie et le miroir de la nature* [PMN], trad. fr. T. Marchaisse, Paris, Seuil, 2017.

dans cette nouvelle ère : la menace *relativiste.* Le renoncement à l'absolutisme aléthique nous vouerait à une relativisation périlleuse de la valeur de vérité de tout énoncé, donc à une fragilisation de l'ensemble des normes qui encadrent la vie humaine. Le remède serait ainsi pire que le mal : en voulant nous guérir de nos illusions sur la vérité, nous succomberions à une maladie plus grave qui entraînerait l'annihilation de tout repère normatif universel.

Face à une telle menace (et aux réactions emphatiques qu'elle n'a pas manqué de susciter), un diagnostic dépassionné et distancié s'impose. Dans les pages qui suivent, je me propose d'aborder le thème du relativisme de manière assez inhabituelle, sous l'angle d'une « étude de cas » : l'étude du « cas Rorty ». Mon objectif ne consiste pas ici dans la stricte reconstitution du débat de Richard Rorty avec ses critiques. L'enjeu est tout autre : il s'agira de montrer que la question du relativisme ne saurait se traiter *in abstracto,* comme une rubrique philosophique parmi d'autres, mais doit toujours être abordée par la mise en évidence d'un certain *contexte discursif* qui préside à sa « cristallisation » comme authentique problème épistémologique ainsi qu'à sa « dramatisation » sur le plan moral et politique. Rien n'est en effet plus trompeur que d'aborder le relativisme « au premier degré », sans prévention, comme une notion unitaire désignant de manière objective, à la manière d'un « genre naturel », des positions philosophiques effectives que l'on pourrait ramener sous une même bannière. Ainsi que je m'efforcerai de le montrer, il n'existe rien de tel qu'un genre naturel du « relativisme » qui circonscrirait un ensemble relativement immuable de problèmes fondamentaux de la *philosophia perennis.* La position du « problème du relativisme », devenue un lieu commun des débats en théorie de la connaissance et en philosophie morale, est inséparable d'un contexte spécifique de discussion (souvent implicite), dont les présupposés ne vont pas de soi, à la faveur duquel il devient envisageable de prendre ce problème au sérieux (et d'en oublier, ce faisant, les conditions spécifiques de constitution). Par conséquent, pour peu que l'on souhaite mettre en évidence, et le cas échéant remettre en cause les présupposés liés à un tel contexte, le relativisme ne saurait être appréhendé de manière directe, mais toujours de façon *oblique,* moyennant une procédure *indirecte* d'explicitation réflexive des engagements discursifs qui président à son émergence (toujours polémique) dans le champ philosophique.

Plutôt que de m'engager dans une justification générale de cette hypothèse (dont je vais déployer ci-après les caractéristiques principales), j'ai choisi de la mettre à l'épreuve d'un cas spécifique, le « cas Rorty », qui me semble particulièrement propice pour lui conférer une certaine plausibilité. Je vais en particulier m'intéresser au débat entre Hilary Putnam et Richard Rorty, qui est une « querelle de famille » on ne peut plus pertinente pour mon propos, puisqu'elle tourne pour l'essentiel autour de la question du relativisme, en particulier du relativisme aléthique[9]. Ainsi qu'on va le voir, l'intérêt de cette polémique est de produire une *modification du regard* porté sur cette question,

---

■ 9. Avec M. Baghramian, on rappellera que « le relativisme au sujet de la vérité (relativisme aléthique) est la thèse selon laquelle les conceptions et les critères de la vérité sont susceptibles de varier selon les cultures, les groupes sociaux, les périodes historiques ou même les individus, et selon laquelle les efforts pour les départager ne peuvent qu'être vains » (*Relativism*, London-New York, Routledge, 2004, p. 121).

ses tenants et aboutissants, et de faire passer progressivement, à la faveur des déplacements de perspective opérés par Rorty face aux accusations de Putnam, d'une considération de « premier degré » à une approche de « second degré » de la manière dont elle se pose.

Le contexte discursif de l'accusation de relativisme : quelques hypothèses

Avant de s'engager dans l'étude du « cas Rorty », on peut d'ores et déjà dégager quelques hypothèses générales concernant la manière d'appréhender le contexte dans lequel se pose la question du relativisme, celle-ci prenant alors la forme d'un *problème philosophique*.

a) La question du relativisme se pose généralement à l'occasion de la *confrontation* entre deux positions philosophiques différentes, elle résulte d'un effet de *contraste* ou d'*Auseinandersetzung*, de « position l'une vis-à-vis de l'autre » de deux ou plusieurs manières d'envisager notre rapport à la raison, aux normes, aux concepts, aux théories, à la vérité, aux valeurs, etc. C'est ce que je nommerai le caractère *oppositif* de la question du relativisme.

b) Cette question prend généralement la forme d'une *accusation* ou, à tout le moins, d'un *soupçon* relatif à la position théorique à laquelle on se confronte : elle s'énonce non d'un point de vue tiers qui comparerait en toute neutralité deux positions concurrentes, mais du point de vue de *l'une* des deux positions qui se confrontent l'une à l'autre (ou parfois du point de vue d'une instance prétendument tierce au débat qui s'avère, tout bien considéré, à la fois juge et partie). Le « relativiste », c'est (presque) toujours l'autre [10]. C'est ce que je nommerai le caractère *accusatif* de la question du relativisme.

c) Une telle mise en accusation se fait *malgré les dénégations* de l'autre partie engagée dans la confrontation : dans presque tous les cas (les rares exceptions, comme Joseph Margolis ou Gilbert Harman [11], à défaut de confirmer la règle, en supposent l'existence pour mieux tenter de s'en émanciper), l'accusation de relativisme consiste à proposer une caractérisation de l'autre position qui n'est *pas assumée comme telle* par les tenants de celle-ci. Il n'est pas de thématisation du relativisme sans un affrontement de redescriptions et de contre-redescriptions. L'accusation de relativisme consiste soit à pointer une certaine mauvaise foi dans la position décrite, soit à estimer que l'on est capable de décrire cette position mieux que ses défenseurs ne pourraient (ou ne voudraient) le faire eux-mêmes. C'est ce que l'on pourrait nommer la *violence descriptive* de la question du relativisme.

d) L'accusation de relativisme tire sa force d'une superposition des registres *descriptif* et *normatif* : la caractérisation de la position adverse n'est jamais neutre mais renvoie de façon plus ou moins explicite à des normes permettant

---

■ 10. De manière analogue, à propos des postures « postmétaphysiques », Vincent Descombes note judicieusement que « la métaphysique prise comme un terme péjoratif est [...] toujours la métaphysique *des autres*. Dire que nous sommes dans un âge postmétaphysique, cela ne veut pas dire que nous ne faisons plus du tout d'hypostases, cela veut dire que nous faisons les bonnes hypostases, autrement dit que nous avons désormais *la bonne métaphysique* » (« Latences de la métaphysique », dans *Un Siècle de philosophie. 1900–2000*, Paris, Gallimard, 2000, p. 20).

■ 11. Voir J. Margolis, *Pragmatism without Foundations : Reconciling Realism and Relativism*, New York, Continuum, 2007 et G. Harman, « Moral Relativism », *in* G. Harman et J. Jarvis Thomson, *Moral Relativism and Moral Objectivity*, Cambridge (Mass.), Blackwell, 1996.

d'évaluer cette position de manière dépréciative (comme étant « incohérente », « contradictoire », « dangereuse », « menaçante », « irresponsable », etc.). Ce que l'on nommera la *surdétermination normative* de la question du relativisme.

e) Cette surdétermination normative suppose elle-même une superposition, voire une confusion, des normes *théoriques* et des normes *pratiques*[12] : la description de la position adverse s'accompagne non seulement d'une critique théorique relative à des normes de connaissance ou d'argumentation (cohérence, objectivité, fidélité au sens commun, maintien d'une définition opératoire de la notion de vérité, etc.), mais aussi d'une critique pratique relative à des distinctions normatives d'ordre moral ou politique (universalité des droits de l'homme/particularisme culturel, morale substantielle/nihilisme, etc.). Il devient alors difficile de déterminer si le relativisme constitue avant tout un enjeu théorique ou pratique. Ce que je nommerai la *confusion normative* inhérente à la question du relativisme.

f) À l'examen, il s'avère que la dimension *pratique* est souvent le ressort décisif permettant à la critique théorique de se déployer avec une certaine force de conviction, voire avec des allures d'impérieuse nécessité. Là où les supposés écueils moraux et politiques du relativisme sont souvent présentés comme des *conséquences* de défauts avant tout théoriques, ils sont en réalité la *cause* de la mise en œuvre de la plupart des critiques du relativisme et constituent de ce fait un facteur constant de *dramatisation* des arguments théoriques qui les étayent. Ce que je nommerai le *primat du pratique sur le théorique* dans la question du relativisme[13].

Putnam : la « menace relativiste » comme conséquence de l'internalisation du réalisme

Une fois en possession de telles hypothèses, voyons à présent, à l'occasion de la controverse entre Hilary Putnam et Richard Rorty, si elles peuvent jouer un rôle heuristique de clarification des enjeux de cette question. Commençons par rappeler à grands traits de quelle manière le problème du relativisme surgit au cœur de la démarche intellectuelle de Putnam.

Le contexte dans lequel l'auteur du *Réalisme à visage humain* croise la route du relativisme (incarné ici par la pensée de Rorty) est celui d'une distinction, centrale dans son évolution intellectuelle, entre *deux formes de réalisme*[14] :

1) le *réalisme métaphysique*, ou *externalisme*, auquel Putnam a d'abord adhéré[15], selon lequel « le monde consiste en une totalité fixe d'objets indépendants de l'esprit. Il n'existe exactement qu'une seule description

---

■ 12. Ajoutons, sans développer ici ce point, qu'à cette confusion s'ajoute souvent un amalgame fâcheux des différents types de relativisme, selon une logique du « tout ou rien » : on est relativiste en toutes choses ou on ne l'est pas du tout. Ce qui revient à ignorer la possibilité que l'on puisse être relativiste dans tel domaine (moral par exemple), mais pas dans tel autre (épistémologique par exemple). Le relativisme est alors conçu en bloc, comme un « genre » dépourvu d'espèces.

■ 13. Un certain nombre de ces hypothèses vaudraient tout autant pour la question du scepticisme, même s'il convient de ne pas la confondre avec celle du relativisme. Voir à ce sujet T. Bénatouïl, *Le scepticisme*, Paris, GF-Flammarion, 1997, p. 12–22.

■ 14. Sur les diverses formes de réalisme chez Putnam, voir mon étude « Hilary Putnam : la traversée du réalisme », dans S. Laugier et S. Plaud (dir.), *Lectures de la philosophie analytique*, Paris, Ellipses, 2011.

■ 15. Voir les articles rassemblés dans *Mind, Language and Reality*, Cambridge, Cambridge University Press, 1975.

vraie et complète de "comment est le monde". La vérité implique une sorte de relation de correspondance entre des mots ou des symboles de pensée et des choses ou des ensembles de choses extérieures » ; 2) le *réalisme interne*, ou *internalisme*, auquel il a ensuite souscrit, selon lequel « la question "De quels objets le monde est-il fait" n'a de sens qu'à l'intérieur d'une théorie ou d'une description. [...] La "vérité" est [...] une sorte d'acceptabilité rationnelle (idéalisée) – une sorte de cohérence idéale de nos croyances entre elles et avec nos expériences *telles qu'elles sont représentées dans notre système de croyances* – et non une correspondance avec des "états de choses" indépendants de l'esprit ou du discours. Il n'y a pas de point de vue de Dieu qui soit connaissable ou utilement imaginable ; il n'y a que les différents points de vue des personnes réelles, qui reflètent les différents intérêts et objectifs qui président à leurs descriptions et à leurs théories [16].»

On peut d'ores et déjà remarquer que la critique de l'externalisme est fondée sur l'impossibilité de sortir de notre point de vue anthropologiquement, épistémiquement et linguistiquement situé. Il n'existe pas de « ready-made world » [17] : le découpage du réel en « objets » distincts (qui conditionne la correspondance de nos concepts et théories à ces objets) se fait toujours depuis un cadre conceptuel et théorique donné. Le problème qu'affronte Putnam est le suivant : on voit bien en quoi l'internalisme s'avère une conception féconde pour critiquer ce que Kant nommait le « réalisme transcendantal » (qui pose une réalité objective préconstituée depuis un « point de vue de nulle part » en négligeant la médiation décisive du sujet de la connaissance et du cadre conceptuel qu'il mobilise), mais cette internalisation des conditions de l'objectivité semble conduire à une perte de tout critère universel et stable d'une telle objectivité, d'où le risque de faire dégénérer l'internalisme en relativisme. C'est ici que la « menace relativiste » pointe son nez.

Le risque est de passer d'un réalisme métaphysique intenable (en raison de l'impossibilité qui est la nôtre de disposer d'un « point de vue de Dieu » qui transcenderait la perspective de notre propre cadre conceptuel) à une dissolution tout aussi intenable de tout critère de vérité de nos croyances sur le monde :

L'internalisme n'est pas un relativisme facile qui dit « tout est permis ». Une chose est de nier tout sens à l'idée que nos concepts « concordent » avec quelque chose de complètement exempt de toute conceptualisation. C'est tout autre chose de soutenir que tous les systèmes conceptuels se valent [18].

Il s'agit donc de distinguer l'internalisme d'un simple *nihilisme* épistémologique qui reviendrait à affirmer l'équivalence par défaut (« *anything goes* ») de tous les cadres conceptuels par lesquels nous pouvons appréhender le monde, donc l'équivalence de toutes les « versions » du monde. Cela suppose tout d'abord de réaffirmer ce que Kant nommait le « réalisme empirique », c'est-à-dire la

---

16. H. Putnam, *Raison, vérité et histoire* [*RVH*], trad. fr. A. Gerschenfeld, Paris, Minuit, 1981. chap. III, p. 61–62.

17. Voir « Why there isn't a ready-made World », *Realism and Reason*, Cambridge-New York, Cambridge University Press, 1983.

18. *RVH*, p. 66.

thèse selon laquelle nos croyances dépendent de « données entrantes <*inputs*> » en provenance du monde, donc sont en prise avec celui-ci :

> L'internalisme ne nie pas que le savoir reçoit des *inputs* de l'expérience ; le savoir n'est pas une histoire bâtie sur la seule contrainte de la cohérence interne. [...] Les *inputs* sur lesquels est basé notre savoir sont eux-mêmes contaminés par des concepts ; mais mieux vaut des *inputs* contaminés que pas d'*input* du tout. Si tout ce dont nous disposons, ce sont des *inputs* contaminés, cela s'est néanmoins avéré un apport non négligeable [19].

En second lieu, il faut affirmer que le choix entre cadres conceptuels rivaux est assujetti à des *normes épistémiques* (cohérence et acceptabilité) qui, tout en étant propres à l'espèce humaine, ne sont pas purement relatives à des contextes empiriques contingents (individuels ou communautaires) :

> Ce qui rend un énoncé ou un système d'énoncés – une théorie ou un cadre conceptuel – rationnellement acceptables, c'est dans une large mesure sa cohérence et son adéquation [...]. Nos conceptions de la cohérence et de l'acceptabilité sont [...] profondément ancrées dans notre psychologie. Elles dépendent de notre biologie et de notre culture ; elles ne sont certainement pas « libres de valeur ». Mais ce sont bien nos conceptions, et ce sont des conceptions de quelque chose de réel. Elles définissent un type d'objectivité, l'*objectivité pour nous*, même s'il ne s'agit pas de l'objectivité métaphysique du point de vue de Dieu. L'objectivité et la rationalité humaines sont ce dont nous disposons : c'est mieux que rien [20].

La vérité est dès lors conçue comme « une *idéalisation* de l'acceptabilité rationnelle », c'est-à-dire comme une croyance qui serait justifiée dans des conditions épistémiques idéales : cela permet d'une part de la raccorder à l'idée de *justification* sans la réduire à la contingence de « la justification *hic et nunc* » et d'autre part de penser, à l'instar de Peirce, la possibilité d'une *convergence* asymptotique des procédures de justification vers une définition stable de la vérité [21]. Le réalisme interne parviendrait ainsi à conjurer le spectre du relativisme en préservant l'idée de normes contrefactuelles de connaissance et de justification qui servent d'horizon critique à toutes les procédures effectives de justification et interdisent de rabattre la vérité sur la contingence et l'imperfection épistémique de nos croyances actuelles.

C'est en ce point qu'intervient la *critique du relativisme*, qui consiste en trois arguments de force croissante. Le premier argument de Putnam est classique : il consiste à montrer que le relativisme, dès lors qu'il s'énonce comme une thèse philosophique, est *incohérent* sur le plan autoréférentiel car « n'est-il pas évidemment contradictoire de soutenir un point de vue tout en prétendant qu'aucun point de vue n'est meilleur qu'un autre ? » [22]. Putnam imagine alors un relativiste plus sophistiqué (ne s'enfermant pas de manière inconséquente dans l'affirmation dogmatique de son antidogmatisme), qui,

■ 19. *RVH.*
■ 20. *Ibid.*, p. 66–67.
■ 21. *Ibid.*, p. 68.
■ 22. *Ibid.*, p. 135.

à l'instar de Protagoras dans le *Théétète*, assumerait un usage relatif des notions de « vrai » et de « justifié », ce qui lui permettrait de tenir son propre relativisme pour vrai (au sens de « vrai pour lui ») tout en acceptant qu'il en aille autrement pour ses critiques. Son deuxième argument consiste à remarquer que ce geste relativiste suppose une forme tacite d'*absolutisme* : le fait que X soit vrai ou justifié *relativement* à une culture ou à un individu est en soi quelque chose d'*absolu*, ce qui laisse entendre que des énoncés de la forme « X est vrai (justifié) par rapport à l'individu X (ou à la culture Y) » sont vrais (ou faux) de manière absolue, donc que le relativisme (qui suppose l'impossibilité d'une telle vérité absolue) est faux[23]. Comme le remarque Putnam, « un relativiste *total* devrait dire que le fait que X soit vrai par rapport à P est lui-même relatif »[24], brouillant ainsi les coordonnées aléthiques de son propre discours : « parvenus à ce point, on ne sait plus très bien ce que cette position veut dire »[25]. Un dernier argument critique consiste dans le recours à *l'argument sur le langage privé* de Wittgenstein : le relativiste partagerait les mêmes inconséquences que le « solipsiste méthodologique » campé par l'auteur des *Recherches philosophiques*. En donnant à ses énoncés un sens différent pour chaque locuteur et une justification relative à une connaissance privée, on se condamne à ne plus pouvoir rendre compte de la distinction entre « avoir raison » et « penser qu'on a raison », donc à ne plus faire de différence entre, d'une part, l'assertion et la pensée de quelque chose et, d'autre part, la simple émission de bruits ou d'images mentales, attendu que la procédure de justification, qui n'est possible que moyennant le recours à des normes *publiques* incarnées dans le langage commun, se dissout dans un pur jeu inconsistant d'impressions internes. La conclusion de Putnam, qui prend la forme d'un argument transcendantal, est sans appel : « défendre une telle conception, c'est commettre une sorte de suicide mental », dans la mesure où « c'est un présupposé de la pensée elle-même qu'il existe un certain type de "justesse" objective »[26].

Putnam *vs* Rorty : construire l'accusation de relativisme

Un tel cadre critique étant défini, voyons plus précisément comment Putnam identifie la position de Rorty comme « relativiste » et la critique à ce titre[27]. Pour ce faire, je vais m'efforcer de structurer la présentation de la démarche critique de Putnam selon les six aspects que j'ai distingués auparavant.

a) Tout d'abord, il est patent que le rapport de Putnam au relativisme est fortement tributaire des tensions liées à la définition de sa *propre* position, qui,

■ 23. Voir *Le réalisme à visage humain*, trad. fr. C. Tiercelin, Paris, Seuil, 1994, p. 296 : « Si nous disons que c'est un *fait* que l'acceptation d'un énoncé ou d'une théorie donnés soit "justifié relativement aux critères de la culture A", alors nous considérons que "le fait d'être le critère d'une culture" et "conforme au critère d'une culture" est quelque chose d'*objectif*, quelque chose qui n'est *pas* relatif aux critères de telle ou telle culture. »
■ 24. On peut, à la suite de Maria Baghramian, distinguer entre un « relativisme de premier ordre » qui soutient que « des jugements spécifiques, par exemple moraux, cognitifs ou esthétiques sont relatifs à des normes sociales et culturelles » et un « relativisme de second ordre ou total » selon lequel « tous les jugements – y compris celui-ci – sont relatifs » (*Relativism, op. cit.*, p. 9).
■ 25. *RVH*, p. 137.
■ 26. *Ibid.*, p. 138 et 140.
■ 27. Je ne peux pas proposer ici une évaluation globale de ces critiques et de leurs réponses : celle-ci exigerait une analyse beaucoup plus détaillée qui dépasserait les limites de cet article.

en s'éloignant du réalisme externe, semble fragiliser son rapport aux normes épistémiques de la validité objective : le problème du relativisme (et la figure inquiétante du « relativiste ») émerge à la faveur d'un tel positionnement, comme le contrepoint (ou l'ombre portée) de l'opposition au réalisme métaphysique. Le relativisme n'apparaît donc pas hors contexte, mais dans un jeu d'*oppositions* entre thèses concurrentes (ici la double opposition du réalisme interne au réalisme externe et au relativisme).

b) Un tel jeu d'oppositions s'aiguise sous une forme *accusative*, très nette dans des textes tels que l'article « Pourquoi on ne peut pas "naturaliser" la raison » : « Si je réagis au livre du professeur Rorty avec une certaine acrimonie, c'est parce que, s'il y a bien quelque chose dont nous n'avons pas besoin en ce moment, c'est d'un livre "déflationniste" de plus [*La philosophie et le miroir de la nature*, NdA], d'un livre venant encore nous dire que les questions profondes ne le sont pas et que l'entreprise dans son ensemble était une erreur »[28]. Le relativisme est incarné par *l'autre*, un autre d'emblée situé sur un plan *polémique*, il s'énonce non seulement comme objet d'analyse, mais comme objet d'une *mise en accusation*.

c) Tout en accusant Rorty de relativisme, Putnam a bien conscience de lui *imposer une étiquette philosophique* à son corps défendant : de son propre aveu, « la situation est compliquée car les relativistes culturels refusent généralement de reconnaître qu'ils le sont. [...] Je compterai parmi les relativistes culturels tout philosophe dont personne n'a été à même de m'expliquer qu'il *n'était pas* un relativiste culturel. Ainsi mettrai-je Richard Rorty au nombre des relativistes culturels parce que ses formulations explicites sont des formulations relativistes »[29]. L'auteur du *Réalisme à visage humain* assume ainsi la part de *violence descriptive* inséparable de toute accusation de relativisme, au risque de sous-estimer les raisons pour lesquelles son adversaire ne se reconnaît pas dans cette redescription.

d) La critique de Rorty se déploie sur un registre *normativement surdéterminé* : dans un premier temps, sur un registre *théorique*, Putnam mobilise à son encontre l'argument logique d'autoréfutation, au motif que la réduction de la norme de vérité au seul accord intersubjectif l'empêcherait de disposer d'une base épistémique suffisante pour assumer la vérité de sa propre conception. Dans un second temps, il voit dans l'idée de relativité culturelle (qu'il attribue à Rorty) l'indice d'un *scientisme* inavoué à l'égard des sciences sociales, analogue au scientisme à l'égard des sciences de la nature du physicaliste : « que la raison soit ce que les normes d'une culture locale la déterminent chaque fois être, est une vision naturaliste inspirée par les sciences sociales, l'histoire y compris »[30]. Le relativisme rortyen supposerait en sous-main une *absolutisation* du primat du déterminisme culturel défendu par les sciences sociales, ce en quoi le relativiste culturel serait là encore inconséquent. Dans un troisième temps, à la faveur d'un parallèle avec le solipsisme méthodologique de Mach ou de Carnap, Putnam voit dans le relativisme culturel une démarche qui, en soumettant tout énoncé

■ 28. H. Putnam, *Définitions* [*D*], trad. fr. Ch. Bouchindhomme, Combas, Éditions de l'éclat, 1992, p. 25.
■ 29. *Ibid.*, p. 24.
■ 30. *Ibid.*, p. 25.

à une relativité aux normes de sa propre culture, doit soumettre aussi ses méta-énoncés (énonçant une telle relativité culturelle des énoncés de premier niveau) aux mêmes normes, dissolvant ainsi l'altérité culturelle (qui fonde son propre relativisme) dans un *solipsisme culturel* lui interdisant de penser la *symétrie* de sa position culturelle à l'égard d'autres cultures : « les autres cultures deviennent, en quelque sorte, des constructions logiques élaborées à partir des procédures et des pratiques de la culture américaine. [...] Si la doctrine relativiste est juste, la prétention transcendantale à une situation *symétrique* ne peut pas être *comprise* »[31].

Le registre *pratique* prend alors le relais des arguments strictement théoriques en vue de surdéterminer les enjeux normatifs de la discussion : selon Putnam, Rorty conçoit le progrès sur le plan normatif (qui permet de parler de « bonnes » et de « mauvaises » normes) en termes de normes parvenant à nous « donner l'impression d'être manifestement meilleures que celles qui les ont précédées ». Putnam glisse ici significativement vers le registre politique en imaginant une réforme néo-fasciste de nos croyances pratiques :

> Puisque la communauté dont parle Rorty est normalement dans son ensemble de culture occidentale, il pourrait se produire qu'une tendance néo-fasciste l'emporte et que les gens s'en tirent mieux, au sens où *ils finissent par avoir l'impression qu'ils s'en tirent mieux en traitant sauvagement ces horribles juifs, étrangers et communistes*, alors que, si ce sont les forces du bien qui l'emportent, ce qui se passera également, c'est que les gens s'en tireront mieux *au sens où ils finiront par avoir l'impression qu'il en est bien ainsi*[32].

On notera ici que l'argument ne prend toute sa force qu'à partir d'un point de vue pratique (fondé sur une situation fictive), alors même qu'il ne susciterait peut-être qu'un « *so what?* » mollement indifférent d'un strict point de vue théorique.

e) Cette surdétermination normative du théorique par le pratique prend aussitôt l'allure d'une authentique *confusion normative* dans la mesure où Putnam joue *conjointement* la carte de l'inconséquence théorique et de l'illégitimité pratique : réduire la vérité comme garantie rationnelle à l'accord contingent des « pairs culturels » revient selon lui à priver l'idée de garantie de toute consistance, et il en irait de même du concept de réforme morale, qui implique que l'on puisse distinguer l'*impression* partagée d'une amélioration morale de la *réalité* d'une telle amélioration. Le « relativisme » rortyen nous priverait de tout critère pour apprécier si nos normes communes sont plus ou moins bonnes que les précédentes, en réduisant cette appréciation à ce qui *semble* plus ou moins bon pour les membres d'une communauté. Or, Putnam souligne l'antériorité inévitable de la *rationalité* dans la constitution des règles théoriques et pratiques : « les règles en vigueur que retiennent, explicitement ou implicitement, une culture ou une sous-culture, ne peuvent pas *définir* ce qu'est la raison, pas même une raison en contexte, dans la mesure où, pour leur interprétation, elles présupposent cette raison (elles présupposent une

■ 31. *Ibid.*, p. 28.
■ 32. *RVH*, p. 137.

"disposition raisonnable") » [33]. La raison est à la fois *immanente* au langage et aux institutions, et *transcendante* comme instance d'interprétation et de critique de ces mêmes institutions. Le relativiste perd de vue la transcendance de la raison et, ce faisant, se prive de tout moyen de critiquer les normes de sa culture en s'enfermant dans sa factualité immanente. Son erreur logique est donc en même temps une *faute* morale et politique.

f) Enfin, il est patent que la critique putnamienne de ce supposé relativisme, surdéterminée normativement, fait fond sur une primauté incontestable des raisons *pratiques* sur les raisons théoriques : si le relativisme rortyen est inacceptable, ce n'est pas d'abord parce qu'il est théoriquement incohérent (ce qui constitue un travers certes fâcheux, mais somme toute assez banal, de bien des théories philosophiques), mais parce qu'il est *dangereux*. Comme Putnam le souligne sans ambiguïté, « il y a quelque chose qui fait de ce type de relativisme une tendance culturelle bien plus dangereuse que le matérialisme. Il y a en effet à la base du relativisme culturel, un irrationalisme profond, un rejet de la possibilité de penser (en tant que la pensée s'oppose aux *flatus vocis*, qu'ils soient émis en contrepoint ou en chœur) » [34]. Le danger pratique du relativisme semble ainsi constituer l'horizon de l'ensemble de la discussion sur ses inconséquences théoriques : c'est bien *à cause* de ce danger d'annihilation d'une pensée capable de faire fond sur des normes rationnelles que le relativisme acquiert *in fine* la consistance d'un adversaire philosophique qu'il faut affronter, combattre et réfuter.

Rorty *vs.* Putnam : déconstruire les présupposés de la mise en accusation

Venons-en à présent à Rorty lui-même. Ce qui est particulièrement intéressant dans la réponse qu'il donne à l'accusation putnamienne de relativisme, c'est qu'au lieu de s'installer dans une discussion de « premier degré », il adopte d'emblée une stratégie *réflexive* (ou « métaphilosophique ») d'explicitation et de mise en cause des *présupposés* discursifs qui rendent possible l'accusation même de relativisme. Plutôt que de répondre à l'accusateur en se situant sur son terrain argumentatif, Rorty réinscrit une telle accusation dans le contexte d'un jeu philosophique qui fait la part belle à la *fiction* :

> « S'il *existait* des relativistes, il serait bien entendu aisé de les réfuter. Il suffirait pour cela d'employer une quelconque variante des arguments autoréférentiels utilisés par Socrate contre Protagoras. Mais ces petites et habiles stratégies dialectiques ne peuvent être appliquées qu'à des personnages fictifs à peine ébauchés. Le relativiste qui prétend que seules des considérations "non rationnelles" ou "non cognitives" permettent de départager des candidats à la fois sérieux et incompatibles à la croyance n'est jamais que l'un de ces camarades de jeu imaginés par les platoniciens et les kantiens, qui habitent dans le même royaume imaginaire que le solipsiste, le sceptique et le nihiliste moral. [...] Ces positions sont adoptées pour marquer des points *philosophiques*,

■ 33. *D*, p. 23.
■ 34. *Ibid.*, p. 25. Je laisse ici de côté la question de savoir pourquoi le matérialisme serait lui aussi « dangereux ».

CAHIERS **PHILOSOPHIQUES** ▶ n° 164 / 1ᵉʳ trimestre 2021

■
96

dans un jeu qui consiste à jouer avec des adversaires fictifs, plutôt qu'avec des interlocuteurs de travail dans le cadre d'un projet commun »[35].

Autrement dit, le relativiste fait partie de la galerie philosophique des *strawmen* – ces « hommes de paille » que l'on combat dans des joutes factices –, des personnages conceptuels *fictifs* inventés pour les besoins de la cause par des philosophes désireux de se constituer un repoussoir frappant l'imagination et les affects (crainte, dégoût, mépris) du lecteur et suscitant, par contraste, l'adhésion à leur propre doctrine. C'est ainsi que le « relativiste » constitue selon Rorty le « double diabolique » forgé par Putnam pour asseoir son propre concept d'acceptabilité rationnelle idéalisée sans risquer de la réduire à la simple contingence du consensus *hic et nunc*[36]. La stratégie de Rorty consiste donc non seulement à se démarquer d'une telle fiction, mais aussi à restituer le *contexte* à la faveur duquel une telle projection fantasmatique de la figure relativiste est possible. Nous verrons que l'originalité de sa réponse est d'utiliser un argument décisif des contempteurs du relativisme, le primat du *pratique* sur le théorique, pour se dégager des paradoxes autoréférentiels dans lesquels on prétend l'enfermer. Évoquons rapidement les principales étapes de sa stratégie de dissipation du mirage relativiste.

1) En premier lieu, Rorty évacue la conception ordinaire, triviale du relativisme, qui non seulement se révèle autoréfutante, mais est tout simplement *irréelle*, introuvable, sauf dans les arguments *ad hoc* des contempteurs du relativisme :

> Le « relativisme » est la conception selon laquelle toute croyance, pour une question donnée, voire pour quelque question que ce soit, est aussi bonne que n'importe quelle autre. Personne ne soutient une telle conception. À l'exception de l'éventuel étudiant de première année qui se montre parfois coopératif, on ne trouvera personne qui affirme, à propos d'une question importante, que deux opinions incompatibles sont également bonnes[37].

En termes classiques, on pourrait dire qu'une isosthénie parfaite des opinions opposées est une pure vue de l'esprit et que nous ne sommes jamais strictement indifférents (ni dépourvus d'arguments) à l'égard des questions importantes de notre vie. Tout comme la liberté d'indifférence, le *nihilisme doxastique* du relativiste est une pure fiction qui ne résiste pas à la prise en compte des positions effectivement défendues par les uns et les autres.

2) En second lieu, Rorty repère une *équivocité* décisive de la notion de relativisme qui favorise son application à des positions fort différentes. Il entreprend alors un travail de distinction entre trois sens différents de cette notion « attrape-tout » :

> [Le mot « relativisme »] renvoie communément à trois conceptions différentes. La première considère que toute croyance a autant de valeur que n'importe

■ 35. *CP*, p. 310.
■ 36. R. Rorty, « Réponse à Hilary Putnam », dans J.-P. Cometti (dir.), *Lire Rorty*, Combas, Les Éditions de l'éclat, 1992, p. 234.
■ 37. *CP*, p. 309.

quelle autre. Pour la seconde, « vrai » est un terme équivoque, ayant autant de significations qu'il y a de procédures de justification. La troisième fait valoir que si l'on met de côté les descriptions des procédures de justification familières qu'une société donnée – la *nôtre* – utilise dans tel ou tel domaine de recherche, il n'y a rien à dire au sujet de la vérité ou de la rationalité. Le pragmatiste souscrit à la troisième conception, la conception ethnocentrique. Mais il ne souscrit pas à la première, qui est autoréfutante, ni à la seconde, qui est excentrique. [...] À ses yeux la flexibilité qui est effectivement celle du mot « vrai » [...] lui assure son univocité. [...] Aussi se sent-il libre d'utiliser le mot « vrai » comme un terme général d'éloge [...], en particulier pour faire l'éloge de sa propre conception [38].

Ce texte est important car il permet de différencier trois acceptions, souvent amalgamées, du relativisme :

a) *l'équivalence* (au sens d'égale valeur) des croyances (qui s'expose à l'autoréfutation et constitue, on l'a vu, une vue de l'esprit sans référent réel) ;

b) la relativité sémantique du terme de vérité au contexte de justification dans lequel il intervient, donc son *équivocité* (qui est une vue « excentrique » au double sens où c'est une hypothèse aussi hardie que peu plausible et où elle fait bon marché de la stabilité sémantique de ce terme sur le plan « ethnocentrique » des pratiques sociales des communautés réellement existantes) ;

c) le maintien d'une univocité du mot « vrai », mais moyennant une certaine « flexibilité » d'usage [39] qui permet de l'appliquer à une diversité de procédures de justification, à la simple manière d'un « éloge » ou d'un compliment, et qui permet au philosophe qui endosse cette conception de la qualifier de « vraie » sans succomber à l'autoréfutation, comme le soupçonne Putnam, ni sombrer dans une variante culturaliste du solipsisme linguistique critiqué par Wittgenstein.

Une telle conception de la vérité comme terme d'éloge à la fois sémantiquement univoque et pragmatiquement flexible est-elle à proprement parler « relativiste » ? Tel n'est pas l'avis de Rorty, qui préfère quant à lui l'épithète « ethnocentrique », laquelle ne repose sur aucune *théorie* épistémologique positive, donc *a fortiori* sur aucune forme de théorie *relativiste*, mais sur une attitude *négative* d'abandon de distinctions jugées inopportunes, qui trouve sa motivation réelle sur le plan *éthique* :

> On ne comprend cependant pas bien pourquoi « relativiste » doit être tenu pour un terme approprié à la troisième conception ethnocentrique, celle que le pragmatiste fait effectivement sienne. Celui-ci, en effet, ne défend pas une théorie positive affirmant que quelque chose est relatif à quelque chose d'autre. [...] Une telle théorie serait bien entendu autoréfutante. Mais le pragmatiste n'a pas de théorie de la vérité, encore moins de théorie relativiste. En tant

---

■ 38. R. Rorty, *Objectivisme, relativisme et vérité* [*ORV*], trad. fr. J.-P. Cometti, Paris, P.U.F, 1994, p. 39.

■ 39. Précisons que la « vérité » se décline pour Rorty en trois usages principaux : 1) « un usage qui exprime l'adhésion », 2) « un usage qui exprime la mise en garde, dans des remarques du genre "votre croyance que S est parfaitement justifiée, mais elle n'est peut-être pas vraie" », 3) « un usage décitationnel permettant de tenir des propos métalinguistiques comme "S" est vrai si et seulement si » (« Davidson, le pragmatisme et la vérité », in *Science et solidarité*, trad. fr. J.-P. Cometti, Combas, Les Éditions de l'éclat, 1990, p. 16).

que partisan de la solidarité, son explication de la valeur de la recherche humaine coopérative ne possède qu'une base éthique, et non pas une base épistémologique ou métaphysique. N'ayant *aucune* épistémologie, il ne saurait avoir, a fortiori, une épistémologie relativiste[40].

Ici, Rorty indique un motif important de rejeter l'accusation de relativisme : cette accusation implique une redescription abusive de la position ethnocentriste comme une *position épistémologique* réduisant la vérité à l'opinion d'un individu ou d'un groupe (donc comme un relativisme « subjectiviste » ou « culturel »). On interprète ainsi une *abstention* de théoriser la vérité, liée au basculement de l'épistémologie vers l'éthique, comme une théorie *positive* de la vérité, inconséquente de surcroît puisqu'incompatible avec sa propre assertion comme thèse philosophique. Comme il le précise ailleurs, « [s]a stratégie pour échapper aux difficultés autoréférentielles dans lesquelles le "relativiste" se maintient lui-même consiste à déplacer toute chose de l'épistémologie et de la métaphysique vers la politique, en passant d'affirmations concernant la connaissance à des suggestions sur ce que nous devrions essayer »[41]. L'accusation de relativisme supposerait ainsi une *épistémologisation* illégitime d'une démarche qui implique le renoncement à la philosophie comme théorie de la connaissance au profit d'une attention privilégiée à la solidarité éthico-politique d'une communauté qui compare les effets pratiques de ses anciennes et de ses nouvelles croyances.

3) À ces stratégies défensives qui consistent à s'extirper de l'accusation de relativisme, Rorty ajoute une *mise en perspective* qui permet d'appréhender cette mise en accusation de manière plus distanciée, dans le contexte d'un affrontement entre redescriptions rivales :

Bien entendu, nous autres pragmatistes ne nous appelons jamais des relativistes. D'habitude, nous nous définissons en termes négatifs. Nous nous appelons « anti-platonistes », « anti-métaphysiciens » ou « anti-fondationalistes ». De même, nos opposants ne s'appellent jamais « platonistes », « métaphysiciens » ou « fondationalistes ». Ils se nomment habituellement défenseurs du sens commun ou de la raison. De manière prévisible, chaque camp dans cette querelle tente de définir les termes de la querelle d'une manière qui lui soit favorable. Personne ne veut être appelé un platoniste, de même que personne ne veut être appelé un relativiste ou un irrationaliste[42].

Mais pourquoi, après tout, ne pas accepter l'appellation de « relativiste » ? Précisément parce que celle-ci est indissociable de l'emploi d'un *vocabulaire* métaphysique déterminé, qui distingue l'absolu du relatif, l'essence de l'accident, le transcendantal de l'empirique, et que la philosophie, plutôt que de recourir naïvement à un tel vocabulaire, doit selon Rorty se placer à un point de vue – qu'il nommera la « politique culturelle » – engagé dans l'évaluation

■ 40. *Ibid.*, p. 39-40.
■ 41. R. Rorty, » Réponse à Hilary Putnam », *op. cit.*, p. 243. Rorty pourrait donc pleinement souscrire au diagnostic que Putnam faisait pourtant valoir contre lui : « la solution au problème de la "perte du monde" doit être trouvée dans l'action et pas dans la métaphysique (ni dans une anti-métaphysique "postmoderne") » (H. Putnam, *Pragmatism. An Open Question*, Oxford, Blackwell, 1995, p. 74).
■ 42. R. Rorty *Philosophy and Social Hope*, London, Penguin Books, 1999, p. XVI-XVII.

de l'utilité pratique des vocabulaires en vigueur dans une culture donnée. « Nous autres anti-platonistes ne pouvons nous permettre d'être appelés "relativistes" dans la mesure où une telle description tient la question centrale pour réglée. Cette question centrale concerne l'utilité du vocabulaire que nous avons hérité de Platon et Aristote[43]. » Une mise à distance des présupposés liés au vocabulaire métaphysique qui donne naissance à l'accusation de « relativisme » permet ainsi non seulement de neutraliser la violence de la redescription adverse, mais de contre-attaquer en proposant une explicitation des présupposés de la posture accusatrice elle-même.

4) À son tour, Rorty suggère une *redescription* du contexte qui donne naissance à l'accusation de relativisme, en y voyant le produit dérivé d'une attente excessive à l'égard de la philosophie, l'attente d'une jonction de nos opinions et d'une norme absolue du Vrai et du Bien qui leur apporterait une garantie définitive :

> Les philosophes que l'on *appelle* « relativistes » sont ceux pour qui les raisons que nous avons de choisir entre de telles opinions sont beaucoup moins algorithmiques qu'on ne l'a cru. […] Ladite position est critiquée pour ne pas avoir accompli ce que les philosophes ont pour mission d'accomplir : expliquer pourquoi notre cadre, notre culture, nos intérêts, notre langage ou tout ce que l'on voudra est enfin sur la bonne voie. […] La véritable opposition n'est pas entre ceux qui pensent que toute conception est aussi bonne qu'une autre et ceux qui ne le croient pas. Elle est entre ceux qui pensent que notre culture, nos buts ou nos intuitions ne peuvent trouver d'autre point d'appui que la conversation et ceux qui espèrent encore trouver d'autres sortes de points d'appui[44].

Face à un réalisme interne qui, à l'instar de Putnam, demeure tributaire de ce qu'il rejette, à savoir la recherche d'un point d'Archimède permettant de transcender la contextualité des procédures effectives de justification au sein de cultures déterminées, Rorty défend un « athéisme conséquent » assumant pleinement la sécularisation de la culture occidentale en la conduisant jusqu'à ses ultimes conséquences philosophiques. Dans cette perspective, l'« acceptabilité rationnelle idéalisée » promue par Putnam doit faire l'objet d'une traduction ethnocentrique et être comprise comme « l'acceptabilité pour *nous*, au meilleur de ce que nous sommes »[45].

Le déplacement de perspective du relativisme vers l'ethnocentrisme (au sens de l'acceptation lucide de la « finitude humaine »[46] incarnée dans des communautés historiques) permet de désamorcer la surdétermination normative de l'accusation de relativisme : l'impossibilité de transcender nos contextes de justification suppose bien « la possibilité que nous pourrions devenir nazis sous l'effet d'un processus de persuasion rationnelle »[47], même si cette possibilité demeure *de facto* assez improbable en raison des croyances

---

■ 43. R. Rorty *Philosophy and Social Hope, op. cit.*, p. XVIII.
■ 44. *CP*, p. 309-310.
■ 45. R. Rorty, « Réponse à Hilary Putnam », *op. cit.*, p. 235.
■ 46. *ORV*, p. 29.
■ 47. R. Rorty, » Réponse à Hilary Putnam », *op. cit.*, p. 239.

et des modes de justification propres à la communauté libérale. Le chiffon rouge agité par le contempteur du relativisme (l'impossibilité d'opposer une raison absolue à un nazi, faute de critères communs de rationalité) constitue une forme fâcheuse d'escalade modale transformant une faible probabilité factuelle (due à la force de nos croyances présentes) en une impossibilité *de jure*. L'ethnocentrisme rortyen implique une sensibilité lucide à la précarité des valeurs libérales démocratiques, lesquelles ne sont garanties que par nos efforts pour améliorer les conditions de notre solidarité, et en cela n'a rien à voir avec une position épistémologique en quête d'une définition positive (« relativiste ») de la vérité :

> Aussi soutiendrai-je qu'il n'y a *rien* de vrai dans le relativisme, et que ce qu'il y a de beaucoup plus vrai dans l'ethnocentrisme réside en cela que nous ne pouvons pas justifier nos croyances [...] auprès de n'importe qui, mais seulement auprès de ceux dont les croyances recoupent les nôtres jusqu'à un certain point approprié. (Il ne s'agit pas d'un problème théorique sur l'« intraduisibilité », mais d'un simple problème pratique sur les limites de l'argumentation ; ce n'est pas que nous vivions dans un monde différent de celui des nazis ou des Amazoniens, mais que la conversion de leur point de vue, ou en faveur de celui-ci, quoique possible, ne peut pas être une affaire d'inférence à partir de prémisses préalablement partagées) [48].

Le mirage de l'incommensurabilité (ou de l'intraduisibilité) entre cultures, qui constitue l'un des principaux visages de l'épouvantail relativiste, n'est là encore que le résultat d'une *épistémologisation* illégitime d'un problème strictement pratique de passage des « prémisses » d'une culture à une autre.

Tandis que Putnam semble croire à la pérennité des grands problèmes philosophiques, dont le relativisme, qu'il « considère avec crainte et aversion » [49], serait une illustration décisive, Rorty défend le caractère *transitoire* de ces problèmes, lesquels n'émergent qu'à la faveur de contextes philosophiques et culturels bien déterminés [50]. En particulier, un élément contextuel décisif pour l'émergence contemporaine du « problème du relativisme » consiste dans le rapport entre ce que Rorty nomme les « platonistes », qui subordonnent la solidarité à l'objectivité, et les « pragmatistes », qui ramènent l'objectivité à la solidarité. Ce problème suppose, par un effet de perspective, d'interpréter des *absences* comme des thèses *positives* : l'absence de toute fondation substantielle de la vérité est interprétée comme une théorie de la relativité de la vérité à une culture déterminée, l'absence de toute recherche d'une norme transcendant la conversation humaine sur le progrès normatif d'une culture est perçue comme une théorie de la relativité des normes à une culture déterminée. Pour peu que l'on écarte ces tentatives forcées de maintenir l'ethnocentrisme

▥ 48. *ORV*, p. 50.
▥ 49. R. Rorty, « What do you do when they call you a "Relativist" ? », *Philosophy and Phenomenological Research* 1, vol. 57, 1997, p. 175.
▥ 50. Sur ce thème, voir R. Rorty, *PMN, op. cit.*, introduction, p. 13, chap. 1 : le scepticisme moderne, qui pose le problème de l'adéquation de nos idées au monde extérieur, est lui-même appréhendé comme un produit contingent de l'émergence de la théorie cartésienne de l'esprit et de la connaissance. Rorty prend ainsi ses distances à l'égard de ceux (Barry Stroud, Stanley Cavell) qui entendent penser le scepticisme hors-contexte, en référence aux problèmes supposément fondamentaux de la « condition humaine ».

dans un jeu argumentatif et un vocabulaire qui ne sont plus les siens, on peut distinguer dans cette querelle du relativisme un enjeu au départ inapparent, qui pourrait bien être le ressort ultime de son retour incessant :

> Je pense que le fait de présenter le problème en de tels termes moraux et politiques, plutôt qu'en termes épistémologiques ou métaphilosophiques permet de mieux comprendre ce qui est en jeu. [...] La question n'est plus de savoir comment définir les mots « vérité » ou « rationalité », « connaissance » ou « philosophie », mais de savoir quelle est l'image que notre société devrait avoir d'elle-même. L'invocation rituelle de « la nécessité d'éviter le relativisme » se comprend mieux si l'on y voit une expression du besoin de préserver certaines habitudes de la vie européenne contemporaine. [...] Aussi la véritable question au sujet du relativisme est-elle de savoir si ces mêmes habitudes [...] peuvent être justifiées par une conception de la rationalité comme capacité de se débrouiller sans critères préalables, et par une conception pragmatiste de la vérité[51].

Pour conclure, on peut estimer que l'exemple de la controverse entre Putnam et Rorty permet d'étayer l'idée que le relativisme est un problème dont la formulation est tributaire d'un *contexte discursif* précis, lié à des enjeux de *définition* et de *justification* d'une position philosophique donnée (ici le réalisme interne de Putnam) par rapport à d'autres (ici les deux extrêmes que sont le réalisme métaphysique et le relativisme, par rapport auxquels le réalisme interne se veut une *via media*), définition et justification dont l'ombre portée implique une *violence descriptive* à l'endroit d'autres positions (ici du pragmatisme ethnocentrique de Rorty). Plus fondamentalement, le « problème du relativisme » est inséparable d'un certain nombre de *déplacements*, qui visent ici à recontextualiser dans un cadre épistémologique (notamment sous la forme d'une théorie positive de la vérité comme consensus communautaire et de l'affirmation réductionniste de la relativité de nos croyances à nos normes culturelles) une tentative pour désamorcer les présupposés de la théorie de la connaissance en les faisant basculer sur un terrain éthique et politique.

Il conviendrait assurément de multiplier les études de cas afin de vérifier si la prégnance d'un tel contexte discursif est toujours la condition d'émergence du relativisme comme problème philosophique : il deviendrait alors possible d'aborder le relativisme non comme une théorie unitaire déjà constituée sous la forme d'un « genre naturel » de l'activité philosophique, mais, dans la perspective d'un *contextualisme métaphilosophique*, à partir d'une étude comparative des contextes de justification dans lesquels s'édifient et s'affrontent les théories philosophiques.

Olivier Tinland
Université Paul Valéry – Montpellier 3

■ ▨ 51. *ORV*, p. 47.

LES INTROUVABLES
DES CAHIERS

DE LA VÉRITÉ EN LITTÉRATURE. MAXIME CHASTAING, LECTEUR PHILOSOPHE DE VIRGINIA WOOLF

Frédéric Fruteau de Laclos

Affirmer « à chacun sa vérité », ce n'est pas s'enfermer dans le règne de l'opinion. Car la Vérité naît moins du dépassement de la diversité des points de vue que de leur compréhension intime et de leur articulation complexe. Plus que les philosophes, les écrivains semblent à même de rendre raison de cette vérité des vérités. En restituant le point de vue d'une foule de personnages, ils dévoilent la grande variété des perspectives sur le monde et permettent à leurs lecteurs d'accéder à l'épaisseur cognitive feuilletée du sens commun. L'art du roman de Virginia Woolf est à cet égard exemplaire, comme le montrait dès 1951 le psychologue Maxime Chastaing dans *La philosophie de Virginia Woolf*.

Maxime Chastaing (1913-1997) a plusieurs fois écrit sur la vérité en littérature, de ses premiers articles, avec « Roman policier et psychologie de la vérité » en 1938, à la toute fin de sa carrière, avec « Vérités romanesques » en 1983[1]. C'est l'occasion pour lui de s'expliquer avec la philosophie, et de faire valoir la supériorité de la littérature sur la philosophie : la littérature peut atteindre au vrai que la philosophie manque. La philosophie à laquelle Chastaing s'en prend est pour une large part phénoménologique et il s'appuie jusqu'à un certain point sur la philosophie analytique, surtout la philosophie du langage ordinaire, dont il estime qu'elle peut guérir les philosophes de certains usages du langage des philosophes qui sont des abus de langage. Mais les sciences sociales, et en elles la psychologie, lui paraissent fournir des moyens particulièrement appropriés pour découvrir le vrai.

---

1. M. Chastaing, « Roman policier et psychologie de la vérité » et « Vérités romanesques », *Journal de psychologie normale et pathologique*, respectivement t. 35, 1938, p. 210-229 et t. 133, 1983, p. 133-155.

Si Chastaing s'en prend aux phénoménologues, c'est qu'ils reconduisent selon lui les errements historiques des philosophes, spontanément portés au solipsisme et incapables de ce fait d'appréhender la vérité de la perspective d'autrui. Chastaing a été l'élève de Jean-Paul Sartre lorsque ce dernier enseignait au Havre dans l'entre-deux-guerres, et leur relation, ou leur non-relation à partir des années 1950, offre le spectacle d'un différend sur les prétentions d'une phénoménologie d'autrui. Chastaing trouve l'*idée* d'un accès à autrui dans une certaine conception, anglo-saxonne, d'inspection des significations, et il découvre la *réalité* de cet accès à autrui dans la littérature, notamment anglo-américaine : les grands écrivains nous font participer à la perspective d'autrui.

Genèse : Le faux problème de l'existence d'autrui

Le grand problème de Chastaing concerne l'existence d'autrui, en particulier la difficulté de la reconnaissance, de la part des philosophes, de l'existence d'autres consciences que la leur. C'est là l'effet du solipsisme consubstantiel à la philosophie, du moins inhérent à une histoire qui remonte selon Chastaing à saint Augustin et qui s'est développée, par relances et reconfigurations successives, jusqu'à Edmund Husserl et Jean-Paul Sartre.

Sartre, reprenant le problème de l'existence d'autrui au point où Husserl l'avait laissé au terme de ses *Méditations cartésiennes*, prétend lui apporter une solution inspirée de Hegel qui en passe par la lutte des consciences pour la reconnaissance. Dans *La transcendance de l'Ego*, qui suit de peu sa découverte de la phénoménologie, Sartre avait d'abord cru qu'il suffisait d'éliminer l'Ego husserlien à l'horizon des visées, et comme leur origine transcendantale, pour rendre égales toutes les consciences vis-à-vis du monde et de sa saisie. L'égologie husserlienne doit être dépassée pour que soit éliminé le problème de la pluralité des Ego, pour que disparaisse la difficulté à rejoindre un ou des Alter ego depuis le retrait de la subjectivité transcendantale. Pour Sartre, l'Ego est un produit transcendant qui tombe hors du champ immanent constitué par une conscience et ses visées. Mais le phénoménologue français s'avise progressivement qu'une opposition des consciences subsiste au cœur du champ transcendantal. L'Ego effacé ou rejeté, il n'en demeure pas moins qu'une ou des consciences semblables à la mienne avancent, au-delà de mes visées, de semblables prétentions à constituer le champ transcendantal. S'impose alors à Sartre la redéfinition du champ transcendantal en référence non pas à mes visées, mais à un conflit des visées, et comme le champ même de la conflictualité. Cette innovation conceptuelle décisive de *L'Être et le Néant* est permise, à rebours de toute chronologie, par la lutte hégélienne des consciences pour la reconnaissance [2].

Ces « solutions » représentent aux yeux de Chastaing une vaine tentative de colmatage du solipsisme caractérisé des philosophes. La phénoménologie,

---

■ 2. J.-P. Sartre, *L'Être et le Néant. Essai d'ontologie phénoménologique* [1943], Paris, Gallimard, 1986, p. 271-274, qui renvoie à « La transcendance de l'Ego », dans *Recherches philosophiques*, 1937, rééd. *La transcendance de l'Ego*, Paris, Vrin, 1992. En vérité, avec la solution sartrienne, la chronologie n'est pas si malmenée qu'il y paraît, dans la mesure où l'hégélianisme sur lequel l'existentialisme fait fond est celui d'Alexandre Kojève, parfaitement informé des derniers développements de la phénoménologie.

même dans sa version sartrienne, s'avère incapable d'envisager une autre situation que celle de l'extériorité des consciences et de l'affrontement des sujets.

Or, nous admettons tous spontanément l'existence d'autrui, nous sommes de plain-pied avec les autres, nos semblables, et cette évidence de sens commun s'adosse à la longue familiarité de notre coexistence, à la co-genèse même des consciences sur fond d'existence partagée depuis l'indistinction de la petite enfance et la confusion de nos toutes premières visées. La psychologie de l'enfant d'Henri Wallon, psychologie immédiatement sociale, démontre que l'« identification en intériorité », rejetée par Sartre en vertu d'un préjugé solipsiste, est première, et que la distinction des consciences, acceptée par les philosophes comme allant de soi, est produite à partir d'un fonds primordial d'existence commune[3].

Après les années 1930, Chastaing s'est lancé dans une vaste exploration systématique, à la fois théorique et historique, de la dénaturation de la question de l'existence d'autrui, de l'étonnante conversion philosophique de l'évidence de notre coexistence en problème de connaissance ou de reconnaissance. *L'existence d'autrui*, la thèse principale de Chastaing, expose les résultats de cette enquête, à travers la mise à l'épreuve méditative des différentes formulations du problème philosophique et des diverses solutions avancées pour le résoudre. Si toutes se révèlent insuffisantes ou inadéquates, c'est qu'à un faux problème ne peut correspondre aucune résolution satisfaisante, seulement une pure et simple dissolution. Mais la traversée du faux problème est elle-même une épreuve à affronter, et *L'existence d'autrui* se présente comme une antithétique généralisée. Au terme du parcours, nulle thèse positive sur l'existence d'autrui n'est soutenue, et l'on est reconduit aux évidences, de sens commun, de la coexistence des consciences : « Ainsi, je n'habille pas le sens commun en philosophe : je l'accepte avec philosophie »[4].

N'y a-t-il pas moyen cependant d'attester la positivité de notre coexistence? On aura du mal à y parvenir en emboîtant le pas des philosophes de métier. Mais la littérature a les moyens de nous faire accéder positivement à la réalité de la participation profonde des sujets. À cet égard, *La philosophie de Virginia Woolf*, soutenue pour le doctorat d'État en même temps que *L'existence d'autrui*, est bel et bien « complémentaire » : elle complète l'œuvre principale en proposant un ensemble de thèses positives, en ouvrant à la positivité thétiquement assumée de la coexistence des sujets. On serait même tenté de la dire essentielle et peut-être principale si l'essentiel est de nous donner à vivre et à penser, à sentir et à imaginer, le fait de la coexistence. L'identification de l'obstacle philosophique et sa levée ne relevaient guère que de l'introduction à cette positivité et, de fait, *L'existence d'autrui*, s'achève sur une « seconde introduction », avant de se clore définitivement[5]. On avouera qu'il est étrange de finir en réintroduisant plutôt qu'en concluant. Mais c'est qu'il s'agit tout bonnement d'introduire au traitement positif du problème qu'administre *La philosophie de Virginia Woolf*.

3. M. Chastaing, *La compréhension d'autrui* [1934], Paris, Cerf, 2017, p. 160, 172-174 pour la référence à Wallon.

4. M. Chastaing, *L'existence d'autrui*, Paris, P.U.F., 1951, p. 269.

5. *Ibid.*, « Seconde introduction », p. 323-332.

Thèse : Vérité romanesque de l'éclatement des vérités

Parler de la « philosophie » de Virginia Woolf pourrait paraître étrange. Cette dernière est romancière, et non pas philosophe. Mais la thèse de Chastaing est que la véritable philosophie est l'empirisme. Or, les philosophes sont le plus souvent d'impénitents rationalistes : ils s'expriment par généralités vides et abstraites, et sont incapables d'accéder à la vérité. Pour être dans le vrai, il faut cesser d'être dans l'abstrait, et se confier aux faits ou aux phénomènes. Parmi les philosophes, même ceux qui se prétendent empiristes et qui, de ce fait, affirment être attentifs aux phénomènes, continuent de raisonner à leur sujet. Ainsi, ils affirment par exemple qu'une « image » est moins vive qu'une « sensation ». Mais du point de vue d'une conscience engagée dans l'expérience, cela ne va nullement de soi, et il faut être philosophe pour distinguer de tels niveaux de vivacité ou de tels degrés d'abstraction. En suivant les romanciers, « nous contredisons ainsi Hume, à cause de Hume »[6]. L'idée que Chastaing se fait de la pensée de Hume et la critique qu'il administre au nom même de sa philosophie sceptique sont largement tributaires de l'empirisme radical de Jean Laporte, premier directeur de la thèse complémentaire, décédé en 1948. *La philosophie de Virginia Woolf* est dédié à sa mémoire[7].

Même lorsqu'ils se fient à l'expérience, les empiristes ne parviennent guère à voir au-delà de leur propre expérience : Hume encore, « quand il parle de l'expérience, se borne à son expérience ». Autrement dit, les empiristes ne sont pas plus capables que leurs collègues rationalistes d'accéder à la vérité, au phénomène tout nu. Qui donc dira la vérité ? Eh bien les romanciers. Eux seuls sont des empiristes conséquents, car ils s'attachent à la concrétude de l'existence des consciences. Autrement dit, eux seuls sont d'authentiques et cohérents philosophes : ils sont les seuls des empiristes qui, une fois la main mise sur les phénomènes, ne prennent pas prétexte de cette découverte pour raisonner à tort et à travers. Ils s'en tiennent aux phénomènes, enchaînant dans leurs histoires des séquences de phénomènes. De tous les empiristes, les romanciers méritent donc seuls le titre de philosophes.

Pour Virginia Woolf, tout part pourtant de l'éclatement des perspectives et, semble-t-il, de l'incommunicabilité des monades, de l'impossibilité d'atteindre une vérité absolue : « à chaque objet sa vérité », « à chaque perception sa vérité ; à chacun partant ses vérités ». Le point de départ est conforme au point de vue augustinien ou post-augustinien sur le problème de l'existence d'autrui, invention du faux problème que Chastaing, reprenant généalogiquement le cours de l'histoire, situe dans les difficultés des disciples de Jésus, détaillées par saint Augustin, à identifier le traître Judas, celui qui livra le Christ aux grands prêtres de Jérusalem : ils se regardaient les uns les autres et ne savaient que penser de ce que les autres pensaient, incapables qu'ils étaient

---

▨ 6. Toutes les citations de cette section sont, sauf mention contraire, tirées de M. Chastaing, « La vérité », *infra*, p. 113 sq.

■ 7. Voir J. Laporte, *Le problème de l'abstraction*, Paris, Alcan, 1940 ; J. Laporte, *L'idée de nécessité*, Paris, P.U.F., 1941 ; J. Laporte, « Le scepticisme de Hume », *Revue philosophique de la France et de l'étranger* 115, 1933, p. 61-127 et t. 117, 1934, p. 161-225.

de pénétrer d'autres fors intérieurs que le leur[8]. Cette situation, amenée à devenir archétypique après Augustin, se retrouve dans les descriptions de Virginia Woolf : « qu'y a-t-il derrière », sous la surface des apparences ? « Je saute d'une impression à une autre, mais comment tirer de mes impressions les tiennes ? Par induction ? J'induis de mes pensées des pensées qui sont toujours les miennes. Comment inférer des pensées qui seraient les tiennes et dont tes comportements me paraîtraient l'indice ou le drapeau ? »

Dans un renversement dont le style démonstratif de Chastaing est familier, il apparaît cependant qu'en multipliant les perspectives et en passant d'un point de vue à un autre, la romancière donne à lire l'agencement des mondes vécus, la stratification monadologique des perspectives et l'articulation effective des vérités. En suivant Woolf, nous entrons dans une monade avant d'en sortir pour en découvrir d'autres, nous empilons ou superposons les mondes dans *Les vagues* et *Les années* et, ce faisant, nous comparons les perceptions et pouvons dire les vérités de tous et de chacun. Pour autant, Virginia Woolf n'est pas de ces écrivains qui disent les solitudes en théorisant l'empilement. Elle les met concrètement en scène par les moyens littéraires dont elle dispose. Elle ne regarde pas de haut ses personnages en leur imposant ses idées. Elle « respecte le langage et la littérature en respectant notre expérience » : elle nous ballotte avec art et à dessein d'une perception à une autre, des pensées des uns aux idées des autres. Elle « suggère une philosophie » que seul un littérateur peut exprimer, par invention de « propositions empiriques » sur la solitude – vocabulaire empiriste logique assumé par Chastaing, les guillemets en font foi.

Dans ses analyses littéraires, Chastaing accorde une attention toute particulière à la matière signifiante des mots en se faisant le promoteur d'un véritable cratylisme logico-linguistique[9]. Les sons ont un sens qu'il importe de restituer, selon une logique cenesthésique que le poème d'Arthur Rimbaud « Voyelles » indiquait sans la démontrer. Entrer en « mimologie » signifie s'attacher à la démonstration de correspondances sonores et signifiantes, échapper à l'arbitraire du signe pour exhiber la motivation de ses usages. On voit le profit qu'on pourra tirer dans les études littéraires d'une telle psycholinguistique, en même temps qu'on saisit comment Chastaing a pu trouver ses exemples ou dégager ses types mimologiques en s'appuyant sur la littérature.

Mettra-t-on en avant les difficultés d'un travail psycholinguistique mené ici à partir de traductions ? L'objection porte à faux, car non seulement Chastaing

8. M. Chastaing, « Saint Augustin et le problème de la connaissance d'autrui », *Journal de psychologie normale et pathologique* 86, 1961, p. 109-124 ; t. 87, 1962, p. 90-102 ; t. 88, 1963, p. 223-238. Sur l'évolution de la prise en charge du « problème » de l'existence d'autrui par les philosophes, sur la nécessité d'une thérapeutique historique et sur l'appui trouvé dans les philosophies du langage ordinaire, voir les articles que nous avons recueillis dans M. Chastaing, *Les autres comme soi-même. Le faux problème de la connaissance d'autrui*, Paris, Classiques-Garnier, 2016, p. 115-174.

9. Voir par exemple les articles donnés au *Journal de psychologie normale et pathologique* 55: « Le symbolisme des voyelles. I. Significations des "i" », II. Symboles d'activité et de petitesse », 1958, p. 404-423 et 462-481 ; « Nouvelles recherches sur le symbolisme des voyelles », t. 61, 1964, p. 75-88. On ajoutera « Dernières recherches sur le symbolisme vocalique de la petitesse », *Revue philosophique de la France et de l'étranger* 155, 1965, p. 41-56. Nous avons republié « Audition colorée » [1960] et « Des sons et des couleurs » [1961], dans M. Chastaing, *Les autres comme soi-même, op. cit.*, p. 267-282.

s'appuie sur des traductions qui sont le fait d'écrivains français remarquables, de Marguerite Yourcenar pour *The Waves* à Charles Mauron pour *Orlando*; mais, bien plus, il prend soin de se référer aux termes employés dans le texte original [10]. L'analyse psycholinguistique des romans de Virginia Woolf n'aurait guère de portée si elle négligeait la corrélation des sons et des sens en anglais.

Virginia Woolf n'est assurément ni la première ni la seule à bénéficier de telles attentions mimologiques. L'enquête – la quête – de Chastaing a commencé très tôt, et elle s'est d'emblée élargie à d'autres figures de la littérature contemporaine, pour le roman Marcel Proust et Charles Morgan, ou Édouard Estaunié et Charles-Ferdinand Ramuz, pour le théâtre Jean Anouilh et Luigi Pirandello, parmi beaucoup d'autres. Le philosophe a également tenu à ne pas négliger d'autres genres de littérature, réputés mineurs, comme le *Detective Novel* [11].

Nouvelle antithèse :
La « vérité » du romancier philosophe

Le danger qui guette, l'écueil à éviter, serait de s'élever dans l'abstraction et d'atteindre à un surplomb écrasant, de perdre alors de vue les personnages et leurs perspectives concrètes. Il faut préférer un « engagement empiriste » au « dégagement » d'une « philosophie de l'intellect » ou « de l'entendement », et refuser de substituer des idées aux sensations. Le philosophe, et le romancier qui philosophe, sont trop portés à se réfugier dans un décalque transcendantal de l'empirique, en jouant le noumène d'une réalité supérieure contre le phénomène des appartenances contradictoires, par exemple l'ontologie unifiée d'un narrateur « centre de référence » en lieu et place de l'éclatement des perspectives singulières. Ce serait jouer le jeu d'un « idéalisme critique », et Chastaing s'y refuse. L'engagement du critique en faveur de l'engagement de la romancière pour ses personnages est total. Ainsi se tisse une relation complexe qui ne concerne pas seulement les rapports des personnages entre eux, par juxtaposition et amoncellement de points de vue, mais notre rapport à eux à travers l'art du narrateur. Sont en effet concernés les « rapports du liseur, des personnages et du littérateur », pour autant que notre lecture a le pouvoir de donner ou de redonner vie à ces perspectives développées entre les lignes.

On se gardera donc d'aller trop vite en besogne, de critiquer globalement la philosophie et de louer absolument les écrivains, car chez les romanciers se cachent parfois des théoriciens ou des philosophes. Peut-être même est-il

■ 10. M. Chastaing, *La philosophie de Virginia Woolf*, Paris, P.U.F., 1951, par exemple p. 131.

■ 11. Voir notamment les livraisons régulières de Chastaing à la revue *La vie intellectuelle* dirigée par le R. P. dominicain Augustin Maydieu : « Estaunié et les littérateurs de la conscience solitaire », décembre 1945, p. 96-126 ; « L'imagination chez Charles Morgan », avril 1939, p. 294-310 ; « Notes sur Ramuz et la technique du roman », novembre 1946, p. 108-130 ; « Théâtre et jugement chez Jean Anouilh », mars 1948, p. 100-111 ; « L. Pirandello. *Les trois pensées de la petite bossue* », mai 1948, p. 136-138. Sur Proust, voir « Métaphysique de l'homme proustien », *Tradition de notre culture*, Paris, Cerf, 1938, p. 152-156, et « Notes sur le romantisme de Marcel Proust », *Les cahiers du Rhône*, Neuchâtel, Éditions de la Baconnière, 1943, p. 171-185. Enfin, sur le roman policier, outre « Roman policier et psychologie de la vérité » déjà cité, voir « Le roman policier "classique" », *Journal de psychologie normale et pathologique* 64, 1967, p. 313-342, repris dans *Europe*, t. 571-572, décembre 1976, p 26-49. Pour une synthèse sur l'apport possible de la mimologie aux études littéraires, voir « Notes sur le style du roman » [1951], repris dans M. Chastaing, *Les autres comme soi-même*, *op. cit.*, p. 283-299.

impossible que l'écrivain ne se fasse une idée de son art et qu'il ne laisse cette idée s'immiscer dans sa pratique au point de perturber l'évidence de l'accès d'une conscience à d'autres consciences. La possibilité d'une communication des consciences, en même temps que le risque permanent d'une intercalation de la conscience de l'écrivain réfléchissant à son art, forment l'un des ressorts argumentatifs essentiels de *La philosophie de Virginia Woolf.*

Que fait donc l'écrivain, que ne fait pas le philosophe, mais qui menace de mal tourner dès lors que l'écrivain se prend pour un philosophe? Ce sont deux choses, deux relations ou deux types de relations, que l'écrivain s'emploie généralement à établir de conserve. En mettant en scène des personnages, il montre comment les consciences communiquent effectivement. Mais, en nous le montrant, il communique avec nous : la communication des consciences de personnage ne nous parvient qu'à travers la communication établie par l'écrivain avec ses lecteurs. On pourrait dire que le travail sur le style du roman, grâce auquel le romancier parvient à entrer dans une conscience et à montrer comment les consciences de personnage communiquent entre elles, se double en permanence d'une étude des procédés au moyen desquels l'écrivain, en entrant dans les consciences ou en montrant comment elles communiquent, fait entrer son lecteur en chacune d'elles et instaure une communication entre le dedans et le dehors de l'œuvre. Les deux questions du style du roman et du contrat de lecture sont articulées bien qu'elles renvoient à deux genres de questionnement différents [12].

Le premier enjeu, qui révèle le problème du « point de vue » ou de la « perspective », est énonçable en des termes de théorie de la connaissance : « quand le romancier décrit un ivrogne est-ce la rue qui balance (point de vue de l'ivrogne) ou l'ivrogne qui titube (point de vue de l'observateur)? » Il arrive à Pierre Bourdieu d'attribuer à Virginia Woolf ces propos qui sont tirés des pages de Chastaing [13]. La citation engage le problème, classique, de la relativité de la connaissance. Aussi bien s'agit-il d'une extension du principe scientifique de la relativité du mouvement : quand le train sort de la gare, est-ce la rame ou le quai qui bouge? La relativité a ici une résonance existentielle, et l'on est bien au croisement de l'existence et de la connaissance, dans un abord de l'existence en termes de connaissance. Mais plutôt que de proposer l'insertion de thèses existentialistes dans une problématique gnoséologique, Chastaing

---

12. L'analyse des techniques romanesques est une chose. C'en est une autre que l'attention portée aux effets produits sur le public, à la reprise des thèmes de l'œuvre par ceux qui la reçoivent, à la formation de types (« donquichottesque », « donjuanesque », etc.) à partir des œuvres dans l'esprit des lecteurs et plus largement dans la culture d'une époque, puis à travers d'autres époques, par le biais d'autres reprises, littéraires, culturelles, etc. On le voit par exemple chez Paul Ricœur, que Chastaing introduisit personnellement auprès de Gabriel Marcel, et textuellement aux travaux de Husserl. Dans *Temps et récit,* l'esthétique de la réception est l'objet de la discussion qui suit l'étude de la construction de l'intrigue, notamment chez Virginia Woolf (Paris, Seuil, t. 2. *La configuration dans le récit de fiction,* 1991, p. 192-212, et t. 3. *Le temps raconté,* 1991, p. 284-328). Voir également le compte rendu que Ricœur fit de *L'existence d'autrui,* « Philosophie de la personne. 1. *L'existence d'autrui* », *Esprit,* février 1954, p. 289-297.

13. P. Bourdieu, « La théorie » (Entretien avec Otto Hahn), *VH (Victor Hugo) 101* 2, été 1970, p. 21 ; id., *Le sens pratique,* Paris, Seuil, 1980, p. 112, 139 ; id., *Sociologie générale Volume 1. Cours au Collège de France 1981-1983,* Paris, Seuil-Raisons d'agir, 2015, p. 244-245, 441. Chastaing a été, avant Jacques Bouveresse, l'un des introducteurs du sociologue à la pensée de Wittgenstein. Dans *Le métier de sociologue,* Bourdieu se réfère à Wittgenstein à travers Chastaing : une bonne partie de l'article de ce dernier, « Wittgenstein et les problèmes de la connaissance d'autrui », est repris dans ce discours de la méthode sociologique (P. Bourdieu, J.-C. Chamboredon, J.-C. Passeron, *Le métier de sociologue. Préalables épistémologiques* [1967], Paris, Éditions de l'EHESS, 2021, p. 288-294).

développe une approche épistémologique des faux problèmes inventés par les philosophes, existentialistes compris, lorsqu'ils sont confrontés au fait de la coexistence des consciences. Bourdieu ne se rapportera pas différemment à l'existentialisme de Sartre, en mobilisant contre lui aussi bien des classiques de la tradition sociologique (E. Durkheim, M. Weber) que des philosophes du langage ordinaire (L. Wittgenstein, J. Austin) [14]. Chastaing préfère coupler la philosophie analytique et la psychologie (génétique, historique, linguistique, selon les cas) : l'analyse psychologique des contextes en lesquels nous vivons donne sens aux textes que nous écrivons ou aux paroles que nous proférons. Elle permet en outre, et ce n'est pas rien, de pointer les contresens nés des mauvais usages que les philosophes font du langage.

Une précision s'impose toutefois, car la situation est assez contre-intuitive. Pour les existentialistes, toute la question est de savoir comment un sujet pourra *reconnaître* d'autres sujets, alors que tout, dans le champ des visées du sujet, se donne *a priori* à *connaître* comme objet. Au contraire, le savant de sciences sociales sait bien que la coexistence est donnée, que la pluralité des sujets humains ne saurait être abordée de la même façon qu'une multiplicité d'objets. Et non seulement le psychologue ou le sociologue le sait, mais il le vérifie en lisant des romans. Les romanciers confirment par leur art de la construction romanesque cette vérité que le chercheur constate comme un fait ou une donnée dans l'existence sociale et historique : les hommes et les femmes coexistent et communiquent, ils parviennent à se reconnaître et n'ont pas davantage de mal, la plupart du temps, à se connaître les uns les autres.

Le problème de la « perspective » ou de la multiplicité des perspectives, et de la conciliation de cette multiplicité, se pose au point de départ de l'enquête de Chastaing, comme il s'est peut-être posé au commencement de l'écriture pour la romancière Woolf. Tout l'art du roman consiste, par le traitement stylistique des matières, à faire entrer la conscience du lecteur dans la conscience de personnages communiquant entre eux. L'art du critique consiste, quant à lui, à rendre compte des hésitations et tâtonnements de départ, et du dépassement final des faux obstacles à la reconnaissance des esprits.

Quel est au juste le problème quand le romancier se prend pour un philosophe, ou pour Dieu ? Le problème surgit quand le romancier cesse de nous faire accéder à ce que voient et savent ses personnages, pour nous donner à lire ce que lui-même sait et voit, et qui excède la vision et le savoir des personnages eux-mêmes. En tant que créateur, il en sait plus, ou estime en savoir plus, non seulement sur les personnages mais aussi sur le monde dans lequel ils évoluent. Il se croit alors autorisé à fournir un point de vue surplombant qui est un point de vue omniscient, le point de vue de tous les points de vue ou sur tous les points de vue. Mais c'est un monde pour personne en particulier que le romancier donne alors à voir et à sentir. Or les personnes sont des particuliers, et il n'existe que des points de vue particuliers sur le monde. Un point de vue sur le monde qui ne serait pas limité, qui embrasserait tous les points de vue et le monde lui-même, ne serait plus un point de vue. Les personnages ne pourraient pas davantage nous donner une

---

■ 14. P. Bourdieu, *Le sens pratique*, op. cit., p. 71-78 ; P. Bourdieu, *Méditations pascaliennes* [1997], Paris, Seuil, 2003, p. 62-63, 166, 215, 221-223.

idée de ce que sont des personnes réelles, vivantes et existantes, en étant ainsi traversées et manipulées : elles deviendraient des marionnettes entre les mains de leur romancier.

Synthèse : Analyse de l'existence

Chastaing partage bien des problèmes avec l'existentialisme. Mais il a une façon toute différente de les aborder, qui n'aurait rien pour déplaire à la philosophie analytique. Sa méthode s'apparente à une thérapeutique très wittgensteinienne du langage des philosophes, et elle produit un compte rendu des contextes psychologiques d'émergence de ce langage qui relève de la pratique des sciences humaines. Le philosophe britannique P. F. Strawson a déploré que Chastaing ait mêlé des thèmes existentialistes à un traitement logique des matières romanesques, alors même qu'il avait été sensible à son effort pour réinscrire l'art de Virginia Woolf dans l'histoire de l'empirisme britannique et qu'il jugeait assez pertinente son approche en termes monadologiques :

M. Chastaing remet Virginia Woolf à la place qui, sans aucun doute, est la sienne : dans la tradition empiriste britannique. C'est de certaines parties de la métaphysique de Berkeley et de Hume qu'il trouve une vérification psychologique partielle dans ses romans. Pourtant, il utilise aussi souvent le mot « monade », et pas de manière inappropriée. Moins appropriés me semblent les échos de la philosophie française contemporaine [15].

Cette immixtion de philosophie française contemporaine n'a cependant rien d'accidentel, elle participe intimement du projet du linguiste et de l'historien des faux problèmes qu'est Chastaing. Pour autant, Chastaing n'entend pas existentialiser ou re-existentialiser la logique du roman. Si c'était le cas, on ne pourrait que souscrire à la critique de Strawson. Or c'est tout le contraire qui a lieu. Chastaing s'emploie à déraciner les faux problèmes en lesquels les existentialistes se perdent et à les ramener à la réalité de la coexistence qu'atteste l'analyse logique et linguistique de la littérature.

Chastaing fut, on l'a dit, un remarquable historien de la philosophie, et il se présente ouvertement comme un « professeur de psychologie chrétien [16] ». Dans La philosophie de Virginia Woolf, la communication des consciences est finalement présentée, en un geste très leibnizien, comme une communication de toutes les monades en Dieu [17]. Le logicien Jaakko Hintikka s'est étonné de trouver ce dernier mouvement, mystique, dans une monographie consacrée à Virginia Woolf, écrivaine notoirement attentive aux conditions concrètes de nos existences :

On a bien tenté de faire de Virginia Woolf une mystique niant l'empirisme et la réalité du monde de tous les jours. Et les matériaux pour étayer une telle interprétation ne manquent sans doute pas dans ses œuvres [Cf. par exemple de Maxime Chastaing : La philosophie de Virginia Woolf (Paris, 1951).]. Mais

■ 15. P. F. Strawson, « La Philosophie de Virginia Woolf. By Maxime Chastaing », Mind 63, n°252, Oct. 1954, p. 560. Nous traduisons.

■ 16. M. Chastaing, « Connaissez-vous les uns les autres », Psychologie comparative et art. Hommage à I. Meyerson, Paris, P.U.F., 1972, p. 264.

■ 17. M. Chastaing., La philosophie de Virginia Woolf, op. cit., « XIX. Perceval », p. 174-187.

c'est omettre l'un des traits les plus caractéristiques de l'attitude de Virginia Woolf, à savoir qu'elle est à l'affût du détail concret et social. Nul ne pourrait écrire *Une chambre à soi* ou bien « Suis-je snob ? » sans avoir une conscience aiguë des réalités matérielles et sociales et de leur influence sur nous [18].

Mais l'œuvre de Virginia Woolf, comme toute œuvre littéraire, échappe pour une part à son créateur, en l'occurrence à sa créatrice, lorsque les lecteurs s'en emparent. C'est à un profond engagement du lecteur Chastaing que l'on doit l'ouverture finale en direction d'une théologie romanesque [19]. Indépendamment même du christianisme de Chastaing, il n'est pas tout à fait déplacé d'invoquer la doctrine de Leibniz. Husserl lui-même concevait le problème de la coexistence des Ego comme un problème monadologique, et il se revendiquait expressément de Leibniz. On dira que Chastaing, dissolvant le faux problème husserlien, relance, à l'horizon de la résolution du problème de la communication des monades, la question de leur communication avec cette monade singulière qu'est Dieu.

Sommes-nous confrontés ici à une contradiction flagrante ? Tantôt Chastaing regrette que les romanciers se prennent pour Dieu, tantôt il encourage ses lecteurs à prolonger leur expérience de lecture en direction de Dieu. Mais ces encouragements ne signifient pas que le philosophe se prenne lui-même pour Dieu, en prétendant *in fine* mieux savoir que la romancière et ses personnages ce que chacune ou chacun éprouve et conçoit. À cet égard, ses positions ne varient pas jusqu'à la fin de l'ouvrage : il n'est aucun écrivain qui soit en mesure de s'arracher à la création et à ses créatures pour philosopher de haut en prenant la place du Créateur. Mais la portée du propos conclusif est tout autre. C'est par une analyse des effets immanents à la lecture des romans que Chastaing est amené à tourner ses regards vers la transcendance. Le message en effet délivré par la communication des substances est celui de l'amour, et l'amour est précisément aux yeux de Chastaing l'enseignement du Christ. Il va de soi que les lecteurs de Chastaing peuvent ne pas accepter ce point de vue qui est un point de fuite, et s'en tenir au constat, littérairement attesté, de la communication des monades et de leur attachement réciproque ici-bas.

Dans tous les cas, Chastaing demeure profondément attaché à la vérité, il croit qu'elle est atteignable par inspection des significations, la philosophie du langage introduisant aux significations des textes dont la psychologie (génétique, historique ou linguistique) restitue la portée en rétablissant le contexte de leur énonciation. Bien des chercheurs contemporains en sciences humaines s'intéressent aux « histoires », aux « récits ». Mais tout le problème est de savoir si récits et histoires participent d'un principe de « narrativité générale » ou d'un régime de la « littérature généralisée » qui, venant après l'hégémonie scientifique ou scientiste, positiviste et moderniste, la dépasserait en direction d'une posture postmoderne. Il faudrait reprendre en détail

■ 18. J. Hintikka, « Virginia Woolf et notre connaissance du monde extérieur », *La vérité est-elle ineffable ? et autres essais*, trad. A. Soulez et F. Schmitz, Combas, Éditions de l'éclat, 1994, p. 88-89.
■ 19. M. Chastaing, *La philosophie de Virginia Woolf, op. cit.*, p. 5 : « C'est pourquoi nous ne craindrons pas de terminer notre ouvrage par un chapitre théologique : ignorant méthodiquement Virginia Woolf et partant ses convictions personnelles, nous ne paraîtrons pas usurper le droit qu'aucun homme ne possède de décider de la foi d'un autre être humain ; nous fonderons simplement, sur l'étude des textes, la vérité de la religion que promeuvent les romans en même temps que la vérité religieuse de ceux-ci. »

l'analyse de la situation qui a conduit Jean-François Lyotard au constat d'une « condition postmoderne »[20]. On verrait sans doute que son attitude, pour être postmoderne, n'est pas sceptique ni anti-scientifique. Mais le plus souvent, c'est bien ainsi que Lyotard est lu.

Lorsque des auteurs *a priori* favorables aux sciences et à la positivité de la connaissance moderne s'intéressent aux histoires, ils le font en déployant leurs réflexions dans un espace conceptuel parallèle à l'espace logique, différent de lui et irréductible à lui. L'un des exemples les plus frappants est sans doute celui du grand psychologue Jerome Bruner, dont les derniers écrits, favorables au narrativisme, sont présentés comme relevant d'une « logique » qui n'est pas vraiment logique[21]. De même, toutes choses égales par ailleurs, les recherches de Ricœur sur la narration, tout en reconnaissant l'apport gnoséologique de la fiction, ne remettent jamais en cause l'existence radicalement distincte d'une rationalité scientifique. Il s'agit simplement de faire valoir avec le roman moderne un autre type de rationalité, qui rend aux efforts d'appréhension du monde des services que ni la rationalité philosophique ni la rationalité scientifique ne peuvent rendre. Ainsi *Mrs. Dalloway* de Virginia Woolf donne-t-elle accès à une expérience imaginative du temps qui diffère du « temps vécu » aussi bien que du « temps du monde », du « temps phénoménologique » comme du « temps cosmique », autrement dit, pour Ricœur, du temps tel que la philosophie le prend en charge d'un côté, tel que les sciences le comprennent de l'autre[22].

Le point de vue de Chastaing tranche sur ces approches. Il ne se penche pas sur l'art et la littérature en marge des sciences et de la connaissance, et en vue d'appréhender des ordres de phénomènes qui échapperaient à la légalité rationaliste moderne. Au contraire, il s'y intéresse comme à un domaine des productions humaines susceptible de délivrer des connaissances certaines. C'est en vue de connaître qu'il faut se tourner vers les arts en général, la littérature en particulier, et plus spécialement encore les romans contemporains. Seuls les romanciers sont des empiristes conséquents, c'est-à-dire des intellectuels qui s'intéressent aux phénomènes sans jamais chercher à les transcender au nom d'une raison abstraite et détachée des phénomènes. La forme actuelle de la rationalité logique a pris naissance au cœur du projet viennois d'un « empirisme logique », en faisant sien le primat méthodologique de l'« analyse logique » en philosophie. Chastaing est parfaitement au fait des arguments desdits empiristes et de leurs premiers lecteurs analytiques. À ses yeux, l'empirisme, s'il veut être conséquent, doit être psychologique, c'est-à-dire psychogénétique, psycho-historique et psycholinguistique. Les propositions d'un tel empirisme sont exemplairement vérifiées par les romans de Virginia Woolf.

Frédéric Fruteau de Laclos

20. J.-F. Lyotard et J.-L. Thébaud, *Au juste. Conversations*, Paris, C. Bourgois, 1979, « Une littérature générale », p. 85-114.

21. J. Bruner, *Culture et modes de pensée. L'esprit humain dans ses œuvres* [1986], trad. fr. Y. Bonin, Paris, Retz, 2000, « Deux modes de pensée », p. 27-62.

22. P. Ricœur, *Temps et récit*, t. 3, *op. cit.*, p. 229-237.

LA VÉRITÉ [1]

Maxime Chastaing

Puisque le romancier n'entre pas dans son roman pour capter les acteurs et apprécier leurs perceptions [2], puisqu'il ne tente même pas de déprécier celles-ci par l'intermédiaire d'un style captieux, chaque perception vaut autant qu'une autre. Ma vision d'un lac dans le ciel qui se couvre et se découvre vaut celle d'une montagne dorée qui s'effondre [3]. Des omnibus agglomérés équivalent aux fusées des cris. Impressions égales : « Des sous pendent aux arbres ; la fumée des cheminées se traîne ; aboiement, hurlement, cri "Ferraille à vendre" – et la vérité ? » [4]. Souvenirs des mers indiennes, rêveries de minarets – « et la vérité ? » [5]. Celle-ci « doit exister » [6], nous en avons soif [7] ; nous la buvons avidement à l'intérieur des perceptions, nous n'avons pas pour nous désaltérer à compléter leurs offrandes, nous nous contentons de leur intimité [8]. À chaque objet sa vérité.

Ne nous représentons-nous donc pas des objets factices ? Mais où commence et où finit la fiction ? On a conscience de transformer sur la plage une flaque d'eau en océan, on se dit qu'on rêve et soudain on voit un monstre « à franges et gantelets » disparaître dans les fissures de la montagne [9] ; on croit manger avec un vieux collectionneur et une vieille fille, et on se trouve en compagnie d'un braconnier et d'un furet [10]. On touche à une table « tout en sentant que c'est un miracle » [11] et on songe régulièrement à des navigations sur les mers lointaines [12] ; on reforme un pétale de fleur à l'image d'un navire [13] et on imagine des pétales de [76] fleur dans la lumière des vagues [14]. La compénétration de ce que nous sentons avec ce dont nous rêvons est telle que nous ne savons plus où poser les mots d'idées adventices et d'idées factices. Nous ne reconnaissons plus ces idées. Dans *Une maison hantée*, la même phrase contient le bruit du vent et « la lampe d'argent des fantômes » [15] ; une phrase où murmurent ceux-ci succède fraternellement à

■ 1. [*Note de l'éditeur* : ces pages constituent le chapitre VIII du livre de Maxime Chastaing, *La philosophie de Virginia Woolf*, Paris, P.U.F., 1951, p. 75-85. Nous indiquons entre crochets la pagination originale. Nous remercions Jacques et Luc Chastaing de nous avoir autorisé à reprendre ces pages. Toutes les œuvres pour lesquelles n'apparaît aucun nom d'auteur sont de Virginia Woolf.]

■ 2. « J'élimine le Dieu omnipotent, l'auteur parfaitement sage et prévoyant… Dans mon livre, il n'y a que Pierre Harden. Je ne suis pas plus sage que Pierre. Je ne vois pas plus loin qu'il ne voit. Je ne fais pas étalage d'un intellect supérieur. » Choses et personnages « sont ce qu'ils seraient dans un monde naturel réel, le monde d'une conscience quelconque » (M. Sinclair, *Far End*, [Leipzig], Tauchnitz, 926, p. 105-7).

■ 3. *A haunted House* (*La maison hantée*), trad. fr. H. Bokanowski, Paris, Charlot, 1945, p. 19.

■ 4. *Ibid.*, p. 20.

■ 5. *Ibid.*, p. 21.

■ 6. *Ibid.*, p. 164.

■ 7. *Ibid.*, p. 19.

■ 8. *Ibid.*, p. 21.

■ 9. *To the Lighthouse* (*La promenade au phare*), trad. fr. M. Lanoire, Paris, Stock, 1929, p. 90.

■ 10. *La maison hantée, op. cit.*, p. 138.

■ 11. *La promenade au phare, op. cit.*, p. 237.

■ 12. *The Waves* (*Les vagues*), trad. fr. M. Yourcenar, Paris, Stock, 1937, p. 25, p. 32, p. 102.

■ 13. *Ibid.*, p. 24-25.

■ 14. *Ibid.*, p. 190.

■ 15. *La maison hantée, op. cit.*, p. 16.

une phrase sur le silence; la perspective d'une habitation vide se confond avec celle où des morts se penchent sur l'habitant endormi; le trésor que cherche celui-ci se confond avec le trésor que cherchent ceux-là; est-ce lors le dormeur qui hante sa propre demeure? est-ce le couple disparu qui est vivant? est-ce la maison au cœur battant qu'il faut nommer imaginaire? est-ce la lumière des trépassés qui porte la marque de l'authenticité? à quoi référer ce pronom « il » qui truffe notre discours[16]? au réel? à l'irréel? Nous ne pouvons répondre : nous ne reconnaissons « aucune différence ou inégalité »[17] entre les présents d'*Une maison hantée*; et nous disons que « tout nous est égal » dans l'univers offert par Virginia Woolf. Nous contredisons ainsi Hume, à cause de Hume; car nous ne jugeons pas nécessairement que ce qu'on appelle « image » soit moins vif que ce qu'on nomme « sensation » : après un long voyage, les paysages familiers semblent éteints; après maladie, ils paraissent « irréels »[18]; mais une flamme substantielle anime, dans *Les vagues*, les songes de Rhoda. Si donc nous voulions qualifier d'illusoires des perceptions anémiées, nous ne placerions pas la pancarte de l'Imaginaire où on la place ordinairement : nous rêverions des ouvriers comme des nègres, nous traiterions parfois les femmes ainsi que des produits de fantaisie, nous ne croirions pas à ces passants défunts qui défilent dans les rues[19]; mais nous croirions à des tonneaux d'or, à des arbres dorés[20], aux trésors des maisons[21] et à des personnes adorables[22], nous affirmerions, au moment que nous les concevrions, l'existence des sirènes et celle des déesses des forêts[23], nous appellerions les contes de fées romans réalistes.

À chaque perception sa vérité; à chacun partant ses vérités. Chaque homme ne joue-t-il pas une partie différente de celle que jouent les autres[24]? Ne chante-t-il pas ses pensées « sans souci de l'âpre dissonance produite avec le chant » du voisin[25]? Ce qui a pour toi « l'aspect brouillé des choses aperçues [77] à travers une vitre est pour moi substantiel et solide »[26]; ce que je crois, tu ne le crois point. Ce que « la sœur voit, le frère ne le voit pas; ce qu'il voit, elle ne le voit pas »[27]. Mais comment la sœur peut-elle savoir qu'elle voit ce que son frère ne voit pas? Si elle le sait, elle voit ce que voit son frère; si elle ne voit pas ce que voit ce dernier, elle ne sait rien de ce qu'il voit. Si donc mon expérience diffère réellement de la tienne, je suis incapable de le dire : j'énonce ma vérité à propos de toi, j'ignore ta vérité[28], je puis

16. *Ibid.*
17. R. Descartes, *Méditations, Œuvres et lettres*, Paris, Gallimard, « Bibliothèque de la Pléiade », 1937, p. 181.
18. *La promenade au phare, op. cit.*, p. 225.
19. *La maison hantée, op. cit.*, p. 99-100.
20. *Ibid.*, p. 265-266.
21. *Ibid.*, p. 263.
22. *Ibid.*, p. 264.
23. *Mrs. Dalloway (Mrs Dalloway)*, trad. fr. S. David, Paris, Stock, Le Cabinet cosmopolite, 1929, p. 68.
24. *Les vagues, op. cit.*, p. 232.
25. *Ibid.*, p. 104.
26. *Ibid.*, p. 197.
27. *Between the Acts (Entre les actes)*, trad. fr. Y. Genova, Alger, Charlot, 1944, p. 33.
28. *La maison hantée, op. cit.*, p. 164.

LA VÉRITÉ

■

indifféremment imaginer nos vérités semblables ou dissemblables : je ne te connais pas, tu ne me connais pas[29], voilà la loi des relations humaines[30]. Je ne me nourris alors que de questions : que sens-tu[31] ? Que veux-tu, quand tu retires la main[32] ? Que signifient pour toi ce jardin et ces vagues[33] ? Toujours, que penses-tu[34] ? Je vois tes sourcils froncés[35], tes rougeurs subites, tes tressaillements, tes gestes[36], ton costume neuf, tes livres... [37] ; je vois des fragments corporels et des mouvements, je me « promène sur la surface »[38] que mes perceptions dessinent, mais qu'y a-t-il derrière[39] ? Je saute d'une impression à une autre, mais comment tirer de mes impressions les tiennes[40] ? Par induction ? J'induis de mes pensées des pensées qui sont toujours les miennes. Comment inférer des pensées qui seraient les tiennes et dont tes comportements me paraîtraient l'indice ou le drapeau[41] ? En découvrant le « code » de tes expressions et de tes actions ? Mais pour le découvrir, il faudrait que je t'« ouvre de force comme une huître »[42] et que je compare chacune de tes perles à chaque qualité de ta coquille, il faudrait donc que je perçoive déjà ce que je ne puis percevoir, et mon esprit tourne dans un cercle : accéder à tes pensées par déchiffrement de ta chair, déchiffrer ta chair par accès à tes pensées[43]. Ton esprit est un secret[44] ; le sens de tes gestes, de tes mimiques et même de ton langage[45] est enfermé en toi comme en un secrétaire. Puisque je ne puis te crocheter, je demeure seul avec mes pensées. Je chante la vérité désolée de ma solitude[46].

Comment pouvons-nous parler sans nous contredire de la discordance des âmes [qui suppose la connaissance d'autrui] et du secret des cœurs [qui affirme l'ignorance d'autrui] ? Parce [78] que Virginia Woolf nous permet de sentir et la dissemblance et l'isolement des personnes humaines. Comment ? Parce qu'elle nous ouvre successivement les perspectives de ses personnages. Nous entrons dans la monade de Rhoda, nous en sortons brusquement pour recevoir la vérité de Bernard, nous abandonnons celle-ci et nous adoptons les sensations de Jinny... Nous empilons en nous des autobiographies différentes : chacune joue la partition de la solitude, l'ensemble produit une musique dissonante : avec Bernard, nous sommes séparés de Rhoda, avec Rhoda nous sommes séparés de Bernard ; mais parce que nous avons vécu avec Bernard

---

29. *La promenade au phare*, p. 109. *Cf.* D. Fontaine, *Les rivages du néant*, [Paris], Rieder, 1943, p. 51, p. 102, p. 122.

30. *La promenade au phare*, *op. cit.*, p. 110.

31. *Ibid.*, p. 114.

32. *Ibid.*, p. 89.

33. *Ibid.*, p. 233.

34. *Mrs. Dalloway*, p. 160; *The Years* (*Années*), trad. fr. G. Delamain, Paris, Stock, 1938, p. 215.

35. *La promenade au phare*, *op. cit.*, p. 99.

36. *Ibid.*, p. 113, 129.

37. *Cf. ibid.*, p. 224; *Années*, *op. cit.*, p. 328.

38. *Entre les actes*, *op. cit.*, p. 180.

39. *La promenade au phare*, *op. cit.*, p. 38.

40. *Ibid.*, p. 33.

41. *Jacob's Room* (*La chambre de Jacob*), trad. fr. J. Talva, Paris, Stock, 1942, p. 49, p. 61.

42. *La maison hantée*, *op. cit.*, p. 109.

43. *La chambre de Jacob*, *op. cit.*, p. 97.

44. *La promenade au phare*, *op. cit.*, p. 63, p. 129; *Orlando* (*Orlando*), trad. fr. C. Mauron, Paris, Stock, 1931, p. 233.

45. *Cf. La promenade au phare*, *op. cit.*, p. 102, p. 108, p. 173, p. 203.

46. *Night and Day* (*Nuit et jour*), trad. fr. M. Bec, Paris, Éditions du Siècle, 1933, p. 209; *Entre les actes*, *op. cit*, p. 62, p. 119, p. 122, p. 179.

et avec Rhoda, nous pouvons comparer les perceptions de l'un avec celles de l'autre et nous pouvons dire les vérités dissemblables de l'un et de l'autre. Nous pouvons donner à la solitude le double visage de la qualité et de la quantité : je ne suis pas toi, je ne pense pas comme toi. Nous donnons un sens à la sentence fameuse du « secret des cœurs »[47]. Ainsi, *Mrs. Dalloway* ne propose pas l'image véridique d'un monde, mais juxtapose des mondes opposés : celui de Septimus, celui de Peter Walsh, celui de Sir William Bradshaw, celui de Miss Kilman, celui de Clarissa Dalloway elle-même... Le livre des *Vagues* superpose 6 mondes ; celui d'*Années* plus de 20 ; des monologues supportent ces piles de vérités individuelles : ils envahissent les romans, ils bousculent dès les premières œuvres les autres procédés de style et déchirent le costume des dialogues, ils occupent *Les vagues*, ils déteignent sur les entretiens d'*Années*, transforment ceux d'*Entre les actes* en récits parallèles et s'attribuent leurs privilèges typographiques. Avec des soliloques, Virginia Woolf construit ses romans de la solitude.

Elle cause partant quelque trouble dans la foule des littérateurs[48] qui parlent d'une Séparation qu'exclut leur façon de parler : Rebecca West affirme, en conversant avec nous, qu'« il n'y a pas de conversation »[49] ; Estaunié juge impénétrable l'âme de ses personnages extérieure à la sienne et cependant pénètre en elle afin de prouver par analyse qu'elle est impénétrable à d'autres âmes impénétrables ; les romanciers qui disent la solitude humaine ordinairement se contredisent : ou ils sont des hommes, et leurs discours n'ont pas de sens ; ou leurs propositions ont une signification, et elles sont fausses parce que lors ils ne paraissent [79] plus des hommes. Non seulement ils manquent à leur parole, mais encore ils manquent leur roman puisqu'ils le fondent sur une communication première avec autrui. Virginia Woolf respecte le langage et la littérature en respectant notre expérience : elle ne crée point un univers fantastique où nous jouirions des droits d'Asmodée, elle nous offre les perceptions de Clarissa ou de Richard, de Jinny ou de Suzanne ; parce qu'elle nous offre ces perceptions séparément, elle nous donne conscience de perceptions séparées : nous passons sans transition de l'une à l'autre, nous sautons d'une vie dans une autre, comme nous sautons de pierre en pierre quand nous traversons un torrent ; nous pensons que ces vies n'ont pas de parties communes et nous les appelons privées[50], nous pensons qu'il n'y a pas de vie commune mais des impressions particulières[51] ; nous comparons les hommes à des îles, nous les voyons ainsi que des fragments[52] d'un continent disparu[53] séparés par des gouffres[54], morceaux éparpillés[55] dans l'espace[56]. En même temps que nous chantons le refrain « Nous sommes dispersés »[57] qui rythme notre voyage discontinu, nous comprenons donc la nature de cette

47. *Cf.* P. Ricœur, Le mystère mutuel ou le romancier humilié, *Esprit*, 1947.
48. *Cf.* M. Chastaing, Estaunié et les littérateurs de la conscience solitaire, *Vie intellectuelle*, 1945.
49. R. West, *The harsh Voice*, Paris, Albatros, 1935, p. 60.
50. *La promenade au phare, op. cit.*, p. 173.
51. *Les vagues, op. cit.*, p. 146.
52. *A Room of one's own*, London, Hogarth Press, 1930, p. 127, 191-192.
53. Même image dans le poème de Matthew Arnold : *Isolation*.
54. *Mrs. Dalloway, op. cit.*, p. 147.
55. *Entre les actes, op. cit.*, p. 125.
56. *Années, op. cit.*, p. 394.
57. *Entre les actes, op. cit.*, p. 103-110.

solitude dont nous acquérons l'idée : je suis ici, tu es là ; l'étendue qui divise envahit nos pensées et sépare nos âmes ; l'isolement est un fruit de notre imagination de l'espace : nous plaçons notre esprit dans un désert [58] comme un meuble dans une chambre [59], nous l'étendons sur le sable, comme un corps à côté d'autres corps [60] et nous haïssons la terre immense, la mer, le ciel [61] où nous nous croyons abandonnés [62].

Nous entendons lors les monologues de ces âmes pétrifiées succéder aux monologues, nous écoutons la mélopée des perceptions insulaires, nous discernons dans sa monotonie l'équivalence de chaque chant désolé, comme nous discernâmes naguère l'équivalence de chaque phrase, nous croyons à la valeur de toutes les impressions et de toutes les pensées, nous concevons l'esprit de tout homme ainsi qu'« une cassette fermée » [63] que nul ne peut fracturer afin de confirmer ou d'infirmer son contenu, nous affirmons une multitude de vérités isolées après avoir affirmé la séparation de leurs propriétaires.

Non seulement Virginia Woolf nous conduit à des « propositions empiriques » de la solitude, mais encore elle nous suggère une philosophie de celle-ci que ne peut exprimer qu'un littérateur. Si en effet ce dernier se doit, en tant qu'homme de [80] respecter notre vision humaine, il peut, en tant que romancier [64], créer différentes visions ; et c'est par participation à ces visions que nous comprenons que chaque esprit est enfermé dans son atome d'impressions ou d'idées. Le philosophe au contraire, quand il parle de l'expérience, se borne à son expérience ; il n'a partant aucune raison d'affirmer ou de nier qu'il connaît ses seuls états psychiques, puisqu'il devrait sortir de ses perceptions et les comparer avec celles des autres afin d'apprendre que leurs objets sont privés ou publics. Si donc Hume prétend que ma conscience contient comme un coffre les corps et les esprits [65], son jugement gratuit ne me semble ni vrai ni faux ; mais Virginia Woolf, quand elle m'engage dans les 6 perspectives des *Vagues*, vérifie la théorie des âmes sans portes ni fenêtres. La « monade » est un produit esthétique. Serait-elle un produit d'esthètes ?

La forme littéraire qui fonde ici une philosophie de la solitude humaine, nous renvoie derechef au principe de Perspective et nous incite à l'éclairer de nouveau en considérant les rapports du liseur, des personnages et du littérateur. Nous savons déjà que celui-ci, selon une métaphore commode, ne se place ni entre les personnages et nous, ni au-dessus de nous et des personnages afin généralement de les juger et singulièrement de décréter leur isolement mental. Où donc paraît-il se placer ? Ni à côté des personnages ; ni

---

58. *Mrs. Dalloway*, op. cit., p. 120.

59. Cf. *The Voyage out* (*La traversée des apparences*), trad. fr. L. Savitzky, Paris, Le Cahier gris, 1948, p. 434.

60. *Années*, op. cit., p. 393-394.

61. *La traversée des apparences*, op. cit., p. 443-444.

62. Cf. *Mrs Dalloway*, op. cit., p. 113.

63. *Les vagues*, op. cit., p. 241.

64. Ou en tant qu'homme de théâtre, paraître rapporter les discours de différents personnages. Ainsi, Strindberg : « – Je sais être seul… – Moi aussi. » (*La danse de mort*, [tr. M. Rémon,] [Paris], Stock, 1921, p. 17.) Mais Strindberg montre en même temps que la monadologie de ses créatures est contradictoire : elles parlent les unes avec les autres de l'inexistence des autres. Elles avouent elles-mêmes leur illusion : « Je ne sais rien de cet homme, *si ce n'est que*… » (*ibid.*, p. 49). Cette illusion tombe, après la mort de l'adversaire : « C'était un homme plein de bonté… » (*ibid.*, p. 227).

65. Cf. A. Schwenninger, *Der Sympathiebegriff bei David Hume*, Munich, Diss, 1908, p. 5.

à côté de nous, comme Eliot[66]. Ni derrière les personnages, à la manière d'un montreur de marionnettes ; ni même derrière nous, ainsi que Maupassant, qui dirige notre regard où il regarde. Devons-nous partant penser qu'il s'introduit simultanément en nous et dans les personnages ? Rappelons-nous le moment où Mrs. Ramsay regardait coller une affiche[67] : d'une part, Virginia Woolf ne semblait pas connaître cette affiche avant que Mrs. Ramsay ne la connût, elle ne se distinguait pas de cette dernière, elle était Mrs. Ramsay ; l'auteur de romans s'identifie ainsi dans ses romans à un simple narrateur et le narrateur s'identifie aux personnages. D'autre part, Virginia [81] Woolf ne se différenciait pas de nous en nous présentant l'affiche admirée par Mrs. Ramsay : sa conscience et partant la conscience de Mrs. Ramsay, c'était la nôtre ; le point de vue du narrateur ou du personnage, c'est le nôtre, c'est nous qui percevons les sensations de Jinny, qui embrassons les paysages imaginaires de Rhoda, c'est nous qui produisons le monde des *Vagues* ou d'*Années*. Nous avons appris naguère, en adoptant la perspective de la création romanesque, que le créateur faisait du liseur un second créateur[68] ; nous comprenons maintenant que la structure du roman se constitue par l'indifférenciation de ceux qu'on appelle, sur le plan précédent, les créateurs et les créatures. Ainsi, alors que le conte sépare le narrateur, l'auditeur et le personnage, le roman unit en un seul être ces 3 personnes.

L'empirisme est le premier fils de cette union. Inversement, de la désunion sort une philosophie de l'intellect : que l'écrivain décrive l'affiche avant que nous ne la percevions et nous contemplons des idées avant de jouir de sensations, et nous croyons aux productions d'un entendement pur. Cette désunion fait obstacle à toute littérature et à toute doctrine de la solitude : si un prisonnier est véritablement seul dans sa cellule, il n'y a personne pour le regarder, il n'y a pas d'artiste invisible pour le peindre ; si un acteur de roman paraît véritablement seul dans sa monade, il n'y a pas d'autre spectateur de ses pensées que lui-même, il n'y a pas de place pour un écrivain et un lecteur qui le connaîtraient : sa conscience, c'est la mienne et c'est en même temps celle du littérateur. La technique de Virginia Woolf d'où procède une théorie générale de l'expérience convient à une théorie de l'expérience solitaire.

Elle s'oppose ainsi à celle de romanciers qui semblent pourtant vouloir nouer des liens de parenté avec *Les vagues*, lorsqu'ils juxtaposent les perspectives de plusieurs individus et encadrent ces perspectives dans des chapitres ou paragraphes aux armes voire au nom de chaque individu. Que signifie en effet dans leurs œuvres le mot « perspective » ? Qu'un personnage sert de centre de référence. Que signifie toutefois cette référence ? Julien Green, par exemple, paraît se placer devant ou derrière un des principaux acteurs de *Léviathan* ou à côté de lui : il le vise au moyen de sa camera, il le suit s'il se déplace, il enregistre ses actions et ses paroles jusqu'au moment où

■ 66. « Avec Eliot, on est toujours deux pour voir les aventures des autres. » (R. Rolland, Tolstoï et Eliot, *Nouvelles littéraires*, 7 février 1946).

■ 67. *La promenade au phare, op. cit.,* p. 18.

■ 68. *The Moment,* London, Hogarth Press, 1947, p. 68. Emerson l'a appris à Whitman et Whitman l'a appris aux lecteurs de *A backward Glance* : « Le liseur jouera son rôle comme j'ai joué le mien. Je cherche moins à définir un thème…, qu'à vous placer dans l'atmosphère du thème… – là, vous prendrez, vous-mêmes, votre vol. »

il décide d'enregistrer celles d'un autre acteur, il n'opère pas différemment de ces auteurs de [82] romans policiers – Crofts ou Agatha Christie – qui épient successivement tous les témoins d'un crime ; il est par son espionnage cinématographique tellement extérieur à ses personnages qu'il ne craint pas de devenir parfois leur historien en disant, comme Dos Passos[69], leur passé voire leur avenir.

Lors donc qu'il dirige l'axe de son appareil de prises de vues vers ce qu'ils perçoivent, il n'entend pas reproduire leur expérience mais la sienne à l'occasion de la leur ; et il nous représente ensuite, comme lui les a saisis, les objets qu'ils ont appréhendés ; il nous met ainsi à sa place, et c'est de sa place que nous les observons, eux et leurs satellites. Par là, d'une part, nous ajoutons à notre conscience celle des personnages et, corollairement, à celle-ci la nôtre, de telle sorte que, quand Guéret parcourt la nuit les rues d'une petite ville, nous ne pensons pas à une course solitaire mais à la fuite d'un homme que poursuit notre regard – comparable à celle d'un criminel pris dans le nœud coulant lumineux d'un projecteur de la police – et que nous imaginons en cet homme la passion dont Green est généralement le romancier : la peur. D'autre part, non seulement la vision unique que nous communique l'écrivain nous semble absolument vraie, mais encore sa vérité nous paraît s'imposer aux personnages : ils vivent dans le monde que *Léviathan* découvre, ils le perçoivent en même temps que nous, et nous croyons que leurs perceptions ou ressemblent aux nôtres ou complètent les nôtres.

La cinématographie de Green qui met au centre de ma perspective 4 personnages, me suggère ainsi une théorie de la réalité qui m'enseigne simplement que nous sommes au monde ; celle de Virginia Woolf qui détermine au moyen des 6 personnages des *Vagues* mes centres de perspective[70], fonde une théorie de [83] la connaissance où nous crions ce slogan : le monde est « pour moi ». Là, une technique qui, en me dégageant des héros de *Léviathan*, reconduit jusqu'à une ontologie ; ici, une technique qui, parce qu'elle engage dans la vie des personnages, départ à chaque phénomène et aux phénomènes de chacun la vérité. Si nous confondons ces deux techniques, nous retrouvons le procédé d'Hergesheimer dans *Tête de Java* où le romancier prétend, lui aussi, additionner les visions d'acteurs différents, et perdons simultanément la réalité existante et la réalité empirique par l'invention d'une réalité « transcendantale ». Quand, par exemple, Hergesheimer présente Taou Yuen, il ne rapporte pas les pensées du personnage, il rapporte leur sens, il importe donc dans le livre sa propre

---

69. Exemple : à la fin de *Quarante-deuxième parallèle*, Dos Passos annonce que Jack ne devait jamais revoir Ike. Son « introductrice » écrit pourtant qu'il conte chaque histoire « du point de vue du personnage dont elle porte le nom » et même qu'il installe sa caméra « dans la conscience » de chaque personnage (C.-E. Magny, Introduction à la lecture de Dos Passos, *Poésie 46* 31, p. 68, 73). Ce qui est vrai de Virginia Woolf, mais non de Dos Passos. Celui-ci multiplie les perspectives dans les 60 premières pages de la *Grosse galette* : 1) « behaviorist », a) du personnage, b) d'un observateur du personnage présent, c) d'un juge qui connaît le passé comme le présent du personnage ; 2) psychologiques, a) du personnage qui prend conscience de ses pensées, b) du personnage qui raconte ses pensées, c) d'un juge qui comprend les pensées présentes du personnage, d) d'un juge qui comprend les pensées passées et futures du personnage. Cette énumération incite à penser que les critiques littéraires, comme les philosophes, souffrent parfois d'une maladie de la simplification que Reid a bien diagnostiquée.

70. S'il est facile d'ignorer ici l'art de Virginia Woolf, c'est parce qu'on tend à l'attribuer à d'autres romanciers et même à le trouver dans tout roman qui n'est pas « biographique ». Exemple de cette tendance dogmatique : « Les romans sont de deux espèces. Ou bien l'auteur survole ses créatures avec l'omniscience et l'omniprésence d'un dieu, ou bien, il nous invite à prendre la place d'un personnage central… » (A. Laffay, Le cinéma « subjectif », *Temps modernes*, 1948, p. 156.)

compréhension ; mais celle-ci, il la traduit au moyen de phrases interrompues ou effilochées par des points de suspension, il la transcrit ainsi dans le ton de Taou Yuen qui agonise. Il tente donc de nous communiquer la perspective de son héros, une perspective toutefois qui représente ses intuitions d'écrivain, en sorte qu'il nous propose finalement l'apparence pour Taou Yuen des noumènes que saisit Hergesheimer. Cet idéalisme empirique dont il veut nous infecter, il le manifeste très clairement toutes les fois qu'il met en scène des enfants et que, partageant « les illusions du pédologue »[71], il nous transmet, non des représentations d'un monde puéril, mais les représentations que donnent les petits d'homme de son univers d'adulte. Sa vérité nous introduit, avec les personnages, dans l'illusion ; Virginia Woolf s'introduit, avec nous, dans les vérités de ses personnages.

Sur l'écran d'une monade, des impressions défilent. L'une parfois passe qui ressemble à une image passée ; nous tendons à la confondre avec celle-ci ; et nous tendons à confondre avec elle une sensation semblable qui survient ; par cette confusion nous arrivons sans raison à croire à la persistance de ce que nous percevons, nous substituons à l'idée d'expériences toujours neuves celle d'expériences répétées[72], nous prétendons que la nature ne joue pas des thèmes assimilables les uns aux autres mais rejoue toujours les mêmes thèmes[73], nous parlons volontiers de la consistance et même de la subsistance d'une plume ou d'une pierre[74] : dans une ville déchirée par [84] les bombes, nous nous accoutumons aux ruines et nous finissons par les taxer de constance. Mais nous ne jugeons point que la musique des carillons de l'habitude[75] soit plus vraie que celle des instants qu'on ne voit pas deux fois : nous fabriquons simplement sur le champ de la vérité des phénomènes, avec des ressemblances familières et les impulsions de notre fantaisie, l'idée d'objectivité. En passant d'une perspective individuelle à une autre, grâce au roman, nous nous procurons quelques matériaux de cette fabrication : comme plusieurs expériences d'un même homme semblent confirmer un phénomène et affermir son contenu, les expériences de plusieurs paraissent affirmer par leur convergence une réalité substantielle[76] : regardons ensemble un arbre, et son feuillage prend la forme de cheveux bien peignés, alors qu'il avait figure floue dans nos perspectives isolées[77] ; regardons ensemble une fleur, et nous la constituons[78] ; rassemblons dans *Les vagues* 6 admirateurs de Perceval, et Perceval existe. Nous songeons lors que ce que nous percevons, d'autres le perçoivent, nous rêvons que ce porte-plume, d'autres le regarderont et

71. *Cf.* M. Chastaing, « Note sur les illusions du pédologue », *Journal de psychologie*, 1946.

72. *La promenade au phare, op. cit.*, p. 29.

73. *Entre les actes, op. cit.*, p. 139.

74. *Années, op. cit.*, p. 83.

75. *Entre les actes, op. cit.*, p. 30.

76. Opposer à l'objectivité de Selma Lagerlöf. Celle-ci décrit, « pour ceux qui ne les ont pas vus », les paysages de *Jérusalem en Dalécarlie* quand un personnage les voit ; mais elle ne les décrit pas comme il les voit : elle les décrit comme elle les voit. Elle présente ainsi un paysage commun. Exactement : un pays où nous communions. Le style de ses contes est celui de la communion : elle y invoque personnages et liseurs, elle les voussoie en tant que personnes humaines, non en tant que personnages ou liseurs : « Mes amis… Amis, enfants des hommes. »

77. *Les vagues, op. cit.*, p. 88.

78. *Ibid., op. cit.*, p. 120.

peut-être l'utiliseront quand nous le jetterons[79] ; nous pensons même, si un ami meurt, que nous voyons le premier matin qu'il ne verra pas[80] : sur un champ de bataille, nous envions les cadavres qui ont la bonne chance de ne pas connaître leur laideur.

Toutefois, mes incursions successives, au pays de *Mrs. Dalloway* ou des *Vagues*, dans les départements de plusieurs personnages, m'enseignent que les expériences ordinairement se suivent et ne se ressemblent pas. Mon inclination à construire l'idée d'objectivité sur les fondations de rares analogies sensibles est donc balayée par mon habitude de rencontrer, sous les noms de diverses personnes voire sous le nom d'une seule personne, sous les mêmes mots, des perceptions qui n'ont pas de liens de parenté. Non seulement je vérifie ainsi que la coutume gouverne mes croyances, qu'elle cause mes fugitives pensées de perceptions constantes comme ma vive imagination d'une expérience sensible incohérente ; mais encore je découvre que je donne au langage cette fidélité que je ne puis donner aux impressions. Si en effet tu ne vois [85] pas ce que je vois, tu le nommes pourtant comme moi, en même temps que moi : les 6 enfants des *Vagues* possèdent 6 jardins privés dans leurs consciences, mais, tous, ils parlent de jardin, de haie, de maison ou de forêt voisine... Si les sensations ne se répètent pas, les mots semblent se répéter. Et sans doute les mots correspondent à des sensations, mais ces sensations qui ont pour mission d'en indiquer d'autres me paraissent par leur constance tellement différentes de ces dernières que j'incline à leur octroyer un statut propre et que je crois à un univers du discours bien fait, dans le temps où je connais les défaites d'une imagination qui tente de lier des impressions. En sortant des romans, j'éprouve envie de dire : je ne sais si tu vois de la même façon que moi la mer et le bleu de la mer, je suppose même que probablement tu les vois de façon différente et que peut-être tu jouis de ce que j'appelle « rouge » quand tu regardes une étendue que nous nommons « bleue »[81] ; mais je sais que nous convenons d'employer les mots « mer » et « bleu », et cette harmonie de nos substantifs et de nos adjectifs contente mon esprit positif. Ajouterai-je que je me satisfais d'un langage qui ment[82], puisqu'il épouse des expériences vraisemblablement discordantes ? Mais je vis de son mensonge familier : je signe du même nom mes lettres d'amour comme les lettres d'affaire, ma jalousie comme mon indifférence[83]. Je n'ai besoin pratiquement que de paroles. La nature s'ulcère et s'infecte sous les coups des obus, les maisons s'effritent ou s'effondrent, des hommes vénérés se transforment dans des camps, comme dans des tableaux, en ombres de couleur violette[84], mais les mots de nature, de maison et d'hommes vivent toujours[85], cependant que leurs objets meurent.

■ 79. *Années, op. cit.,* p. 83.
■ 80. *Les vagues, op. cit.,* p. 238.
■ 81. *Cf.* C. I. Lewis, « The pragmatic element in knowledge », *Univ. Calif. Pub. Phi.* VI, 1926, p. 213.
■ 82. *Les vagues, op. cit.,* p. 103.
■ 83. *Ibid.,* p. 158.
■ 84. *Cf. La promenade au phare, op. cit.,* p. 65.
■ 85. *Cf. The Death of the Moth,* London, Hogarth Press, 1947, p. 128.

SITUATIONS

LA POST-VÉRITÉ
Entretien avec Gloria Origgi[1]

CP : Gloria Origgi, nous souhaitions vous rencontrer pour discuter de la post-vérité parce que vos travaux, sur la confiance[2], sur la réputation[3], ou encore plus récemment le collectif dirigé sur les passions sociales[4], s'attachent précisément à l'étude de mécanismes à la fois sociaux et épistémiques. Pour commencer, pourriez-vous dire comment vous définissez la « post-vérité », sachant qu'il y a discussion sur la légitimité même du terme, et pourquoi ce terme constitue-t-il pour vous un objet d'intérêt et de recherche ?

Gloria Origgi : j'ai abordé la question de la post-vérité avant tout à partir de 2017 dans le séminaire que je donne à l'EHESS sur les rapports entre épistémologie et démocratie. Ma démarche est un peu différente de celles des contributions qui, dans votre numéro, cherchent à conceptualiser la notion pour voir si c'est un outil philosophique viable et utilisable. Quand j'ai commencé à travailler sur la post-vérité, je n'ai pas essayé de la définir en termes philosophiques, je n'ai pas testé sa robustesse, j'ai plutôt pris comme point de départ la définition qui circulait à partir de 2016 comme une attitude qui met en avant les émotions, les croyances personnelles par rapport aux faits dans la lecture de la réalité, j'ai accepté la *doxa* sur la post-vérité afin de voir quelles étaient les conséquences de cette notion. À la différence, par exemple, de l'article de M. Girel, que j'ai bien aimé, qui cherche les causes possibles de la post-vérité, j'ai essayé de connecter le concept à une certaine transformation du politique selon moi responsable de cette attitude de post-vérité. J'ai essayé de faire le lien avec certaines transformations du politique qui ont à faire avec des transformations épistémologiques de notre société, et qui sont liées au développement des moyens d'informations, à la modification des sources d'informations etc., ainsi qu'au sentiment de perte de centralité du concept de vérité dans nos sociétés.

Dans un article publié dans un journal italien, *MicroMega*[5], je pars des rapports entre politique et vérité, question classique en philosophie, mais qui est posée de façon centrale par la philosophie contemporaine. Dans la plupart des défenses des démocraties libérales, le rapport à la vérité est ambivalent. L'idée est qu'au fond une démocratie ne devrait pas avoir besoin de vérité. Le célèbre article d'Hannah Arendt sur vérité et politique[6] commence justement par ce constat : la vérité est un concept encombrant pour le politique, parce que si le politique est l'arène où

■ 1. Entretien réalisé par N. Chouchan et S. Marchand le 4 mars 2021.
■ 2. G. Origgi, *Qu'est-ce que la confiance ?*, Paris, Vrin, 2007.
■ 3. G. Origgi, *La réputation : qui dit quoi de qui*, Paris, P.U.F, 2015.
■ 4. G. Origgi, *Passions sociales*, Paris, P.U.F, 2019.
■ 5. G. Origgi, « Post-verità e post-politica », *MicroMega* 2, 2017, p. 9
■ 6. H. Arendt, « Vérité et politique », in *La Crise de la culture* [1954], trad. fr. C. Dupont et A. Huraud, Gallimard, 1972, p. 289-290.

l'on échange des points de vue, un principe de neutralité doit y prévaloir et aucune opinion ne devrait avoir un statut supérieur. Or la vérité, dans une communauté de savoirs, confère un statut hiérarchiquement supérieur à un ensemble donné de propositions. Cela pose le problème très actuel des rapports entre démocratie et expertise, et la diffusion d'une attitude de post-vérité a beaucoup à voir, selon moi, avec le rôle de l'expertise dans les sociétés démocratiques contemporaines et le risque que la technocratie constitue le seul idéal possible pour un régime démocratique libéral.

C'est en ce sens que j'ai abordé la question, à partir des tensions entre vérité et politique : la vérité est-elle une notion utile en politique ? Quel est son rôle ? Un certain nombre de penseurs de traditions très différentes se méfient de la vérité en politique : Arendt, mais aussi Rawls qui préfère parler de « raison » plutôt que de « vérité », et pour qui la politique est l'espace des raisons plutôt que de la vérité. Ma question était donc de savoir pourquoi la vérité est devenue si importante aujourd'hui alors que l'on vient de tradition de pensée politique dans lesquelles la vérité n'est pas centrale, et on pourrait dire la même chose de la confiance. Donc aujourd'hui, on parle beaucoup de vérité et de confiance dans le politique, alors que le principe de la démocratie est plutôt un principe de défiance : les élections sont la possibilité de retirer notre confiance à nos élus. Pourquoi cette question est-elle devenue fondamentale ? De quoi manquent nos sociétés pour entraîner un sentiment de perte de vérité ?

Je ne crois pas à la thèse de Maurizio Ferraris selon laquelle il y aurait une influence du post-modernisme sur la post-vérité[7] : le tournant post-moderne à la fin des années 70, qui déclare la fin de la centralité des grandes narrations, ferait que l'on se trouverait dans un jeu de miroir avec un grand nombre de points de vue qui ont tous le même statut, la même autorité, sans méta-point de vue pour justifier une position plutôt qu'une autre. Je ne crois pas que le post-modernisme ait eu une telle influence, même si un certain style de rhétorique dans une pensée populiste peut rappeler la fin des grandes narrations. Je pense plutôt qu'il faut partir de l'idée de « post-démocratie ». Cette idée a été développée par Colin Crouch en 2000 dans son livre *Coping with post-democracy*[8] : selon lui une post-démocratie est une démocratie qui fonctionne avec les règles de la démocratie, les élections, le vote, une « balance des pouvoirs » (*check and balances*), mais qui n'est qu'une fiction démocratique, puisque le contrôle du pouvoir est aux mains des élites économico-politiques et technocratiques. Donc on laisse jouer le jeu démocratique aux citoyens, ils se croient impliqués dans un jeu politique dont ils sont exclus en réalité. Un grand nombre de décisions politiques dépassent le champ de compétences de la plupart des citoyens et requièrent une expertise : il faut une caste de technocrates pour certaines décisions ; la plupart des relations économiques avec le reste du monde sont gérées par des accords supra-nationaux qui par définition ne sont pas contrôlés par le vote national, et lorsque l'on essaie de faire en sorte que les États contrôlent ce type d'accord, la réponse est très négative, comme pour le vote sur Maastricht. Je pense donc que la perception d'être dans une ère de la post-vérité dépend de notre existence dans des régimes post-démocratiques.

■ 7. M. Ferraris, *Postvérité et autres énigmes*, Paris, P.U.F, 2019. Voir aussi l'article de M. Girel p. 15. [NdE]
■ 8. C. Crouch, *Coping with post-democracy*, London, Fabian Society, 2000 ; trad. fr. C. Crouch, *Post-démocratie*, trad. fr. Y. Coleman, Paris, Diaphanes, 2013.

La post-démocratie n'est certainement pas le seul facteur mais plus j'avance, plus il me semble que c'est central. Or, la démocratie est définie comme un partage des raisons publiques; c'est ce que dit Rawls dans *Political Liberalism*[9] : le concept de démocratie libérale suppose la distinction entre raisons privées et raisons publiques. Il y a des vérités privées, les vérités morales, religieuses, et des raisons publiques qui doivent être indépendantes de ces vérités. Quand je rentre dans l'espace public, j'ai comme contrainte minimale d'articuler des raisons que je pense être acceptables par les autres. Rawls n'invente rien, c'est la définition même de la démocratie libérale et du libéralisme, celle que l'on trouve chez Kant dans *Qu'est-ce que les lumières ?* : les raisons doivent être libres et publiques. Or, cet espace de raison publique ne peut pas exister dans la post-démocratie parce qu'on n'a pas le contrôle des mécanismes qui légitiment certains choix politiques, sociaux, économiques. Ces mécanismes sont contrôlés par des élites, et dépendent d'une expertise que les citoyens n'ont pas. L'espace des raisons publiques s'est donc considérablement réduit, ce qui a pour conséquence que les gens manifestent leur présence politique au monde sans distinguer raisons publiques et raisons privées, et arrivent dans le débat public avec toute leur personne et leurs vérités privées. Un régime de post-vérité est donc post-moderne dans le sens où il y a trop de vérités, ce n'est pas qu'il n'y a plus de vérité. Comme on assiste parallèlement à un processus technologique de démocratisation de l'expression politique et de l'accès à l'information, le résultat est l'apparition d'une pléthore de points de vue différents qui sont chacun tenu pour vrai. On ne discute pas de nos raisons, on discute de nos vérités. On a vu cela durant la crise du COVID : on porte le masque, on ne se demande pas pourquoi, on le porte sur la base de la confiance que l'on fait à quelqu'un qui a démontré par une étude statistique que le port du masque protège, qu'il y a un fait scientifique vrai qui se traduit en une politique publique, donc on l'accepte; les autres positions sont considérées comme déraisonnables et la position dominante doit être acceptée en terme non pas de raison mais de confiance dans la vérité. Je vois la transition post-démocratique précisément à ce niveau-là : les espaces démocratiques sont de moins en moins des espaces de raisons publiques partagées, ce sont de plus en plus des espaces où chacun apporte sa propre vérité.

CP : Pourriez-vous expliciter historiquement à quoi vous faites référence quand vous dites qu'il n'y a plus d'espace pour la raison publique ? Quand ces espaces existaient, quelles formes prenaient-ils et qu'est-ce qui peut selon vous expliquer cette disparition ?

GO : Ce sont les espaces de discussion publique que l'on a connu dans les espaces de négociations sociales comme les partis politiques, les syndicats. En régime démocratique, la négociation sociale avait un rôle important, on y transforme les intérêts en arguments; comme le dit un célèbre article de Jon Elster il s'agit de « *arguing and bargaining* », d'argumenter et de négocier[10]. Dans l'action politique, on se détache des vérités personnelles, on transforme ses intérêts en arguments. Cette

■ 9. J. Rawls, *Libéralisme politique*, trad. fr. C. Audard, Paris, P.U.F, 1995.
■ 10. J. Elster, « Argumenter et négocier dans deux Assemblées constituantes », trad. fr. J.-F. Baillon, *Revue française de science politique 2*, vol. 44, Sciences Po University Press, 1994, p. 187-256; repris et modifié ensuite dans J. Elster, « Arguing and Bargaining in Two Constituent Assemblies », *Journal of Constitutional Law 2*, vol. 2, mars 2000, p. 345-421.

transformation en argument, ces médiations, se pratiquent beaucoup moins. Nous sommes en train de sortir d'une société où ce type de négociations sont centrales, et de rentrer dans une société non pas post-politique mais post-démocratique [11].

CP : Vous montrez comment les réseaux sociaux permettent une invasion des vérités personnelles dans le discours public : mais on aurait pu imaginer au contraire que l'horizontalité du Web et des réseaux sociaux rendraient possible un apprentissage du débat, du désaccord, comme ce qu'il s'est passé avec Wikipedia et au début de l'histoire d'internet. Comment expliquer qu'un outil qui aurait pu permettre l'éducation des masses, qui permet aussi de contourner les institutions, leurs pesanteurs, leurs codes – tout ce qui peut être considéré comme des freins à la démocratisation de la connaissance – se soit transformé en source de régression du débat public ?

GO. C'est très décevant. Au début des années 2000 j'étais une militante du Web, et de l'accès ouvert pour la recherche. Cela me semblait une opportunité inouïe pour l'humanité. Pendant longtemps je n'ai publié qu'en accès ouvert, je refusais de soumettre mes articles aux revues payantes pour des raisons idéologiques. Je voyais le Web comme la réalisation d'un « à chacun selon ses capacités et ses besoins », une sorte de marxisme cognitif effectif qui était magnifique. C'est une grande déception. L'apparition des réseaux sociaux vers 2007 a joué un rôle très important. Le web naît bien avant, dans les années 90, et se diffuse d'une façon globale à la fin des années 90. Google naît en 1999. Lors des premières années il y a eu un espoir de changement de légitimation épistémique, de perte de contrôle de la part de certaines autorités. Ma cible scientifique, c'était les revues scientifiques, les grandes corporations comme Springer Verlag, Taylor and Francis, Elzevier, qui mènent une politique économique qui étouffe la recherche et empêche les pays les plus pauvres d'accéder aux ressources ; toutes les universités ne peuvent payer le prix des abonnements aux portails des revues scientifiques. La transition vers un nouvel état du web peut être datée de 2007, l'année de naissance de Facebook ; c'est un moment crucial. Les réseaux sociaux étaient un nouvel outil, d'accès très facile. Dans le premier internet il n'y avait pas de moteur de recherche ; il y avait Pine qui permettait d'envoyer des mails [12], des programmes qui permettaient d'échanger des fichiers, c'était incroyable par rapport aux fax, aux telex, mais tout se faisait sans interface. Après est arrivé le Web, Google, Facebook ; ce dernier était une drôle d'application d'usage très facile qui court-circuitait la distinction entre privé et public, et les mécanismes de publication qui constituent des processus d'intermédiation, ou comme on dit un processus d'*endorsement,* d'approbation ; dans la publication, avec l'approbation de l'éditeur, qui est une forme d'engagement,

■ 11. J'évite maintenant le terme de « post-politique » après l'avoir employé dans mon article de *Micromega* parce que c'est un terme connoté, que j'ai utilisé sans prendre en compte son usage par la gauche radicale qui, avec Badiou, Zizek, Chantal Mouffe, utilise le terme pour décrire comment la fin de la guerre froide a débouché sur une politique du consensus. Selon Chantal Mouffe cette ère moralise la politique du consensus : par exemple, il faut vraiment être idiot pour être contre les masques ou pour le réchauffement climatique, si c'est pour le bien de tout le monde. Mais il s'agit d'une raison morale, et non politique, au fond après 1989 *there is no alternative* : il y a un monde économique avec sa logique d'un côté, et de l'autre un monde qui se moralise en demandant aux gens de partager des principes avec lesquels il est presque impossible d'être en désaccord. Le terme « post démocratique » décrit mieux ce que je veux dire.
■ 12. https://fr.wikipedia.org/wiki/Pine(logiciel)

vous gagnez une légitimité, et votre parole change de statut. Dans les termes de *L'ordre du discours* de Foucault, être publié c'est devenir public, passer par des dispositifs de légitimation de la parole qui donne un autre statut à votre parole. Or, les réseaux sociaux permettent de dissoudre cette distinction ; tout ce qui est privé peut devenir public : une photo, une échographie – ce qui à mon sens relève de ce qu'il y a de plus intime, l'intérieur de son propre corps – tout cela devient un fait public du seul fait de la possibilité de partage instantané. Cela a donné une forme d'illusion de démocratisation de la parole, du discours, mais le court-circuit entre privé et public n'a pas permis – sauf dans le cas de Wikipedia qui est une relique du premier web – de réelle démocratisation. Les seules légitimations qui ont été créées n'en sont pas vraiment, ce sont des dispositifs d'optimisation économique, où le contenu dépend des opportunités de placer de la publicité. Bien sûr tous ces choix sont contingents : en 2007, Zuckenberg ne savait pas ce qu'il était en train d'inventer, il faisait son petit machin à Harvard avec le trombinoscope des filles de l'université ; il ne savait pas ce que cela allait devenir. À un certain moment il est allé en Californie, et de grands entrepreneurs comme Peter Thiel, un des entrepreneurs les plus redoutables des USA, *born again Christian*, créationniste, Trumpiste, entrent dans le capital de l'entreprise, et le modèle économique est devenu publicitaire.

Ce court-circuit de la distinction entre le privé et le public a deux aspects intéressants : la fin de la distinction entre raison privée et raison publique, j'arrive avec tout ce que je suis : j'aime les chocolats et je vote X ou Y, je suis contre les groupe éditoriaux qui publient les revues scientifiques. Mes positions politiques et personnelles vont ensemble, j'arrive avec tout moi-même. Ici, une distinction à la base du libéralisme est remise en cause : celle selon laquelle on peut vivre ensemble en étant très différent, en ayant des croyances, des réactions émotionnelles complètement différentes, parce qu'on n'en discute pas, parce qu'on met sur la place publique autre chose. Maintenant rien ne reste plus « chez nous ». C'est un véritable tournant émotionnel : les émotions sont entrées dans la vie publique. Nous n'avons plus seulement à faire aux raisons des gens, mais à leur vécu, leurs émotions ; il faut réaliser que nous sommes devant un nouveau sujet politique, qui mélange privé et public, qui peut retransmettre rapidement l'information à travers les réseaux, qui a accès gratuitement à la parole publique. On aurait pu inventer d'autres mécanismes de légitimation, cela aurait pu être de grands Wikipedia, des réseaux publics, cela aurait pu être autre chose, il n'y a aucun destin là-dedans, et je ne pense d'ailleurs pas que cet état de la technologie va perdurer longtemps : il y aura d'autres projets plus intéressants, qui viendront comme toujours des militants, comme Wikileaks.

L'autre aspect est la structure du Web : des études montrent que la bulle informationnelle dans laquelle chacun est plongé n'est pas un endroit dont on sort aisément pour aller dans une autre bulle. Ces bulles créent une réalité partagée sur le Web. On ne peut faire converger l'attention des gens sur les mêmes faits si on n'est pas dans la même bulle. Il faut une bulle pour que l'attention converge. Personne n'a accès à tout le Web, personne ne sort d'un certain type de bulles, le Web est structuré par bulles, et ce sont ces bulles qui permettent de créer de la réalité partagée. Sur le web je peux converger sur une information qui est la plus « likée », c'est un processus de constitution de la réalité qui est une bulle. Cela fait qu'il est très difficile de sortir de sa bulle. Enfin, dans cet univers vous ■

trouverez toujours quelqu'un disponible pour partager une idée, étant donné la variété et l'hétérogénéité des utilisateurs, même si cette idée est fausse. Encore une fois cette évolution est contingente. Et en quinze ans, il y a eu une évolution peut être comparable à la révolution du néolithique ; notre rapport à l'information a changé, nos interactions avec le monde ont changé, il y aura très vraisemblablement d'autres Webs.

CP : Peut-être pourrions-nous revenir sur vos exemples (cf. n. 9) : vous dites qu'il faudrait être idiot pour ne pas porter un masque ou ne pas croire au réchauffement climatique, mais s'agit-il vraiment d'exemples comparables ?

G0 : En réalité, même la décision de porter un masque est complexe. Même sur le masque il y a débat, et les faits scientifiques ont été discutés. En ce qui concerne le réchauffement climatique, il y a peu de domaines scientifiques pour lequel l'accord entre scientifiques est aussi grand. D'un autre côté, il y a eu la même stratégie qu'avec les industries du tabac pour occuper l'espace avec des faux débats et des contradicteurs payés pour produire de la contre preuve, qu'il faudrait écouter sous prétexte d'impartialité. Ce que je voulais dire c'est qu'il s'agit d'un effet des politiques épistémiques : par exemple, il faut agir vite parce que le climat est en train de changer et les politiques épistémiques sont basées sur des faits, alors « dissentir » devient impossible. Et cela produit aussi une forme de rejet majeur dans les mouvements populistes, contre la vérité que l'on devrait tous accepter. On sait que les grandes crises futures – à part peut-être le terrorisme – trouveront une solution en lien avec la science et la recherche, sur lesquelles on ne pourra pas avoir trois mille positions différentes. L'intervention de l'épistémique dans le politique, au moins au niveau international, a été assez claire dans l'exemple de la deuxième guerre du Golfe, lorsque pour justifier la guerre Bush et Blair ont trouvé un argument épistémique : la présence d'armes de destruction massive. Les envoyés des Nations Unies et de l'Agence internationale de l'énergie atomique, en 2003, ne trouvaient pas ces armes Il y a alors eu ce geste de dire qu'on s'en fiche de ce qu'il y a, que l'on peut créer cette vérité et agir en fonction. Certains auteurs y voient la naissance de la post-vérité. En réalité je trouve étrange de justifier une guerre sur des raisons épistémiques. Or, ces raisons épistémiques vont être au centre de décisions politiques. Et cela produit un sentiment d'humiliation épistémique, le sentiment de ne pas pouvoir avoir nos propres arguments ; sur les politiques économiques, il est possible d'avoir des arguments propres, sur le domaine de la santé, c'est plus difficile. En réalité, même en économie il est difficile d'avoir ses propres arguments lorsque l'on dépasse un niveau national.

CP : Nous pourrions peut-être revenir sur votre approche de la post-vérité en termes d'épistémologie sociale. Comment expliquez-vous que des individus parfaitement rationnels peuvent croire à des thèses qui paraissent complètement irrationnelles ? Comment appréhendez-vous ce phénomène : est-ce que c'est du pur délire, à quel moment et comment les agents rationnels perdent-ils leur rationalité et font que la discussion n'est plus possible ?

GO : Je reviens sur ce que je dis : la vérité a quelque chose d'autoritaire, elle s'impose. Si 2+2=4 je ne peux pas dire que ça fait 5 parce que c'est ce que je pense. Plus les vérités s'imposent dans nos sociétés, plus les gens se sentent dépossédés de leur autonomie cognitive. Un grand nombre d'interprétations paranoïaques – les USA seraient contrôlés par un réseau de pédophiles, etc. – sont des réactions qui dépendent du besoin d'alternatives possibles à une pensée unique. La présence de plus en plus de vérité factuelle dans les décisions politiques (*evidence based politics*), l'invasion du public par le privé fait qu'il y a un excès de vérités qui crée un besoin de s'en échapper. Les gens ont peur d'être écrasés par une vérité unique, par une seule façon de voir le monde. Ce ne sont pas des fous. Avant des révolutions politiques, apparaissent des pensées ésotériques, une exploration d'autres chemins de la connaissance, comme si les gens devaient s'échapper de la structure du monde tel qu'il est. Cela fait des phénomènes hystériques, comme le Mesmérisme en France avant la Révolution française. La question me paraît en réalité mal posée : la vérité devrait disparaître des débats, elle devrait être le plus en retrait possible, il devrait y avoir des considérations qui sont plus compréhensibles par tous, même dans les domaines scientifiques, des considérations de type éthique ou moral, comme de savoir si on veut être dans une société solidaire avec les autres ou pas, par exemple, et la solidarité va avec le port du masque, ou le vaccin, le *free-riding* va avec l'absence de masque ou de vaccin ; on sait que si peu de gens se vaccinent, il ne se passe rien pour personne. Il y a des gens qui font du *free-riding*, une attitude qui repose en réalité sur le fait que la plupart se vaccineront, donc il ne faut pas voir cela comme un comportement antiscientifique, c'est un comportement anti-éthique.

CP : Vous pensez que dans ce cas le contenu de la croyance est secondaire par rapport à l'état psychologique qui fait que je ne me sens pas bien parce qu'on m'impose quelque chose ? Les croyances sur les faits sont secondaires dans la question de la post-vérité ?

GO : Il y a très peu de faits sur lesquels nous avons des croyances factuelles vérifiées. Nous vivons dans un monde où tout passe par les images, par la communication, il y a très peu de faits sur lesquels je peux dire « oui je peux confirmer ». Il y a aussi un effet massif de la multiplication des informations disponibles dans nos sociétés, ce que nous pouvons vérifier est très limité. Cela implique encore une espèce de déférence cognitive. Or, les attitudes déférentielles sont des attitudes que les gens ont du mal à porter, qui amènent à se révolter d'une façon confuse.

CP : C'est en lien avec ce que vous avez appelé le sentiment d'humiliation épistémique ?

GO : Tout à fait. Des croyances factuelles qui pourraient être rejetées parce que justement elles demandent trop de déférence. J'ai travaillé cette année sur le cas du Dr Raoult, et son succès est produit par un grand nombre de facteurs : il avait une autorité épistémique réelle puisque c'est une figure de la science, avec un H-index impressionnant, en même temps c'est une personnalité, il se présente comme un gourou, il séduit. Or, il y a une corrélation entre ceux qui soutiennent le Dr Raoult et ceux qui soutiennent les gilets jaunes, on a essayé de s'expliquer pourquoi, et c'était justement le populisme épistémique du Dr Raoult, qui disait à la fois « je suis l'élite », et « je suis un docteur qui soigne, pas un parisien qui siège en comité » ; en outre, son raisonnement était facile à saisir : au lieu d'une expertise statistique qu'on ne comprenait pas, il disait je suis docteur, un médicament est déjà sur le marché, il est bon marché, il n'est pas nocif, tout cela pouvait être plus attirant en termes de croyance que la déférence absolue à un article de *The Lancet.*

CP : Vous dites que ce n'est pas avec des solutions locales que l'on peut faire marge à la post vérité mais en entrant dans la post-démocratie de façon responsable. Comment envisagez-vous l'exercice de cette responsabilité ?
GO : Par le contrôle des réseaux sociaux, par exemple. Je travaille à la commission européenne à Bruxelles sur les nouvelles technologies et il n'y a jamais eu de projet de développer un réseau social public. On aurait pu le faire il y a 15 ans ; plus maintenant. On a un potentiel incroyable avec les universités. Ce sont des nœuds de réseaux, il y a des gros serveurs et des gens de bon niveaux connectés. Pourquoi ne pas donner un rôle à l'université qui a été dépossédée de son pouvoir, qui est devenue une grosse administration, pour devenir un centre d'un contrôle de la qualité de l'information, demander à chaque étudiant de noter l'information qui circule sur un grand réseau public ? Wikipédia a survécu grâce à énormément d'effort d'ingénierie politique, avec une fondation (Wikimédia), des rôles distribués, c'est une forme de réalisation de démocratie épistémique délibérative. Cela a été sauvé avec de gros efforts, et c'est l'exemple qui reste. Pour les réseaux sociaux, selon moi ce n'est pas responsable du point de vue d'un régime post-démocratique, de laisser la gestion de la démocratisation de l'information dans les mains de quatre groupes privés en Californie.

CP. Ne pensez-vous pas que ce qui empêche d'intervenir, c'est aussi la dimension libertaire ou libertarienne du premier web ?
GO : Tout au début ce sont les démocrates américains, Al Gore notamment, qui en sont les architectes politiques. Il s'agissait de déprivatiser les normes de communication entre serveurs. La norme « *End to End* »[13] devait rester non propriétaire. Le minitel n'est pas devenu internet, le Minitel existait et était une préfiguration d'internet, mais la connexion était propriétaire. La libéralisation de la norme actuelle signifie qu'aux deux bouts de la connexion, n'importe quelle application pourrait s'y rattacher. Certes c'était un rêve libertaire mais c'est surtout l'idée d'un bien commun. Il y a un très bon auteur, Laurence Lessig, professeur de Droit à Harvard, qui a écrit là-dessus, sur la naissance d'internet et la défense de la non propriété des protocoles http, php, etc. qui ne sont pas propriétaires, ce qui permet de développer toutes les applications possibles. A l'époque ce sont d'abord les universités et les militaires qui l'ont utilisé. Ensuite c'est devenu cette espèce de féodalisme, d'inféodation à des groupes énormes qui contrôlent tout, ce qui a en quelque sorte tout gâché.

CP : Ils l'ont fait parce que c'est un espace dérégulé, parce que le principe du web était de laisser se développer ce qui se développait.
GO : Oui mais sur certaines normes qu'il fallait assurer comme pour un bien commun. Mais que l'internet ou les vaccins soient des biens communs, cela devrait aller de soi. La plupart des antivax ont pour argument la critique des groupes, le

---

■ 13. https: //fr.wikipedia.org/wiki/Principe_de_bout_en_bout

Big Pharma, les groupes économiques. Si les vaccins étaient des biens communs, ils seraient peut-être plus acceptés. Les émotions jouent dans tout cela un rôle fondamental. Mais je crois que cela a affaire avec cet aspect autoritaire de la vérité. Aussi parce que l'on ne communique pas toujours bien sur les vérités nécessaires, peut-être communique-t-on trop, de façon trop autoritaire. On sait bien que la science, comme l'a montré Popper, est une entreprise ouverte où le doute est toujours possible, où il y a une ouverture au changement, où aucune conviction n'est définitive. Si on présentait plus clairement aussi le sens de la démarche scientifique, peut être que cela changerait quelque chose. Mais présenter les choses en 240 caractères, cela rend tout apodictique, cela devient une position. Enfin, d'une manière générale, les politiques publiques peinent à suivre l'accélération des techniques de communication, on continue à utiliser les mêmes techniques de communication que celles d'il y a 50 ans. Il faut trouver une façon de s'adapter pour communiquer les faits d'une façon plus adaptée à ces moyens de communication.

PARUTIONS

NOTE DE LECTURE
Pierre Bayard

Comment parler des faits qui ne se sont pas produits?

Paris, Éditions de Minuit, 2020.

Après *Comment parler des livres qu'on n'a pas lus?* (2007) puis *Comment parler des lieux où l'on n'a pas été?* (2012), *Comment parler des faits qui ne se sont pas produits?* paru en 2020, vient compléter la trilogie engagée par l'écrivain et psychanalyste Pierre Bayard et prolonger ses réflexions sur l'importance et la valeur inestimable de la fiction.

Une des spécificités de l'ouvrage consiste dans son inscription explicite dans un contexte contemporain, celui du « débat » sur la notion de « post-vérité » auquel l'auteur dénie d'emblée toute pertinence. Dès le Prologue, est affirmée l'« absurdité » de la thèse selon laquelle « l'humanité serait récemment entrée dans l'ère de la post-vérité ». Thèse qualifiée de « dominante », avec laquelle l'auteur juge qu'il n'y a pas lieu de débattre puisqu'elle relève de l'« idéologie » mais dont il importe néanmoins à ses yeux d'exhiber les implications pernicieuses.

Au fil des douze chapitres qui composent le livre, en lieu et place d'une discussion jugée vaine, le refus de la notion de post-vérité prend la forme d'un rappel des multiples pouvoirs de la fiction et d'une défense d'un « droit à la fabulation », si précieux qu'il devrait être garanti par le pouvoir politique au titre de la « protection individuelle ». Ce droit est d'ailleurs comparé dans l'Épilogue – touche humoristique? – au 2e amendement de la constitution américaine sur la liberté absolue du port d'armes.

Pour s'extraire des faux problèmes induits par la locution « post-vérité », il est, selon Pierre Bayard, nécessaire et suffisant de mettre en avant le « droit de s'exprimer et de donner un avis sur des faits qui ne se sont pas produits ». Vive la fiction, *exit* la post-vérité! C'est même un « combat » politique indispensable et urgent que de « déculpabiliser les conteurs » de plus en plus en butte aux « persécutions » (*sic*). « Raconter de bonnes histoires » constitue une des valeurs essentielles que toute démocratie devrait avoir à cœur de protéger. Le besoin d'inventer est primordial pour les individus aussi bien que pour les sociétés.

De cette défense de la fiction découle un livre écrit en priorité *contre* ceux qui la menacent, tels les « chicaneurs » dont la définition est indiquée dans le lexique final : « personne qui met systématiquement en doute les récits des autres, n'hésitant pas à mener des enquêtes personnelles pour en prouver l'inauthenticité ». Les chicaneurs sont légion, il en existe de toutes sortes et le livre leur accorde une place conséquente dans chacun des chapitres, pour souligner au mieux la vanité, au pire la volonté malsaine, de ces lecteurs suspicieux qui engagent, sous des motifs divers, des processus de *vérification* des récits fictionnels. Au nom d'une exigence de vérité, ces empêcheurs de croire en rond détruisent gratuitement le plaisir d'autres lecteurs plus crédules alors même que, rappelle le psychanalyste, le « besoin de croire » est « une disposition fondamentale du psychisme humain, dont l'objet, en soi secondaire, est variable à l'infini ».

L'auteur concède toutefois qu'il existe des « chicaneurs bienveillants » tel Simon Leys, à la mémoire duquel le livre est dédié et qui se trouve mentionné dans le chapitre sur « le champ politique » consacré au *De la Chine*, journal de voyage de M. A. Macchiocchi publié en 1974. Sinologue éminent, Leys qualifia de « stupidité » ce récit prétendument réaliste d'une Chine fantasmagorique, le problème principal étant à ses yeux de savoir « comment il a[vait] pu se trouver autant de lecteurs avisés pour prendre une telle fable au sérieux ».

Au rebours de l'attitude vétilleuse des chicaneurs, Pierre Bayard propose de pratiquer une *critique par ignorance* qui ne s'encombre pas de connaissances inutiles et revendique le souci de « disposer du minimum d'informations sur les sujets dont on parle », « afin d'éviter les préjugés ».

Il est à remarquer que l'ouvrage n'établit pas de véritable hiérarchie entre des croyances plus ou moins *crédibles* et ne s'intéresse pas davantage à leur différence de *degrés*. Une bonne fiction est une histoire écrite de telle sorte qu'elle satisfasse le besoin de croire. Tout au plus Pierre Bayard concède-t-il que certaines histoires – dont celle de M. A. Macchiochi par différence avec celles de Chateaubriand ou Steinbeck elles aussi présentées dans le livre – sont grossières et qu'un public « mieux formé » à l'art de la fiction et donc « plus exigeant » n'y aurait pas cru.

Arrivé en ce point de la recension, une brève remarque de méthode s'impose car on ne peut faire l'économie de cette question en forme de clin d'œil : comment parler de ce livre qu'on a lu? Pierre Bayard a déjà eu l'occasion d'expliquer que certains chapitres de ses ouvrages antérieurs avaient donné lieu à de regrettables malentendus de lecture, ce qui n'est guère surprenant puisque rien n'est fait pour les éviter, au contraire.

Nous faisons ici le choix, au risque d'encourir les moqueries de l'auteur, d'une lecture qui prend au sérieux sans pour autant l'approuver *a priori*, l'ambition réaffirmée avec force de tirer parti, dans les sciences humaines, des ressources de la fiction littéraire. Cela autorise Pierre Bayard à revendiquer, non seulement *un* point de vue théorique mais *plusieurs*, par le jeu de différents narrateurs qui « racontent des histoires », afin de susciter puis de révéler au lecteur son besoin de croire et sa crédulité, et l'inviter à y réfléchir. À travers la présentation de récits ou « fictions théoriques » qui structurent les différents chapitres, l'auteur occupe la position de celui qui *révèle*, non la vérité certes, mais les désirs sous-jacents du narrateur et plus encore du lecteur, désir de faire croire et de croire.

Prendre ce travail au sérieux, c'est s'intéresser au projet de l'auteur de ce livre, tel qu'il s'exprime dans le Prologue et l'Épilogue, dans la sélection des différents personnages-narrateurs et dans l'ordonnancement des différents récits qui composent les trois parties de l'ouvrage. Auteur qui exprime sans ambiguïté des désaccords hors de toute fiction et soutient une « thèse » sur la post-vérité, prenant ainsi position dans un débat qui existe bel et bien au sein des sciences humaines.

La dent d'or, anecdote rapportée et commentée par Fontenelle dans l'*Histoire des oracles*, constitue l'angle d'attaque du Prologue. Pierre Bayard rapporte ce récit, celui d'une dent en or mystérieusement surgie dans la bouche d'un enfant en âge de perdre ses dents, « miracle » qui suscite chez les savants une intense activité intellectuelle, jusqu'à ce qu'un orfèvre examine l'enfant et déclare qu'on se trouve tout simplement en présence d'une feuille d'or habilement appliquée sur la dent. Pierre Bayard rappelle la conclusion de Fontenelle – nous ne commençons pas par vérifier les faits dont nous parlons avant de leur chercher des explications –, pour mieux s'en démarquer.

Le désaccord exprimé est double : d'une part, il n'est jamais aisé de vérifier les faits dont on parle, qu'il s'agisse d'événements historiques ou relevant de la sphère privée. La plupart du temps, nous en sommes réduits à nous appuyer sur « des informations non vérifiées » ; d'autre part, Fontenelle manifesterait, par cette conclusion, sa méconnaissance du pouvoir de la fiction. Car les discussions diverses suscitées par la dent en or, « aussi fictive soit-elle », étaient du plus haut intérêt, touchant notamment à la question des manifestations du divin. Il y a une « fécondité du faux ».

De cette double divergence découle le « plan logique » de l'ouvrage, constitué de trois parties qui traitent successivement des « types de vérité », des « situations de discours » pour finir par les « conduites à tenir ». Notons que chaque partie comprend quatre chapitres, juxtaposés les uns aux autres – chacun d'entre eux procède d'une narration singulière impliquant « un personnage » déterminé. La première partie est ainsi consacrée aux récits d'un certain nombre de faits imaginaires, composés dans des circonstances tout à fait hétérogènes et aboutit à la distinction de différents ordres de vérité : vérité « subjective » avec Misha Defonseca, auteure de *Survivre avec les loups*, vérité « littéraire » avec Steinbeck et son livre *Mon caniche, l'Amérique et moi*, vérité historique avec un épisode des *Mémoires d'outre-tombe* de Chateaubriand, relatant sa rencontre avec Washington et vérité « scientifique » avec Freud, composant *Un souvenir d'enfance de Leonard de Vinci*.

En quel sens s'agit-il de « vérités » ? Qu'est-ce qui les distingue sinon leur qualification différente ? Le lecteur ne reçoit pas de réponses à ces questions. Pierre Bayard s'emploie à montrer, preuves textuelles à l'appui, que ces quatre récits ne sont qu'*affabulations*, et qu'ils relèvent non seulement de la fiction mais du mensonge – plus ou moins délibéré – ou de l'erreur, induite par une « empreinte de l'inconscient ». Au rebours de la démarche des « chicaneurs » qui traquent mensonges et erreurs – le goût de la chicane est renvoyé du côté de la « pulsion de mort » – le livre insiste sur l'intérêt « subjectif » de la fiction et sur la fécondité « scientifique » du faux. Ainsi, Steinbeck accède-t-il à « une vérité autre qu'une vérité strictement factuelle », Chateaubriand à une « vérité plus profonde » et Freud qui, selon Pierre Bayard, multiplie les erreurs sur Leonard de Vinci, élabore-t-il malgré tout une remarquable théorie « scientifique » de la sublimation. Un argumentaire analogue est utilisé dans la troisième partie du livre à propos d'Hannah Arendt forgeant le concept de « banalité du mal » malgré ses « erreurs » de jugement sur la responsabilité réelle d'Eichmann dans la machinerie nazie.

La deuxième partie du livre aborde certaines « situations concrètes » de nos existences dans lesquelles nous sommes amenés à tenir pour acquis et à discuter de faits qui ne se sont pas produits, qu'il s'agisse de la « présentation de soi », de la « vie privée », du « champ politique » ou de « faits » mis en forme dans un cadre sociologique. Enfin, la dernière partie dispense des « conseils pratiques » empruntés à des auteurs qui ont, consciemment ou non, commenté des événements fictifs. Sans surprise, on rappelle alors au lecteur qu'il est bon d'« avoir de l'imagination », de « recomposer le réel », d'« inventer [des] théorie[s] » ou de s'« adresser à l'enfant » que nous ne cessons jamais d'être, cet enfant qui aime qu'on lui raconte des histoires. La pulsion narrative est corrélative du besoin de croire, l'une et l'autre sont aussi indispensables au déroulement harmonieux de nos existences individuelles et collectives.

De ce livre plaisant à lire, qui regorge d'anecdotes et d'histoires capables d'accrocher l'attention du lecteur, on retiendra donc la défense acharnée de la fiction, du droit à en écrire et lire, à se laisser envoûter par elle pour quelque motif que ce soit et quelles que soient les circonstances. Ainsi, Misha Defonseca, nom d'emprunt de Monique De Wael, fait-elle paraître en 1997 aux États-Unis, un ouvrage dans lequel elle s'invente une existence de petite fille juive pourchassée par les nazis, orpheline condamnée à l'errance dans une Europe en guerre qui doit sa survie à des loups. De nombreux « chicaneurs » ont d'emblée mis en doute ce récit, ce qui n'a pas grande importance aux yeux de Pierre Bayard. Dans la conclusion du chapitre consacré à cette narration, il met en effet en avant le bénéfice « psychique » de cette fiction pour celle qui s'est « sauvé la vie » en s'autorisant cette supercherie. Ces faits, qui ne se sont jamais produits, ont une forme de « vérité subjective, plus puissante et inébranlable que les simples faits matériels », parce qu'elle possède « une consistance plus forte pour le sujet qui la soutient ». Le bénéfice aurait-il été moindre si l'auteure avait assumé d'écrire un « roman » ? Il est permis de se poser la question.

La défense inconditionnelle de la fiction développée dans ce livre suscite ainsi des interrogations de plusieurs ordres que nous ne chercherons pas à exposer de façon exhaustive. Nous privilégierons celles qui touchent à la « thèse » sur la post-vérité mise au premier plan de ce dernier opus de la trilogie. En commençant par cette question générale : en quoi la réaffirmation des pouvoirs de la fiction prouve-t-elle la vanité de l'interrogation sur la post-vérité ? À aucun moment, la « post-vérité » ne fait l'objet de la moindre caractérisation dans le livre, pas plus que le vérité d'ailleurs. Il est simplement sous-entendu que ceux qui donnent droit à cette locution, même pour la critiquer, sont abusés par une idéologie dominante.

Il est certes nécessaire, d'un point de vue philosophique, d'examiner la pertinence de cette expression, de s'interroger sur son référent éventuel, pour conclure le cas échéant qu'on n'a pas affaire à un concept et qu'il importe de ne pas en faire usage. En revanche, ne pas effectuer ce travail d'analyse au motif que la fiction a toujours existé dans les domaines politique et scientifique et qu'il n'y a rien de nouveau sous le soleil, revient à ignorer le contexte politique et les difficultés historiques qui ont conduit à l'émergence, peut-être injustifiée, de ce vocable. C'est notamment le poids de l'expertise scientifique et technique dans les processus d'évaluation et de décision politiques qui est en jeu, ainsi que le rejet politique, au sein de certains groupes sociaux, du point de vue des experts.

Est-il possible ou impossible de combiner les éléments de savoir produits par des scientifiques et le caractère démocratique de la délibération et de la décision politiques ? Les travaux scientifiques débouchent-ils nécessairement, du fait de leur prétention au savoir, sur une confiscation du débat politique ? C'est vers ces interrogations que pointe l'expression d'« ère de la post-vérité ». Renvoyer l'usage de l'expression à l'absurdité laisse pendantes les difficultés, qui s'inscrivent dans un triangle d'interactions entre les savoirs scientifiques, le pouvoir politique des décideurs et le point de vue de ceux qui subissent les décisions.

Ainsi, la fiction qui conterait l'histoire d'une non-transformation du climat, d'une non-érosion de la biodiversité et des sols, d'une non-montée des eaux des océans, etc... pourrait être une fable attrayante. Elle n'en contredirait pas moins les travaux d'une multitude de scientifiques qui, par des études, expérimentations et mesures diverses, aboutissent à un tout autre scenario et travaillent à en établir le bien-fondé, sans jamais délaisser la question, méthodologiquement et ontologiquement complexe, de la preuve. Pourra-t-on se contenter de les traiter de « chicaneurs » ? Et quel serait le bénéfice politique et démocratique d'une telle disqualification ?

Une hypothèse scientifique n'est pas une vérité et ne prétend pas l'être. Mais elle n'est pas non plus une fiction en tant qu'elle est soutenue par une exigence de preuve, de vérification, de discussion contradictoire de résultats rendus publics. Au rebours de ce qui est mis au premier plan par Pierre Bayard, la difficulté de notre époque n'est donc pas seulement – pas principalement ? – celle d'un besoin de croire qui serait brimé ou risquerait de l'être, bien plutôt d'un refus de « croire » ou d'envisager certains scénarios comme possibles et même hautement probables. Parler des faits qui ne se sont pas produits n'est ici de nulle protection. Et l'on peut douter de la fécondité du faux. Peut-être importerait-il davantage de se soucier des faits qui se produisent déjà et de réfléchir collectivement, démocratiquement, à des alternatives possibles.

Nathalie Chouchan

ABSTRACTS

Après la vérité ?

Post-Truth: a Matter of Concern
Mathias Girel

Post-truth generally appears in statements expressing concern, and it is on the latter subject that this article will focus, by questioning its meaning. The concern in question could first of all be only the reverse side of a semantic disorder, insofar as the expression seems to qualify a danger without its being clearly identified. We will first discuss that indeterminacy, which could lead us to reject the term (first section), before examining three ways of specifying its meaning, by considering successively post-truth as an outgrowth of post-modernism (second section), as the expression of a disposition to « bullshit » (third section), or finally as the reverse side of a « crisis of attention » (fourth section), before returning to the link between post-truth and confusion (fifth section).

Lyotard and Little Truth, or What We Don't Want to Lose
Claire Pagès

Rather than for his alleged relativistic or nihilistic position, Lyotard is now sometimes criticized for having planted the seeds of « post-truth » by promoting the diversity of language games without going further and without providing general principles of validation. In a very simplistic way, it is asserted that all kinds of speech are equally legitimate and should have no other principle of validation than their being uttered. If charges against Lyotard of inspiring a form of « post-truth » appear in my view unjustified, it is because for him thought and speech are always tied to « something » for which we must be concerned or that we must try to grasp. Lyotard seems less anxious to relativize or, as he is accused of today, to abandon the requirement of truth than to show, on the one hand, that truth can be said in several senses, and, on the other hand, that it cannot be overcome by means of what he calls « speech ». Whether by thought, word, creation or action, one always clings to « something » for which one is concerned, and the promotion of diversity in the field of truth is not aimed at escaping from the truth but at rising to the challenge by a widening of perspectives, which does not confine it to a single kind of place.

Nietzschean Truth and Perspectivism
Blaise Benoit

Does Nietzschean perspectivism come « after truth » ? If Nietzsche criticizes the very concept of truth, he nevertheless uses the expression very regularly, even in *Ecce homo* and *The Antichrist*. It is not enough to acknowledge such a tension: is there a contradiction or is it rather a question of polysemy? This study, which distinguishes between perspectivism and relativism along the way, examines the different meanings of « truth » in Nietzsche's work in order to elaborate an answer to that problem.

The Trail of Stances in the Post-Truth Inquiry
Raphaël Künstler

One of the main questions of meta-philosophy concerns the reasons why theoretical disagreements may persist despite intense argumentative exchanges. Bas van Fraassen, Paul Teller and Anjan Chakravartty recently suggested that this irreducibility was caused by « stances ». As for the term « post-truth », it refers at least in part to factual disagreements that persist despite open access to information and argumentative exchanges. There is an analogy here which suggests the hypothesis that the meta-philosophical model of stances could also be used to explain post-truth phenomena. The purpose of this article is to test that hypothesis.

Relativism in Context: the Rorty Case
Olivier Tinland

In this article, I set about clarifying the discursive context in which the philosophical problem of relativism can arise. In order to do this, I resort to a case study, the « Rorty Case », as it emerged during the controversy between Hilary Putnam and Richard Rorty. My objective is to show that relativism is not an enduring problem in the history of ideas but that it is inseparable from a theoretical context of definition and justification of a philosophical position in relation to another, but also from a set of movements and redescriptions of the opposing side. As such, it cannot be considered as an immutable metaphilosophical « given » but must be the subject of a genetic approach, in order to clarify the philosophical commitments which give it theoretical consistency and practical importance. The analysis of relativism therefore supposes the implementation of a form of metaphilosophical contextualism.

Truth in Literature. Maxime Chastaing, Philosophical Reader of Virginia Woolf
Frédéric Fruteau de Laclos

Asserting « each to his own (truth) » does not mean being trapped in the reign of opinion. Because Truth arises less from going beyond the various points of view than from understanding them closely and articulating them in all their complexity. More than philosophers, writers seem likely to account for this truth of truths. By reproducing the views of a host of characters, they reveal the wide range of perspectives on the world and enable their readers to access cognitive layers of common sense. Virginia Woolf's art of novel is paradigmatic in this regard, as psychologist Maxime Chastaing showed in 1951 in *The Philosophy of Virginia Woolf.*

FICHE DOCUMENTAIRE

1ᵉʳ TRIMESTRE 2021, N° 164, 142 PAGES

Le dossier du numéro 164 des *Cahiers philosophiques* s'intéresse à la pertinence philosophique du vocable « post-vérité » et aux enjeux épistémologiques et politiques associés à son usage.

La rubrique Introuvables propose une republication d'un chapitre, intitulé « La vérité », extrait de *La philosophie de Virginia Woolf* de Maxime Chastaing.

Un entretien avec Gloria Origgi sur la post-vérité vient compléter cet ensemble.

Mots clés

■ Chakravarthy, croyance, Dewey, erreur, faits, *fake news*, faux, inconditionné, illusion, information, infox, interprétation, Lyotard, métaphilosophie, Nieztsche, nihilisme, objectivité, Peirce, perspectivisme, post-modernité, post-vérité, pragmatisme, Putnam, réalisme, réalité, relativisme, Rorty, scepticisme, science, stance, technologie, Teller, Van Fraassen, vérité.

Cahiers philosophiques, La vérité

Hors-série 2014

Ce numéro hors-série des *Cahiers philosophiques* réédite un ensemble d'articles publiés antérieurement dans la revue et consacrés au thème de « la vérité ».

Ils examinent les voies et les manières par lesquelles la vérité vient à se déployer ; comment et dans quelle mesure nous participons à sa recherche ou à sa production ; ce qui se joue lorsque nous en faisons le régime privilégié de nos pratiques ou de nos discours ; de quelle manière la vérité, comme norme idéale et comme valeur, ou comme pratique, a transformé et transforme les formes et les choix de vie.

Vrin - Cahiers philosophiques
146 p. - 11 × 18 cm - 2016
ISBN 978-2-7116-2644-1, 9 €

Textes clés de philosophie de la connaissance

Pascal Engel et Julien Dutant (eds.)

La philosophie de la connaissance − l'enquête classique qui consiste à chercher à définir la notion de connaissance et à établir ses sources et ses limites − connaît, depuis une trentaine d'années, un essor important, principalement dans la tradition anglophone de philosophie analytique. En reprenant l'entreprise du *Théétète*, et en réponse au défi du sceptique cartésien, les philosophes contemporains ont formulé des théories rivales de la connaissance, tantôt "internalistes", tantôt "externalistes", alors que les tentatives de réponse au trilemme d'Agrippa ont donné naissance au débat entre les théories "fondationnalistes" et "cohérentistes" de la justification des croyances. [...] À travers la subtilité des arguments, l'inventivité des exemples et la complexité des définitions qui les distinguent, ces théories renouvellent radicalement les interrogations classiques et en éclairent les présupposés. Ce recueil a été conçu pour permettre l'accès du lecteur français à un ensemble de textes contemporains représentatifs de ce domaine.

Vrin - Textes clés
464 p. - 11 × 18 cm - 2005
ISBN 978-2-7116-1666-4, 14 €

Qu'est-ce que la confiance ?

Gloria Origgi

Concept-clé pour comprendre notre action sociale et morale, la confiance reste cependant l'une des notions les plus difficiles à traiter de la philosophie et des sciences sociales. La confiance est un état cognitif et motivationnel complexe, un mélange de rationalité, de sentiments et d'engagement. Faire confiance implique donner aux autres un certain pouvoir sur nous-mêmes et accepter la vulnérabilité que cela comporte. Ce volume analyse cette notion sous ses différentes dimensions : sa dimension morale, affective, épistémique et politique, en posant des questions de fond : Avons-nous des devoirs de confiance ? Face à un médecin, avons-nous vraiment le choix de faire confiance ? Faut-il faire confiance à ceux qui nous gouvernent ?

Vrin - Chemins Philosophiques
128 p. - 11 × 18 cm - 2008
ISBN 978-2-7116-1870-5, 9 €

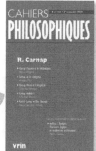

Derniers dossiers parus

Cahiers Philosophiques

BULLETIN D'ABONNEMENT

Par courrier : complétez et retournez le bulletin d'abonnement ci-dessous à :
Librairie Philosophique J. Vrin - 6 place de la Sorbonne, 75005 Paris, France
Par mail : scannez et retournez le bulletin d'abonnement ci-dessous à : fmendes@vrin.fr
Pour commander au numéro : www.vrin.fr ou contact@vrin.fr

RÈGLEMENT

❑ France
❑ Étranger

❑ Par chèque bancaire :
à joindre à la commande à l'ordre de
Librairie Philosophique J. Vrin

❑ Par virement sur le compte :
BIC : PSSTFRPPPAR
IBAN : FR28 2004 1000 0100 1963 0T02 028

❑ Par carte visa :

_ _ _ _   _ _ _ _   _ _ _ _   _ _ _ _
expire le : _ _ / _ _
CVC (3 chiffres au verso) : _ _ _

Date :
Signature :

ADRESSE DE LIVRAISON

Nom
Prénom
Institution
Adresse

Ville
Code postal
Pays
Email

ADRESSE DE FACTURATION

Nom
Prénom
Institution
Adresse
Code postal
Pays

ABONNEMENT - 4 numéros par an

Titre	Tarif France	Tarif étranger	Quantité	Total
Abonnement 1 an - Particulier	42,00 €	60,00 €		
Abonnement 1 an - Institution	48,00 €	70,00 €		
			TOTAL À PAYER :	

Tarifs valables jusqu'au 31/12/2021

* Les tarifs ne comprennent pas les droits de douane, les taxes et redevance éventuelles, qui sont à la charge du destinataire à réception de son colis.